# 戦国民衆像の虚実

藤木久志

高志書院選書 12

# 目　次

目　次

目次

# 序　比較史の魅力

## はじめに

これまでながいこと私は、自らの日本中世史を見る目を相対化するために、また、新しい見方を獲得するために、主として日本での外国史研究（翻訳を含む）の視点や成果に、ひそかに学んできた。自身の研究のため原著に学びえたのは、わずかにハンス・フェール『中世農民の武装権論』（総論編）で、それもドイツ史の橡川《とちかわ》一郎・山本健両氏に導かれて解読できたに過ぎない。ただし、橡川氏とは、やがて奴隷制をめぐって、解釈を異にすることになる。

小著『雑兵たちの戦場』（朝日新聞社、一九九五年。のち朝日選書より新版、二〇〇五年）・『刀狩り』（岩波新書、二〇〇五年）などは、そうした、学びによって与えられた、ささやかな果実であった。

ここでは、日本中世史とも交錯する比較史への魅力にひかれて、東西の諸研究に学びえたことの一端を、全五節にまとめて、あらためて率直に述べてみたい。

## 1　逆転の「兵農分離」論の展開——平城照介説から

たとえば、ドイツ中世史家の平城照介《ひらきしょうすけ》「戦士から軍隊へ」は、もっとも大きな驚きの一例であった。氏はフランク族の農民について、こう説いていた（青山・木村・平城編『西欧前近代の意識と行動』刀水書房、一九八六年）。

もっとも勇敢で、戦争をいちばん好む者らは、みな何もせずに、住居や家庭の畠の世話を、いちばん弱い人たちに任せてしまい、自分らだけはのらくらと暮らしている。

農民としては怠惰、戦士としては勇敢・勤勉という矛盾は、一方では農業生産性の低さ、他方では、略奪的戦争が生活資源獲得の一形態、重要な手段だった事情を考えれば、充分に納得がゆく。戦争がある種の引き合う経済行為だった点を、見逃してはならない、と。

ここに「食うための戦争」とか「戦争がある種の経済行為」という、それまで日本史ではまったく見られなかった、ひたすら農民の側に立った、鮮やかな切り口が示されていた。私にはすべてが驚きの視座と方法であった。この戦争論については、やがて山内進氏によって、いっそう本格的かつ全面的に展開されるのを目の当たりにすることになる。

平城説のとりわけ驚きの焦点は、以下のような、めくるめく逆転の兵農分離論であった。

フランク族の農民は、ひどく低い生産力のもとで、いくら働いても食っていけないから、農民としては怠け者であったが、食うために戦士となって戦争に行き、じつに勇敢に戦った。しかし、やがて中世の農業革命によって、農業生産力が飛躍的に高まり、農業だけで十分食っていけるようになると、農民は戦士を兼ねる必要がなくなって専業農民となり、専業的な戦士とはっきり分離するようになる。

この「戦争はある種の引き合う経済行為」（食うための戦争）というのも、『逆転の兵農分離論』ともいうべき「専業農民論」も、私には大きな衝撃であった。いままで私たち（日本史研究者）は、戦国武士はいつ「兵」だけで、「農」を兼ねずに食えるようになったのかと、もっぱら武士（兵）の側からだけ、いわば「専業戦士の成立」ばかり問題にしてきたからである。

だが、この平城説にあるのは、中世農民はいつ「農」だけで「兵」を兼ねずに食えるようになったのかと、ひたすら「専業農民の成熟」を問題とする、「農民の側からの目」であり、日本史の側の兵農分離論と、見方がまったく逆であった。私にとっては、身体をゆさぶられるような、比較史の魅力のうちでも、とりわけ大きな逆転のメッセージであり、感動であった。

西洋史に暗い私は、この逆転の平城説が、ドイツ史のどこから芽生え、評価されてきたのかという、学説史（「兵農分離」への逆転の発想）の源泉と、その議論の行方を知らない。大方のご教示を仰ぎたい。

## 2　戦場論の東西――山内進説から

そのような中近世の「食うための戦争」の、戦場の実像を縦横にかつ冷静に分析した、山内進『掠奪の法観念史』（東京大学出版会、一九九三年）の迫力は圧倒的であった。かつて私は『歴史学研究』誌（六五七号、一九九四年）に書評を依頼されて、その大きな魅力を、敬意をこめて語ったことがあった（藤木『戦国史をみる目』校倉書房、一九九五年所収）。

その最大の衝撃の一つが、中近世ヨーロッパの戦場の略奪の分析であった。同書中には、前項の平城説も確かに引用されていた。

ヨーロッパの戦場の略奪者は兵士だけではなかった。兵士たちの妻・売春婦・子ども・召使いなども一団をなして、進軍するにつれて、軍隊はまるで集団移住といった相貌を呈した。商人もまた軍隊をめざして集まって来た。この商人団もまた多数の男女からなり、酒保商人（マルケテンダー）と呼ばれた。

戦場の兵士は常に飢えの恐れの下にあり、それをかろうじて救っていたのは、酒保商人であった。彼らがいて、兵士が給与によって買い物ができるときにのみ、軍隊に治安が保たれたのである。酒保商人は兵士に、武器・衣服・食料を売るだけでなく、彼らから戦場での略奪物を安い値で買い叩いていた。

略奪は商人を仲立ちとして、軍の存在そのもののうちに、いわば構造化されていたのである。略奪は兵士であることを職業とする、半ば独立的な自営業者の一経済活動である。そして酒保商人もまた軍隊に構造化されていた。

この分析は、私には大きな雷鳴のような衝撃であり、ただちに私の大きな課題となった。私はその解明に没頭した(藤木『雑兵たちの戦場』前掲)。山内著への論評が一方的な批判だけに終わることを忌避したからである。

日本の戦国期の場合、軍隊の兵士たちが家族や家畜までも同伴していた事実は、まだよく知られていない。今後の楽しみな課題だが、西欧で酒保商人と呼ばれた戦場の商人たちは、日本では「甲乙人《こうおつにん》」などとも呼ばれ、日本や朝鮮の戦場に積極的に出動して、大きな役割を果たしていたことは、いまでは広く知られるようになっている。

たとえば、戦国末の天正十八年(一五九〇)三月、豊臣方の小田原攻撃の初期に、次のような徳川軍の情報がひそかに北条方にもたらされていた。

①陣中、兵粮に詰まり、野老《ところ》を掘り候て、喰らい候よし申候。
②兵粮一升、びた銭にて百文ずつ、これもはや売買なきよし、申し候。
③雑炊、汁器一つ十銭ずつのよし、申すこと候。

つまり、①敵(徳川方)の陣中は、すでに兵粮が尽きて、山の芋(ところ、救荒食物)を掘って飢えをしのいでいるという。②それでも、最近までは、米一升がびた銭一〇〇文といって、兵糧売りの商人も来ていたが、③いまはもう、汁椀一杯で一〇銭もとる雑炊売りが来るだけだ、というのであった（藤木『戦国の村を行く』朝日新聞社、一九九七年）。

これは、北条軍の油断を誘う、徳川方の流したニセの情報であったらしいが、軍隊に密着する戦場の給食＝酒保商人の存在そのものは、虚構ではなかった。戦争は巨大なビジネス・チャンスでもあった。だから北条方も、これら①〜③をほとんど信じたのであった。

彼ら戦場の商人が国内や朝鮮の戦場で大挙して活躍し、ことに多くの略奪した人びとや物品を運び去っていたことや、「大坂冬の陣図屏風」に描かれた、大坂戦場の多数の商人群像など、さらに多くの証言があるが、本書「中世戦場の略奪と傭兵」などでも詳述するので、ここでは省略しておきたい。

## 3　城郭論の東西

戦場の城郭についても、比較史の目が不可欠である。

日本史で城郭といえば、城主の城を意味するのがほとんど常識である。

ところが古代中国では、「城」は領主の居住区画、「郭」は民衆の居住区画であり、両者は一体となって、十数キロメートルもある巨大な隔壁に囲まれ守られていた。民衆は朝から夕べまで、城外に出て耕作に励み、日没とともに郭内へ帰るのが常であったという（愛宕元『中国の城郭都市――殷周から明清まで』中公新書、一九九一年)。

漢代の県城といえども、農民聚落たる里の集合体で、城内住民は工商を一部含むものの、過半は農民であった。彼らは朝に城門を出て自らの耕地で農耕に従事し、夕暮れとともに城門を入って自宅のある里に戻るのであった(同右)。

つまり領主と領民は同じ一つの城郭に常に居住していた。だから「城郭」と呼ばれた。この事実は、領主の「城」だけを問題にし、民衆の「郭」を無視し続けてきた、日本中世城郭史のこれまでの常識(通念、思い込み)とは大きくかけ離れている。日本側では、「民の郭」の存在を無視したまま、今日に至っているのではないか。

他方、西欧の中世では、城主に築城権(罰令権、ブルクバン)があり、民衆の築城義務と密接な関連をもった。それに基づいて、周辺の住民を城砦の建造と維持のために、無償で築城作業＝築城夫役に動員する権利であった。

しかもその権利は、戦争に襲われた危急のときには、かつて築城夫役に動員された、周辺の住民を城砦内に保護する義務の代償として行使された(野崎直治『ヨーロッパ中世の城』中公新書、一九八九年)。

手もとの古いドイツ語辞典(木村・相良編『独和辞典』)を引いても、「ブルク」には①城・②避難所・③保護という語義が認められる。この城をめぐる領主と領民の一体的な関係は、それほど広く行きわたった城郭の常識であった、ということでもあった。ブルクバンを「罰令権」とだけ翻訳する、ドイツ中世史研究者の通念は、ブルクの②③の意味をもとに、再考する余地があるのではないか。たとえば、シュバーベン・シュピーゲルという、十三世紀の西南ドイツの慣習法の一端には、
領主がわれわれを保護するがゆえに、われわれは領主に奉仕すべし。したがって領主がわれわれを保護せざるならば、われわれは法にてらして領主に奉仕せずともよし。
と明記されているからである(ハンス・K・シュルツエ『西欧中世史事典』千葉徳夫他訳、ミネルヴァ書房、一九九七年)。領主と農民という両者の関係は、じつに緊張に満ちた、相互関係のもとに成り立っていた、とみる余地がある。

たとえば、フランスの歴史家ジョルジュ・デュビイも、こう語っていた(池田健二他訳『ヨーロッパの中世―芸術と社会』藤原書店、一九九五年)。

従うべきは、その砦がすぐ近くにある主君であり、騒乱が通過するときには、住民全員が逃げこみ、閉じ籠もることのできる避難所のうえで、守備し監視する主君である。

と。なお、同氏は十世紀のヨーロッパの暮らしを、
心配は絶えることがない。冬は越せるのか、春まで持ちこたえられるのか。

とも書いていた。領主と農民の生活は、ぎりぎりの相互依存(持ちつ持たれつ)の関係にあった、というのが実情であったのではないか。


とりわけ、中世初期の城では、緊急時に避難してくる領民を収容するから、面積の広いのが特徴で、一・五ヘクタールほどであったと、渡辺昌美氏は指摘していた(「城をめぐる生活」堀米庸三編

『生活の世界歴史6　中世の森の中で』河出文庫、一九九一年、元版一九七五年）。

さらに氏はいう（同「攻撃と防禦の構造」の章から）。

ヨーロッパの中世は、城の世界である。城というのが言過ぎなら、防備の施設が、いたる所に見られたと言いかえてもよい。……日常不断に危険を意識せずには生活できなかったという点では、中世のどの時期も本質的に同じである。

この前者から、私は日本でも広大な地域に点在する拠点城郭（後述）を想起し、後者からは、次第に注目されつつある、無数の「村の城」を連想する。

また、マールブルク郊外のドライハウゼンの城は、東西二〇〇メートル・南北一〇〇メートルほどの小さな城砦であったが、領主の常住した全体の三分の一ほどの高く狭い上城砦（オーベルブルク）からは、多くの生活遺物が発掘されていたが、広い下城砦（ウンターブルク）からは、遺物の出土がほとんどなく、居住の痕跡を留めていない。

この発掘事実から、考古学者たちは、下の広い城砦は、危急の時、周辺住民を避難させる、避難城砦（フルフトブルク）ないし民衆城塞（フォルクスブルク）であったと結論したという（平城照介「カール大帝とフランク王国の軍隊」木村尚三郎編『世界の戦争5　中世と騎士の戦争』講談社、一九八五年）。

古代中国では、はじめから城と郭は居住一体となっていたし、西欧の中近世では、城の外郭部分に、緊急避難所として、城主居館より広大な空間が確保されるのが通例であった。危機が迫ると、近隣どころか、かなり離れた村々からも、避難する人びとが集まってきた（ピエール・スイリー「ヨーロッパ中世の城」『週刊朝日百科　日本の歴史別冊　歴史を読みなおす15　城と合戦』朝日新聞社、一九九三年。藤木『城と隠物の戦国誌』朝日選書、二〇〇九年、参照)。築城権と避難権とは、互いに対応する関係にあった。

これに対して、これまでの日本の中世城郭史研究では、城郭とは、領主だけの孤立した軍事要塞であり、農民の築城夫役は一方的な強制であったと、一貫して説かれてきた。それが長い間の通説であった。

だが、以上の東西の城郭の事例(相互依存性)からみると、小規模な城塞はともかく、地方の拠点城郭級の規模をもつ城郭については、日本でも、東西の城郭に対比できる、大きな民衆の避難所の存在を想定してみる必要があるのではないか。

滅亡をひかえた関東北条氏の拠点、相模の小田原城には、二、三万もの非戦闘員が籠もっていたと観察されていたし、武蔵の岩付城・川越城・松山城・鉢形城・忍城の落城期にも、民衆避難の伝承が遺されているからである(以上、藤木『城と隠物の戦国誌』前掲)。

関東の大名北条氏の拠点城郭の一つ、相模の玉縄城などにも、中枢の縄張り図を超えた外側の範囲から、城郭遺構が観察されていることを、ごく最近、地元市民の方から教えられ、胸ふくらむ想いがしている。

つまり、多くの日本中世の拠点城郭(小規模城砦をのぞく)にも、危機が迫ると、地域住民を避難させる習俗が成立しており、その背後に、日常的な城の修築を領域住民に求める慣行が秘められていた。

これらの徴証からみて、日本の中世城郭には、西欧型のブルク(城・避難所・保護)にみられたような、緊急時の相互依存の関係が成立していたことは、ほぼ疑いない。

なお、中国の城郭が衰え、後漢末から三国・西晋(三世紀前後)の動乱時代になると、中国の人びとは、城郭に頼らず、それぞれに村を構えたが、周りに土塁・障壁を巡らせた、自衛のための軍事聚落を築き上げ、これを塢《う》と呼んだ。それは平地に土塁を高くして、設けることもあった。だが、むしろ多くは、三方に山をもち、入口側だけを堅固に人工的に閉鎖する、険阻な山間に立地することが多かった。三方を山に囲まれた険阻な山間の城といえば、日本の中世村落や中世城郭の例も、数多く知られている。

樋口忠彦氏はこのような立地に注目して、「背後に山を負い、左右は丘陵に限られ、前方にのみ開いている」という共通性に注目して「藏風得水」型の景観と呼んだ(『日本の景観—ふるさとの原型』ちくま学芸文庫、一九九三年)。日本の戦国期についても、このタイプの城に積極的に目を向けることによって、より民衆的な城砦の発掘が進むことが期待される。

## 4　農民武装権の東西——ハンス・フェール説

私が比較史から受けた、より根源的な影響は、二十世紀初めに書かれた、ハンス・フェール『中世農民の武装権論』（未邦訳）であり、私の民衆社会論や「刀狩り」論の、大きな起点となった（藤木『刀狩り』前掲）。

ハンス・フェールはいう。ゲルマン民族の大多数を構成する中世の農民には、武装権がなかった、という通説は誤りで、すべての自由人は本来、武器携帯の権利を持つ、という原則は長く生きていた、と。

武装権はなによりも名誉権であり、それに伴う義務や負担がいかに重くとも、個人の特権として高く評価された。

その権利義務には、五つの要素があった。

①平和時の武器携帯の権利
②祖国防衛の権利と義務
③復讐の権利
④決闘権
⑤犯人の追捕権

の五つがそれである。

しかし、十二世紀半ばになると、ラント（帝国）平和令は、武装禁止令によって、農民の武装権に制約を加えるようになる。すなわち、労働中の農民には武装権はなく、主な武器（槍と剣）の携帯は禁止された。しかし村を離れる際に剣を携帯することは認められ、また警察への奉仕（治安維持）のため、家に武器を備えておくことが、義務として課せられた。

このように、帝国平和令(ラント・フリーデ)による武装禁止令は、けっして農民を無抵抗にすることを狙った、いわば物理的な武装禁止令ではなかった。それは以下の①~④のような、注目すべき特徴をもっていた。

①もともと武装権は、自由人に固有の名誉権であり、武装禁止令も、その狙いは、騎士と農民を身分的に分けることにあった。

②農民は確かに武装権を奪われたが、武器そのものを没収されたわけではない。

③農民は日常の武器の携行は禁止されたが、村の外に出るとき、犯人を追捕するときには、携帯を許された。

④祖国の防衛権は奪われたが、村の犯人の追捕権は農民の手に残った。

これら①~④の武装禁止令の特徴から、私は以下のように理解したのであった(『刀狩り』前掲)。すなわち、中世ヨーロッパの民衆の武装は、正規の社会成員の表象で、武装権は名誉権にほかならなかった。十二世紀の平和令にみえる武装禁止令は、農民の家内での武器の所持を認めながら、平時の携行や軍役・復讐・決闘・追捕など、武装権の剝奪によって、身分規制を目指したという。

つまり、武装禁止令の狙いは、農民の武装解除にはなく、①騎士と農民との間の身分表象を峻別することにあった、というのであった。このような帝国平和令にみる武装禁止令の解釈は、日本の刀狩り論に、多くの示唆を与える。刀狩り=農民の武装解除という日本史の通念と、大きく対立するからである。

また②には、日常の外出のときに、武器の携行は禁止されても、家に武器を備えることまでは禁止されなかった。つまり「所持」と「携帯」は法によって峻別されていた。日本中世末の刀狩りについても、この峻別の当否が大きな問題となることは明らかである。

また③は、武器の携帯を、日常と非日常で峻別せよと、教えてくれているのではないか。

最後の④も、国家の軍事に関わる武装権と、村の治安維持の権利とを峻別してとらえる必要がある、という大切な視点を教えている。詳しくは別に述べたが(『刀狩り』前掲)、日本の刀狩りも、民衆の武装解除というよりは、身分表象の規制という特徴が濃厚である。

たとえば、

①日本の民衆は、十六世紀末(刀狩り令発令)以降も、現実に刀・脇差・鉄炮など、多様な武器を所持していた。

②旅行・祝宴・祭礼・火事などの非日常のときは、武器の携帯を公認されていた。

③軍役は武士に固有の役とされたが、村でおきた人殺し・盗みなどの犯人の追捕《ついぶ》、つまり共同体の治安維持は、村の共同の役とされた。

などの特徴が注目される。

帝国平和令の武装禁止令と、日本の刀狩り令の間に、共通するところが多いことに、あらためて注目しなければならない。

## 5　村落間相論の日中――仁井田陞説を中心に

中国史の上田信さんから、新訳の『問俗録』（東洋文庫、平凡社、一九八八年）をいただいたのは、三〇年余り前の、暮れ近い頃であった。平易で興味深い翻訳に惹かれて、年を越して一気に読み終えたとき、脳裏に遺ったのは、文中に三〇か所以上にわたって記されている「械闘《かいとう》」（集団による武力闘争・民衆間の武力紛争）ということばであった。

時期的には清朝期の例が多い様子だが、よりさかのぼる可能性もあり、その内容が、日本の村落間紛争とじつによく似ていたからである。通俗の「似たもの探し」は避けたいが、一体、どこがちがうのであろうか。

その研究にも、仁井田陞《にいだのぼる》『中国の農村家族』（東京大学出版会、一九五二年）、瀬川昌久「械闘と村落連合」（『国立民族学博物館研究報告』一二―三、一九八七年）などの精緻な論文二編がある（中国学の岩本篤志氏からの懇篤なご教示による）。前者には、法制度史のいまもゆるぎない到達点があり、後者には中国民俗への目が行き届いている。

仁井田氏の械闘論の成果は、同著の「第八章　中国の同族部落の械闘」に集約されている。それは、防衛的であるとともに、攻撃的団体であった。自力救済も血讐も復讐も社会的に容認され、同族全体が協力して、戦いに臨んでいた。「械」は武器であり、「闘」は戦いを意味していた（瀬川論文）。

紛争の課題は農業水利、地境の争い、墳墓の地など、生活の基本に関わり、部落の男性は集合を強制され、一身を捧げることを求められた。

これらの紛争で、官憲には介入・解決をする余地も能力もなく、その力も部落内には及びえなかった。多くは、地方の有力者ないし公正な点で世論の支持をうけている、係争とは縁のない族外の顔役によって、仲裁ないし調停が行われ、和解の成功する場合もあった。

部落内の治安は同族的な規律の維持と防衛によって支えられ、住民は械闘の費用（祀産。共有財産）を支え、死傷者にはその収益から遺族に養生費や見舞金が支払われた。それは血縁を同一にしない傭兵にも適用された。

こうした部落的械闘の行われた地域は、全中国ではなく、主として福建・広東・湖南・江西・浙江・広西など「沿江濱海」の六省に限られたという。

これら東・南シナ海沿岸一体に広がる、集団民衆による自発的な武力紛争は、清朝末期まで続いて行われていた。こうした地域的な偏差から、中世の倭寇対策説が一部に行われてきた様子であるが、仁井田・瀬川両氏の専論には、まったく言及されていない。

しかし、日本とシナ海沿岸諸省の地域紛争の処理の過程には、よく似た側面が少なくなかったことが明らかであろう。

だが、中国の武装した械闘集団には、強固に結ばれた部族集団が主体となったが、集団の大小を問わず、血縁を異にしている部落の連繫が広く認められたし、外から血縁の遠近を問題としない、多くの傭兵が加わるという事実にも注目しなければならない。

日本の山野河海紛争でも、近隣から複数の村が集団（傭兵隊）として参加し、当事者となった村は、その接待や報償に、莫大な負債を余儀なくされた例が知られている。

だが、中核を成したのが、中国にみられたような強固な血族集団（強固な部族）であった事実は、日本ではまだ確かめられていないことに注意しておきたい。

なお、仁井田氏によれば、部落内の治安と部落外からの盗賊侵犯の防衛は、同族規模による規律の維持によって支えられた。その物質的基礎には、同族所有の大きな「祀産」（共有財産）があった。その同族祀産は、祖先の祭祀や、同族の零落者の扶助に充てるとともに、械闘による負傷者（傭兵を含む）の養生費や、死者の遺族への資産の分与に充てられた。

これを、日本中世の村落と対比すると、濃厚な同族結合の強固さ、部落共有の資産の大きさなどに、かなり顕著な相違が認められる。だが、集落間紛争への対応、死傷者への扶助など、いわばセーフティー・ネットには、多くの共通点が認められるのは、注目されるところである。

## おわりに

はじめに「比較史の魅力」と題したが、以上に述べたような魅力は、尽きることがないように思われる。微細にわたる比較検討というよりは、日本中世史の理解を深める、大切な視角や手がかり

（ヒント）を東西の諸研究のなかに求めるというのが、私のいう比較史の魅力の限度というべきであろう。

なお、服部良久氏の研究からも、共同体論・紛争論・規律化論をはじめとして、近著『アルプスの農民紛争―中・近世の地域公共性と国家』（京都大学学術出版会、二〇〇九年）にいたるまで、多年にわたって多くの影響を受けてきた。

最後に、前掲の渡辺昌美「攻撃と防御の構造」から、西欧中世を描いた、印象に残るフレーズを引用しておきたい。

中世では…平和は格別のこと、非常のことであった。社会のあらゆる次元で、暴力は常に露出している。封建社会が軍事社会であるとは、言い古された指摘だが、軍事的に編成されていたのは単に支配階級だけではない。社会全体がそうなので、すべての者が何らかの攻撃に対して常に身構えていた。中世とは、ある意味では、身構えた社会だと言えるであろう。

この緊張に満ちたメッセージは、日本中世史、とりわけ日本の戦国社会も、厳しい「身構え」のなかにあり続けたことを示唆しているのではないか。

比較史の魅力は、ありきたりの恣意的な「似たもの探し」を超え、逆転の発想を含めて、私たちに迫ってくるものがある。

# 第1部　民衆と戦場の現実

# 刀狩り——兵と農の分かれた社会へ

福井市の柴田神社などに飾られた、古ぼけた鉄の鎖には、刀狩りにまつわる、ふしぎな言い伝えがある。戦国時代の終わり頃、織田信長のもとで北陸を治めていた柴田勝家が、波荒い九頭竜川《くずりゅうがわ》に橋がないので、この鉄の鎖で四八艘もの船をつなぎ、船橋をかけて、北陸道を行く人びとの難を救った。その鎖は、勝家が刀狩りで村々から武器を集め、溶かして作らせたものだ、という。勝家は刀狩りをやって、一向一揆をなくし、鍬や鎌など、鉄の農具もたくさん作って、農民たちを助けた、ともいう。

図1　柴田神社の鎖（清水克行撮影）

この勝家の刀狩りは、「刀さらえ」とい

って、一五七六(天正四)年に行われ、豊臣秀吉の刀狩りの大きな先がけとなった。だが、刀狩りで民衆を救った、という言い伝え(「柴田勝家公来歴」ほか)や古い鎖には、ほかに確かな証拠はない。

しかし、その一二年後、あの秀吉も、刀狩りを進めるのに、「百姓は刀など持たないほうが幸せになれる」とか、「刀・脇差は、京都に作る大仏の釘に」などと、けんめいに説得していた。

もっと古く十三世紀中頃、鎌倉幕府の北条泰時が、鎌倉の町で坊さんの武装を禁じたときも、没収した刀は鎌倉の大仏に使う、といっていた。どうやら中世では、人びとから刀を取り上げるのは容易なことではなく、「世のために」とか「仏さまのために」という、特別ていねいな説得が必要だったのだ。それは、なぜだろうか。

## 刀は男子の誇り

戦国の頃、大和(奈良県)の政丸という少年は、一五歳の祝いに、甚三郎という名をもらい、はじめて髷を結い、付紐《つけひも》の着物をやめて、腰に脇差を差した。村々では、少年が一二～一七歳で成人を迎えると、童名をやめ、前髪をそり、帯解きをし、刀を差す。この成人の晴れの日を「刀差の祝い」といった。

大小(刀・脇差)を二本とも差すのは、とくに「帯刀」といって、村でも家柄のある子に限られたが、脇差一本なら、成人すればだれもが差せた。戦国の人びとにとって、刀や脇差は、一人前になった男子の誇りであり、自分の力で村を守る、大きな責任と名誉の象徴《シンボル》であった。

そんな誇り高い男たちの刀を、秀吉の刀狩りは、獣でも狩りするように、力ずくで奪い取ろうとしたのか。そんなことが本当にやれたのだろうか。

## 刀狩りの真の狙いは

刀狩りが行われると、北陸からは、約四〇〇〇もの武器が、都の秀吉に送られた。だがその内訳は、九六パーセントが刀・脇差の類で、残る四パーセントは鑓だけで、弓や鉄砲はゼロだった。

さらに、次に掲げた、山陰の刀狩りの請取状が、刀狩りの現場のカラクリを、暴露してくれる。

請取り申す、刀・脇指のこと

一、以上合数百九拾五腰の定、但十弐郷ともに、

右、九十九人分にて候えども、刀弐ツ・脇指壱ツ、出さず候ゆえ、かくの如くに候。

以上、右、何れも、目録の前なり。

北嶋殿の領納として、請取り申し、児玉内蔵太夫方へ、あい渡し候ところ、実なり。（後略）

その内訳をみると、本当は一二の村々の九九人から、一人あたり刀・脇差一組ずつ、合計一九八本を没収すべきところ、現に受け取ったのは一九五本で、刀二つ脇差一つが不足だ、とある。

つまり、村々でも帯刀する家柄の百姓だけを対象に、あらかじめ刀・脇差ばかり一組ずつ割り当て、出させていたのだ。刀狩りの後も、脇差だけなら、だれもが自由に差せたのであった。

確かに秀吉は「百姓の武器は、すべて没収せよ」と命じていた。だが、刀狩りの真の狙いは、民

衆を無抵抗にするためというより、むしろ、帯刀という男の名誉ある武装権を、武士だけで独り占めしよう、という点にあったようだ。

こうして、「平和を守る」のは武装する武士のつとめ、「物を作る」のは農具をもつ百姓のつとめと、兵と農の役割をはっきり分ける。それが、秀吉のめざした新しい社会であり、帯刀はその分離の目印、身分の象徴《シンボル》となったのである。

# 廃刀令の通説を疑う

一九九九年末時点の資料によると、「銃刀法」(銃砲刀剣類所持等取締法)のもとで、登録され公認されている刀剣は、じつに二三一万振余り、銃砲も約七万挺に上っている。秘蔵されたまま忘れられた、登録漏れを含めれば、さらに多くの武器が私たちの身辺にあることになる。どうも私たちは完全に武装解除されているわけではないようである。

しかし、私たちは、長い間これら銃刀を武器として使うことを自制して、今日にいたっている。だが、いまその過剰な武器規制が目に余るようになり、ことに空港での刃物の持ち込みは、厳しく規制されている。アメリカの民間の銃砲問題も深刻である。そこで、日本における武器自制の歴史の一端を、明治の初年の「廃刀令」の時代にさかのぼって、探ってみよう。

## 廃刀令の通念

廃刀令といえば、どの高校日本史の教科書にもみられるほど、よく知られている。それらを集約した、日本史の受験用語集の「廃刀令」の項には、「一八七六年、明治政府が出した軍人・警官以外の帯刀禁止令」(『日本史用語集』山川出版社)だ、と記されている。

ところが、ある大百科事典には、刀狩りいらい庶民の武装は禁止され、廃刀令で武士の帯刀も禁止され、ここに国民の非武装が定着したと、明記されている。私たち国民は非武装であり、それは、刀狩令と廃刀令のおかげだ、というのであろうか(平凡社版、田村貞雄「廃刀令」一九八五年)。

いまの高校の教科書のなかに「廃刀令は、武士の特権の廃止であるが、同時に、国民の武装解除をめざしたものであった」(三省堂『日本史B』)と明記されているのも、これと同じことであろう。

つまり廃刀令は、ただの帯刀禁止令ではなく、国民の武装解除令だった、というのである。これらの通説は、本当なのであろうか。「軍人・警官以外の帯刀禁止令」というのは正確な表現であろうか。廃刀令の実施のプロセスに、深く立ち入ってみる必要がありそうである。

## 布告された廃刀令

廃刀令というのは、一八七六(明治九)年三月二十八日に出された、太政官布告三十八号のことで、その規定は、左記のように、ごく簡単なものであった。

自今、大礼服着用、ならびに、軍人および警察・官吏など、制規ある服着用の節を除くの外、帯刀禁ぜられ候条、この旨、布告候事。

ただし、違犯の者は、その刀、取り上ぐべき事。

つまり、大礼服(重要な公式行事のときの礼服)を着たとき、ならびに、軍人・警察・官吏が、勤務のために制服を着たときを除き、そのほかは帯刀を禁止する、という帯刀だけの禁止令で、もし、これに違反した者がいたら、その刀を没収する、というのであった。

受験用語集にいう「軍人・警官以外の帯刀禁止令」というのは、官吏がぬけていて、不正確であるし、軍人・警察・官吏の帯刀といっても、勤務(制服着用)中だけに限られていたことも、見落とされている。

帯刀禁止令といっても、立法の狙いは、これまで長く社会の身分表象とされてきた、帯刀という習俗を、一般の人から排除して、もっぱら新しくじかに明治国家を支える、軍人・警察・官吏など、いわば役人たちだけの、公的な身分表象として独占しよう、というものであったことになる。広く知られる廃刀令というのは、帯刀禁止令の俗称にすぎなかったのであった。

それに、もしこの帯刀禁止令に違反しても、その刀を没収する行政処分にとどめ、罪は問わない、ともいっている。じつにゆるやかな立法であった。

## 司法の現場の混乱

ところが、このゆるやかな立法が、司法の実務をになう、地方の現場を混乱させたらしく、さまざまな問い合わせ(伺い)が、司法省に殺到した(「太政類典」二の一、以下、同じ)。たとえば、布告の一か月後、滋賀県の裁判所は、次の三つの質問を寄せていた。

①帯刀とは、従来の慣習によるときは、長刀または双刀を帯する儀にて、脇差と称する短刀を帯するは、帯刀と称する限りにあらず候えども、本年、第三十八号をもって公布せられし帯刀とは、双刀または短刀の別なく、いっさいの金刃を携帯することを、禁ぜられし儀に候や。もし、しからば、公然、腰に刀を帯ぶるにあらざるも、…身を護するために短刀を懐中し、あるいは、鎗身を杖に仕込み、あるいは、嚢中または荷物の内に刀を入れ、ひそかに携え通行するごとき、また禁止の儀と、あい心得、しかるべけんや。

②前条の公布によるときは、いっさいの凶器を携え、通行することは、あいならざる儀と存じ候。しかるに、身を護するのために銃・鎗などを携うることは、いまだ禁令これなし。もし、常に故なく、短銃・短鎗など携うる者などこれある節は、いきおい、罰せざるをえず候えども、別段、禁令もこれなき内は、すべて不問におくべき儀に候や。

③…公布但し書きに、違犯の者は、その刀とり上ぐべき事とこれあるによるときは、みぎ公布に違犯する科は、ただ、その刀を没収するに止まり、別に違令のかどは、罪問うに及ばざるよう、あい見え候えども、官の禁令に違犯する者、その罪を問わざるの理これなきよう、あい考え候。よって、違令の罪は律に照らし、処分の上、なお、その刀を官没する儀と、あい心得しかるべけんや。

つまり、これまでの慣習では、帯刀というのは、長刀か双刀（刀・脇差）を身に帯びることだけをいい、脇差という短刀だけを帯びるのは、帯刀とはいわなかったが、それでいいのか。それとも、こんどの公布にいう帯刀とは、双刀か短刀の別なく、いっさいの金刃を携帯することを禁止するのか。

もし、そうなら、公然と腰に刀を帯びるのではなく、身を護るために、短刀を懐に入れたり、鎗を杖に仕込んだり、あるいは、袋や荷物のなかに刀を入れて、ひそかに持ち歩くのも、禁止の対象になるのか。

公布の趣旨は、いっさいの凶器を携えて通行するのを禁止する、というのではないのか。身を護るため、銃・鎗などを携えることは、いまだ明示的な禁令がないが、これも認めるのか。

もし、理由もなく、短銃や短鎗を持ち歩く者がいたら、公法への違反として、罰せざるをえないが、これも禁令はない。これらもすべて不問にするのか。

公布の但し書きによれば、違反した者は、ただその刀を没収するに止め、罪を問わない、というように見えるが、役所の禁令に違反する者は、法律に照らして、罪を問うべきではないのか。その上で、刀を没収するというのなら、わかるが、そう心得てよろしいのか。

## 司法省の意外な回答

こうした、司法の実務をになう現場からの、疑問と異議申し立て(伺い)からは、公布する以上は、全面的な武装禁止令とすべきであり、違反に対しては、厳罰と処分をもってあたるべきではないか、という疑義をひき起こしていた様子がよくわかる。

現場の司法担当者のあいだには、そうでないと、現実に取り締まりができないという、強い当惑が広がっていたらしい。

ところが、これに対する司法省の公式見解（布告＝回答）は、意外なものであった。

先の①については、「第三十八号布告は、いっさいの刀剣を佩帯《はいたい》するのみを禁じたるなり」。②については、「懐中もしくは嚢裏《のうり》に包蔵し、および、その余の兵器を携帯するが如きは、この限りにあらず」。③については、「犯禁の処分は、その刀を没収するに止む」というのであった。

「その余の兵器を携帯するが如きは、この限りにあらず」というのも、注目される。あくまでも「刀剣を佩帯するのみ」が主題で、その他の兵器の携帯は、まったく布告の対象ではない、というのである。

また、たとえば、鹿児島県からの「伺い」は、「士族・平民、帯刀の禁を犯せしとき、その取上げたる刀は、いかが取り扱いもうすべきや」と問うていた。

つまり、布告を受けた、地方の司法の現場の認識は、対象は士族だけでなく「平民、帯刀の禁」をも含む、というものであった。平民のなかにも、帯刀している者が数多くいたことが、よくわかる。

しかし、これに対しても、司法省の布告は、「売買などにつき、刀剣を携持し候ものは、必ずこれを包裹《ほうり》すべし。もし、包裹を用いず携行し候ものは、帯刀と同様、処分いたすべし」といっていた。刀剣も包んで持ち歩くなら、いっこうに構わない、というのであった。

つまり、廃刀令はあくまでも帯刀だけの禁止令であり、国民の武装解除令などではなかったことが、これでよくわかる。その狙いは、あくまでも、帯刀を軍人・警察・官吏だけの身分表象として、独占することにだけあった。

士族や平民も、さまざまな武器を所持しても構わない。だが、それを携行するときは、必ず包んで持ち歩け。もし、むきだしで携帯すれば、帯刀とみなすが、たとえ違反しても、刀の没収(行政処分)に止め、刑罰は科さないと、くりかえし語っていた。司法の側の関心は、帯刀という形式だけで、民間の武器に対する恐怖や警戒感を、そこに読み取ることはできない。武器の使用は、すべて民間の自制に委ねられていたことになる。

明治の廃刀令は国民の武装解除令だったという通説は、右の司法省の回答を無視した、根拠のない俗説(私たちの思いこみ)であった。

# 戦国民衆像の虚実

『海鳴りの底から』によせて

島原の乱(天草・島原一揆、一六三七年)を主題とした、堀田善衛《よしえ》の大作『海鳴りの底から』(一九六一年)のプロムナードーに、次のような場面がある。

蜂起してすぐ、口ノ津にある藩の武器庫を襲って、奪い取ってきた数百丁の鉄砲を前にした、一揆の人びとの会話である。

「地侍は別として、百姓たちは、槍や刀、鉄砲はあつかいつけておらぬ」

「わっはっは、あたりまえじゃ」

……

「むかしむかしは、百姓も刀や槍くらいはもっておった」

「それはそうじゃ」

「それが、太閤さまの刀狩りで、もたなくなってしもうた。召し上げられてしもうた」

この会話は、作品の大事なテーマだったらしい。終わり近いプロムナード5「武器感覚について」でも、作者は自身のことばで、

権力と相対して、民衆がつねに、ほとんど四百年来、非武装、「素肌」であったという点に、われわれの歴史の非常な特殊性があったのではないか、と私には思われる。

と、重ねて語っていた。

秀吉の刀狩りによって、日本の民衆はすっかり武装解除され、素肌にされてしまった。こんな歴史が果たしてよそにあるだろうか、というのである。

だが、この「丸腰の民衆像」というのは、作者の独断どころか、じつは、研究者も含めた、私たち日本人一般の歴史の見方であった、といってよい。作者はこの通念に忠実に、作品をまとめあげようとした。

だから、丸腰の民衆にどうやって武器をもたせ、一揆に蜂起させようか、と苦心したらしい。そこで冒頭に、彼らに素手で藩の武器庫を襲わせるという、荒唐無稽な場面を設定することで、小説を始めることにした。冒頭の会話で、一揆の人びとに「百姓たちは、槍や刀、鉄砲はあつかいつけておらぬ」と語らせたのも、同じ苦心の一端であった（塚本学『生類をめぐる政治』平凡社選書、一九八三年、参照）。

## 天草からの手紙

だが、史実の世界は、おのずから別であった。

天草一揆の戦いが終わるとすぐ、山崎家治という小大名が、天草の島へ国替になり、荒廃した領域の立て直しに着手した。その彼が幕閣に宛てた、意外な手紙が残っている(寛永十五年六月廿六日、山崎家治書状、酒井讃岐守宛て「天草移封書翰録」、福田千鶴氏のご教示による)。

村々は人影もまれな「亡所」になって、一揆の深い傷跡をさらしていた。新参の大名が「小身者」だというので、これを「かろしめ」る、とげとげしい空気も露わであった。どうやって村人との深い対立を和らげ、和解をはかるのか。

新入り大名の打った手だては、私たちの意表をつくものであった。天草に入るとすぐ、彼は現地の役人から「当島中、百姓の鉄砲三百廿四挺、刀・脇指千四百五十腰、弓・鑓少々」を受け取っていた。前の大名の寺沢氏が一揆方を武装解除し、没収しておいた、村々の百姓たちの武器であった。驚くほどの武器の量で、「百姓の鉄砲」の多いのも目をひく。

ところがそのすべてを、新入りの小大名は、どうせ役立たずの武器だから(「何れも役に立ち申さざる道具にて候」)といって、ためらいもなく、領内の百姓たちに返してやることにした。

そう決断したわけを、大名は幕閣にこう報告していた。

鹿多く作を荒らし、鉄砲にておどし申したき由、百姓ども申し候あいだ、何れも鉄砲返し申すべく候。刀・脇指もみぎ同前に申し付けべく候。もしまた、取り戻し候えと御意候わば、何時も取り上げ申すべく候。

田畠の作物を荒らす鹿の被害がひどいので、威鉄砲《おどし》を使って追い払いたい。どうか私たちの鉄砲を返してほしい。

村々の百姓たちが、そう要求しています。そこで鉄砲三二四挺をすべて返してやることにしました。ついでに百姓たちの刀や脇指一四五〇腰も、みな返してやろうと思います。もし幕閣が、それは駄目だ、といわれるなら、いつでも返上させることにします。それでいいでしょうか、というのである。

意外なことに、一揆に敗れ武装解除された村々の百姓たちが、新しい大名に向かって、自分たちの鉄砲を返してほしい、害獣の駆除に使うのだから、と求めていたのであった。この武器へのこだわりを、幕閣も了承したらしい。

天草の村人たちは、もともと自前の刀や脇指を身につけ、鉄砲を日ごとに害獣を追う農具として、自在に使いこなし、その扱いにもよく馴染んでいたのであった。どうやら、一揆の人びとにわざわざ藩の武器庫を襲わせる必要などなく、「百姓たちは、槍や刀、鉄砲はあつかいつけておらぬ」という会話も、作者の取り越し苦労にすぎなかったようである。

## 民衆の帯刀習俗

手ごわい一揆方の村々へ、身をすくめて乗りこんだはずの小大名が、二〇〇〇挺近い武器をあっさり返してやった。この事実も、私たちの「丸腰の民衆像」を裏切って、新鮮である。この思いきった措置は、新しい大名が一揆方の村との和解をめざした、起死回生のパフォーマンスだったのではないか。

というのは、長く戦国の日本にいたルイス・フロイスが、こう書いていたからである。

日本では、今日までの習慣として、農民を初めとしてすべての者が、ある年令に達すると、大刀《エスパーダ》と小刀《アガダ》を帯びることになっており、彼らはこれを刀《カタナ》と脇差《ワキザシ》と呼んでいる。彼らは、不断の果てしない戦争と反乱の中に生きる者のように、種々の武器を所有することを、すこぶる重んじている。(中央公論社版『日本史』12、一八三頁)

戦争のあいついだ戦国の時代、村の男たちは刀を身につけることで社会の成員に仲間入りし、その刀を「すこぶる重んじる」共通の心情を育てていた、というのである。

その成人の儀礼を、当時は「刀指の祝い」ともいった。一人前になると同時に、若者が自前の武器をもち、共同体を守る責務を自覚するのは、ごく当たり前のことであったらしい。「刀は武士の魂」などというのは後世の偏見で、もともと、刀脇指は自立した男のシンボルだ、というのが「農民を初めとしてすべての者」に共通の意識であった。

新参の大名が一揆方に武器を返す冒険をあえてしたのは、人びとの武器によせるあつい心情に応え、武器を喪った屈辱感を癒すことで、何とか村人たちと和解を図りたい、という願いからであったにちがいない。

秀吉の刀狩り令以後、近世社会を通じて、刀の長さ、鍔の形、鞘の色など、外観についての規制を除けば、百姓や町人に刀や脇指をもつことが禁じられた形跡はなく、村のもつ鉄砲の数は、むしろ時とともに増えていった（塚本前掲書）。

あの小大名の英断も、こうした近世の武器事情があればこそで、なにも特異なことではなかった。武装解除された「丸腰の民衆像」というのは、いまの研究水準からみると、もはや虚像としかいいようがないのである。

## 「七人の侍」によせて

したたかな戦国の民衆像を陰影深く描いた、黒澤映画の名作「七人の侍」（一九五四年）も、丸腰の民衆という、古い刀狩りの通念には、もっと忠実であったようだ。

盗賊と化した野武士たちの夜襲を退けようと、村では七人の浪人者に頼んで、守ってもらうことになる。雇われた浪人たちは、なんとか村人にも自衛の仕事を手伝わせようとするが、映画に登場する百姓たちは、戦いにはまるで無気力で、刀の持ち方ひとつ知らない。

この描写は、『海鳴りの底から』にいう、「百姓たちは、槍や刀、鉄砲はあつかいつけておらぬ」という会話の通りだ。それどころか「むかしむかしは、百姓も刀や槍くらいはもっておった」ことさえも、この映画では忘れられている。

野伏《のぶし》や浪人など、戦いなれた雑兵たちは、大名に雇われ、戦国の戦場を大らかに闊歩した。戦場は彼らの稼ぎ場であった。だが、いったん戦争が終わると、彼らはたちまち失業し、平和の街角では、雇われて賃仕事をするか、石川五右衛門のように辻斬や夜盗をはたらくしか、道はない。

そうした雑兵たちの屈折を描いて、「七人の侍」には史実をしのぐ迫力があった。さきに私も『雑兵たちの戦場』(朝日新聞社、一九九五年)で、彼らの跡を追ってみた。

この名作映画も、刀ひとつ持てぬ羊のような農民像だけは、いただけない。天草の人びとは、一揆に敗れ武装解除されてもなお、武器を返せ、といっていた。武器によせる百姓たちのこの執念と、映画の農民像に、距離がありすぎるからである。

## 習俗からみた民衆像

中世以来、村々の百姓たちは、刀とともに成人し、自前の武器をもって武装していた。その武器を、ふだんの生活のなかで、害鳥獣の駆除に、村の治安に、山野河海のナワバリ争いに、地域の防衛に、自在に使いこなし、それを「自検断《じけんだん》」と呼んで、「人を殺す権利」さえも、村ごとに行使していた。それが戦国民衆の実像であった。

近世になると、村々の「人を殺す権利」は、民衆の合意の下で制約される。「徳川の平和」の意義は、まさしくこの点にあった。だが、村の武器が廃絶されたわけではなく、自検断の行使には、なにも変化はなかった。

それどころか、戦国の村人は自分の村に「村の城」さえも造り上げていた。中世の城は、大名だけのシンボルではなかったのだ。「村の城」の存在は私たちに、戦う村の能力と主体性を、もっと重視しなければならぬ、と告げている。

日本人の共同幻想ともいうべき、「丸腰の民衆像」という刀狩りの通念は、あけすけに百姓の武装解除をうたった、秀吉の刀狩り令書、つまり一片の法令を、わけもなく政策の貫徹と読み替え、歴史の実像に目をつぶることで、成り立っていた。だが政策と現実の間には、意外な距離があった。

だから、法や制度論だけでは、やはり困るのだ。ここ三〇年ほど私は、もっぱら世間の習俗に目を向け、ふだんに積み重ねられた、共同の意思や秩序や先例を、丹念に掘り起こしながら、習俗からみた戦国世界のナゾ解きを楽しんでいる。

# 村に戦争が来た

いま地球の温暖化で、海は死にかけ、ゲリラ豪雨は洪水になって都市も襲う。活断層群による大地震の予感、資源の枯渇、毒入りの輸入食品、街角の無差別殺人。私たちはいつしか深い恐怖に身構えるようになっている。

小氷期といわれた、日本中世の五世紀もの間、ことに最後の一五〇年ほどは、「戦国」といわれた、内戦の時代であった。世は旱魃と風水害があいつぎ、いつも凶作と飢饉につきまとわれて暮らしていた。

耕しても食えない戦国の村人は、ことに半年ほどの農閑期には、戦国大名の戦争プロジェクトに雇われ、雑兵となって戦場へいった。彼らのターゲットは、戦場の人さらいと物の略奪であった。これを「乱取《らんどり》」とか「濫妨《らんぼう》」といった。戦場で人をさらって、せめてわが家の働き手をふやしたい。あわよくば身代金をせしめたい。あるいは人買い商人に売って、少しでも金にしたい。それに夏麦や秋の稲の取り入れ時ばかり狙った「乱取」も盛んであった。サバイバルの戦争であった。

戦場になった村や町は地獄をみた。だが、一五〇〇年も続いた内戦に、いつも身構え続けた戦国の世は、いつしか、したたかな危機管理《クライシスマネージメント》の習俗を育んでいた。生命維持《サバイバル》の習俗《システム》といってもいい。村が戦場になったとき、村人はただ歎きあきらめていた、というわけではなかった。

私はこれを「戦国の作法」の発見と呼んで、内戦と乱取の恐怖に身構え続けた、戦国びとの英知を探索しはじめた。

村に戦争が来る！　その噂をきくとすぐに、荘園の代官や村の長老たちは、有り金を手に（時には素手で）走った。敵軍の有力者に頼みこみ、銭（「制札銭」＝安全保障費）を払って（時には借用証文と引き替えに）、「この荘園や村では、自軍の濫妨（略奪）・狼藉（暴行）を禁止する」という一札を書いてもらって、村へ帰った。その敵が攻めてくると、この証文（制札・禁制）を示した。証文さえあれば、敵対にはならなかったからだ。戦国の世には、村も武装していたから、自力で敵を追い払うこともあった。

また、戦場になりやすい平地の村々は、あらかじめ山奥の村々や地域の有力な寺社に、大切な食糧や家財を預かってもらった。それを「隠物《かくしもの》」とか「預物《あずけもの》」といった。奈良の大寺・興福寺の僧は、戦争が来たときの光景を「奈良や田舎から運び込まれる隠物が寺にひしめいて、まるで子を逆さに背負うような騒ぎだ」といっていた。奈良の新二郎という男は、この寺に六九個もの荷を持ち込んでいた。

琵琶湖畔のある村は「もし乱が来ても、預物を奪ってはならぬ」という村掟を定めていた。預物がだれかに横取りされる危険もあったし、村が戦場になれば預物も、敵軍に差し押さえられた。村で一揆が起きたとき、預けた物を抜き取った、という男が処刑されていた。動乱のとき、田畠の証文を山野に隠して、ダメにしてしまったとか、猫・鶏まで預かっていたが、敵軍から鷹の餌にするといって没収された、ともいわれていた。

隠物・預物の中身も、ほとんど家財すべてという風で、預ける理由も、戦争・一揆・逃散・種籾の保全と、じつにさまざまであった。

では、生命の安全は、どう保障したか。

山あいの村々は、よく近くの「山小屋」に避難した。戦争が終わると、占領軍は、村人たちに、はやく山小屋から下りて、農耕を始めてほしい、と勧告していた。「村も自前の城をもっていた」という、私の「村の城」論の出発点である。

さらに、戦国大名たちの城も、領域の民衆の避難所になった。

もともと、戦国の城郭は、どれも高い山々の土を、無理に削り広げて、本曲輪《くるわ》〜三曲輪（郭。近世では「本丸」「三の丸」などという）など、いくつもの曲輪を連ねて、周りを深く掘り込んで空堀を造り、その土を城の内側に積みあげて、高い土塁と土の塀で城を囲んだ。

ほとんど泥の固まりのような城であった。だから、土台づくりの土木量も、塀や館などの作事も、半端ではすまなかった。それは、すべて領域の村に割り当てられた。それに泥の城は風雨にもろかった。だから、日常の保守も村頼みだった。修復の資材費は村の課税から控除された。だが日常の労働は人夫役といって、村の課役の一部にされた。

その代わり、いざ戦争となると、当然のように、村頼みの城は、領域の村々の避難所になった。村にかかる、築城・メンテの義務と、城主にかかる、戦時の保護義務は、否応なしに、両者が向き合う関係を、いつしか育てていった。

中世の終わりに、秀吉が関東を襲うと予感した、大名北条氏の一族の拠点城郭は、大きく変貌をとげていた。町中を囲い込む大がかりな惣構《そうがまえ》（小田原城）・大構・外構（岩付城、さいたま市岩槻区）を築いて、巨大な土塁で町を囲い込んだ。

それらの城が落城したとき、小田原城の惣構の内には、二、三万人の町人・百姓がいたと、秀吉は語っていた。激戦して敗れた岩付城にも、町人・百姓・女性・児童がたくさんいた、といっていた。石田三成軍の水攻めで敗れた武蔵の忍《おし》城（埼玉県行田市）内にも、一万人ほどの避難民がいた、という。

これより先、九州の城でも、敵軍が迫ると、肥後の山鹿《やまが》城（熊本県山鹿市）では、領域の三里（いまの長さで二キロメートル）四方から、女性と児童ばかりが「あがり城」して、ごった返していた。

もっと北の肥前勝尾《かつのお》城（佐賀県鳥栖市）では、島津軍が迫ると、領域の人びとは「里・村ことごとく（城に）繰り上がる」という光景が観察されていた。

瀧廉太郎「荒城の月」のモデルとされる、豊後きっての大きな名城・岡城（大分県竹田市）では、避難民を受け入れた城の光景を「男女合わせて三、四万……そのうち七、八千は戦闘ができる人たちであった」と、イエズス会のルイス・フロイス『日本史』が伝えていた。戦闘員はわずか二〇パーセントにすぎなかった。それでも敵を退けていた。

そのあと、秀吉の「九州征伐」軍に攻めこまれた肥後八代《やつしろ》城(熊本県八代市)では、秀吉がこう言明していた。城内には、敵方の百姓やその家族たちが、五万人ほどいた。敵方だから殺してもいいのだが、そうなると、あとの統治が困るだろう。だから、耕作を確保するために、みな助けてやろう、と。

関東でも九州でも、戦争のなかの光景はそっくりであった。領域の城は、領域の村人たちの避難を保障することで成り立っていた。

それに、ある村が戦場になり、双方の軍がその村を挟んで、にらみ合いになる。黙っていると、両軍から税(年貢・夫役)を二重取りされる。こういう事態はよく起きていたらしく、中世の村では、それを「二重成《ふたえなし》」といって、ひどく嫌った。そこに、新たに「半手《はんて》」という習俗が育っていた。双方の軍に税を半分ずつ納め、現代の板門店のような厳しい境界を設けず、村人の出入りは自由、というのが習わしであった。そんな両属の村が、戦国の世には、至るところにあったらしい。戦国の大名たちの合戦は、領土紛争ではあったが、半手というのは、境界をアバウトにして決戦を避ける、ということでもあった。

これで私の戦国・戦場のサバイバル(生き残り作戦)探しを閉じよう。戦国の武士たちは、戦場で敵の首をとれば、その数や地位に応じて、褒美や出世が期待できた。だが、村から戦場へ出稼ぎに来た雑兵たちは、なにも期待できなかった。濫妨・狼藉だけが、彼らの楽しみであり、所得であった。だから、乱取は黙認された。

だが、襲われた戦場の村の側からみれば、それは地獄であった。しかし、少し探ってみると、戦場の村も、「戦争が来たらどうするか」と、いつも身構え、かなりしたたかに生き抜き、意外に賢明で、しかも多彩な、危機管理《クライシスマネージメント》の習俗、私のいう「戦国の作法」を生みだしていた。村はやはり生命維持《サバイバル》の装置《システム》であった。

それを内戦が生んだ英知などといえば、皮肉な言葉になるが、そうとでも言うしかないほど、それらの「作法」は魅力に満ちていた。

# 戦場の村のメンテナンス・システム

## はじめに

いざ戦国の村に戦争が来るぞというとき、村人はどうやって身を守ったか、大切な家財はどうやって隠したか。私はそのナゾ解きに熱中して、『城と隠物の戦国誌』を書いた（朝日新聞出版、二〇〇九年）。

戦国よりもずっと古く、源平合戦のはじめ、戦場となった京都の町の慌てぶりを生きいきと描いた、こんな一文が『平家物語』にある。

資財・雑具、東西南北へ運び隠すほどに、引き失うこと、数を知らず。穴を掘りて埋めしかば、あるいは打ち破り、あるいは朽ち損じてぞ、失せにける。

源平合戦の初め、木曽義仲の軍が都を襲うという、戦争の危機を知った町の人びとは、家財道具を四方八方に運び隠したが、ほとんどが、敵軍に荒らされ、奪われてしまった。また、家の近くに大急ぎで穴を掘って埋め隠したが、これも掘り出さないうちに朽ち果てさせてしまった（川合康

『源平の内乱と公武政権』吉川弘文館、二〇〇九年）。

戦争が来ると聞くと、中世初めの京都の人びとは、あるいはいたるところに運んで隠し、あるいは自分で穴を掘って埋め隠したというのであった。

つい先のアジア太平洋戦争の末期、家族も家財も、縁を頼って田舎に疎開（避難）したり、家の周りに防空壕を掘って、空襲のたびに逃げこんだりしたことを、体験したり見聞きしたことを、覚えている読者の方々も、少なくないであろう。

日本の中世では、家財を緊急に社寺や谷間の村に避難させるのを「隠物」とか「預物」といい、家族の生命は、近くの城に避難（籠城）するか、近くの山（村の城）に逃げこむか、家の近くに穴（隠れ穴）を掘って、あらかじめ避難生活ができるように備えるかという手だてをとって、必死に生き延びようとしていたらしい。

## 隠れ穴説の登場

こうしたたくさんの穴のうち、人びとが身を隠す「隠れ穴」（シェルター）の存在を、初めて正面から問題にして、考古学界に衝撃を与えたのは、東京都日野市で考古学を研究する清野《きよの》利明氏である。

大小の穴の存在そのものは、いまでは全国で六〇〇〇基をこえるほど多く知られ、そのデータは膨大な報告書として、つい近年、公にされている（房総中近世考古学研究会・東国中世考古学研究会編

『全国地下式坑集成資料集』二〇〇七年、東国中世考古学研究会編『中世の地下室』高志書院、二〇〇九年、井上哲朗氏のご教示による）。

ただ、それを調査する考古学界の人びとの間での用途評価は、膨大な穴を墓穴か貯蔵穴かのどちらかの、二者択一と断定して論争してきた、という（簗瀬裕一氏『中世の地下室』序文による）。

図１　大型地下式坑のイメージ
（作画：芝田英行氏，清野利明氏提供）

だから、それを戦国の人びとの家財の「隠し穴」（トランクルーム）や「隠れ穴」（シェルター）とみた、この清野説は大きな衝撃であった（図1）。清野説のポイントは、数多くの穴を、あくまでも戦国を生きた人びとの立場に立って、彼らの切実な暮らしの痕跡とみる点にあった（「日野市程久保発見の『義経の隠れ穴』残影――『地下式坑』の機能を予察する」神奈川大学日本常民文化研究所『民具マンスリー』四一――一二、二〇〇九年）。

清野説は遺構の踏査をもとにした、具体的で新鮮な問題提起であった。だが、惜しいことに、年代を示すような出土遺物に恵まれず、いつの頃の時期の穴かという点で、大切な決め手を欠いていた。だが、戦国の人びとの暮らしに関心のある私には、じつに魅力的な問題提起であった。そこで私は、集落の山陰の中腹に掘られた清野説の現場を、歩きまわっただけで、小著(前掲、朝日選書)を出すことに踏み切ったのであった。

ところが、さきの私の本が出版されて間もない頃、思いがけないビッグな情報が飛び込んできた。

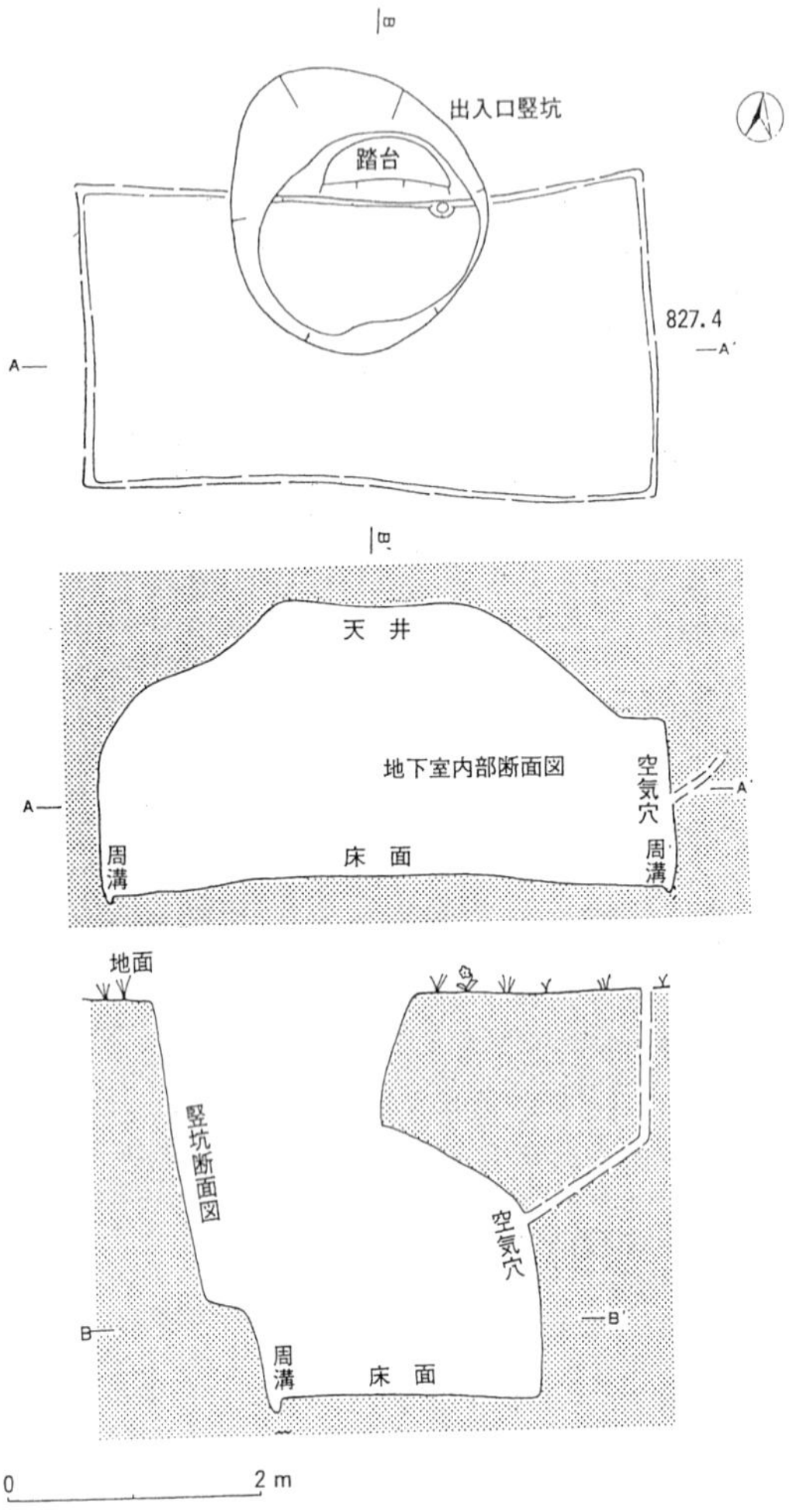


図2　長野県佐久町中山遺跡第1号地下式坑実測図
(原図は『中山遺跡』2003年、島田恵子氏作成) ※2005年に佐久町は合併により佐久穂町となった

すでに一〇年も前の一九九一年に、長野県南佐久郡佐久穂町で、考古学を研究する島田恵子氏によって、戦国時代の隠れ穴を、残りのいい遺構や豊かな遺物とともに発掘した、『中山遺跡―戦国時代の地下式坑―』と題する報告書が、ほとんど世に知られないまま、公開されていたというのであった(図2、新潟県上越市の福原圭一氏のご教示による)。

清野氏や私は、すぐにその現地踏査を島田氏にお願いしたところ、その年の豪雪のなかでは動きがとれないという。そこで、間もない春の日を楽しみに待って、あらためて調査報告の機会を待つことにした。この隠れ穴の近くには、中世の城の跡もあるという。〔補注〕

## 城と郭

ここでは、戦場の城と地域住民の関わりについて、小著の一端を述べておきたい。隠れ穴が家族の避難所であったとすると、村ぐるみの避難所となったのが、中世の城であった。それは日本の城だけの話ではなかった。

たとえば、ヨーロッパに「ブルク」の付く地名が多い。中世ドイツでブルクといえば、主として城を意味するが、使い古した木村・相良編の『独和辞典』を引いてみると、①城・②避難所・③保護という三つの語義が出ている。城は領主の拠点であるとともに、いざというときの領域住民の避難所であったことが、これら①〜③からよくわかる。

アジアでも古代中国の城郭というのは、一辺が四キロメートルという巨大なものが多く、「城」

は領主の拠点、「郭」は領域住民の住居で、城よりも郭の方がはるかに大きな面積を占め、両者は一体となって、周りを重厚で巨大な塁壁に囲まれていたという。いまも西安の街にその面影をしのぶことができる(図3)。

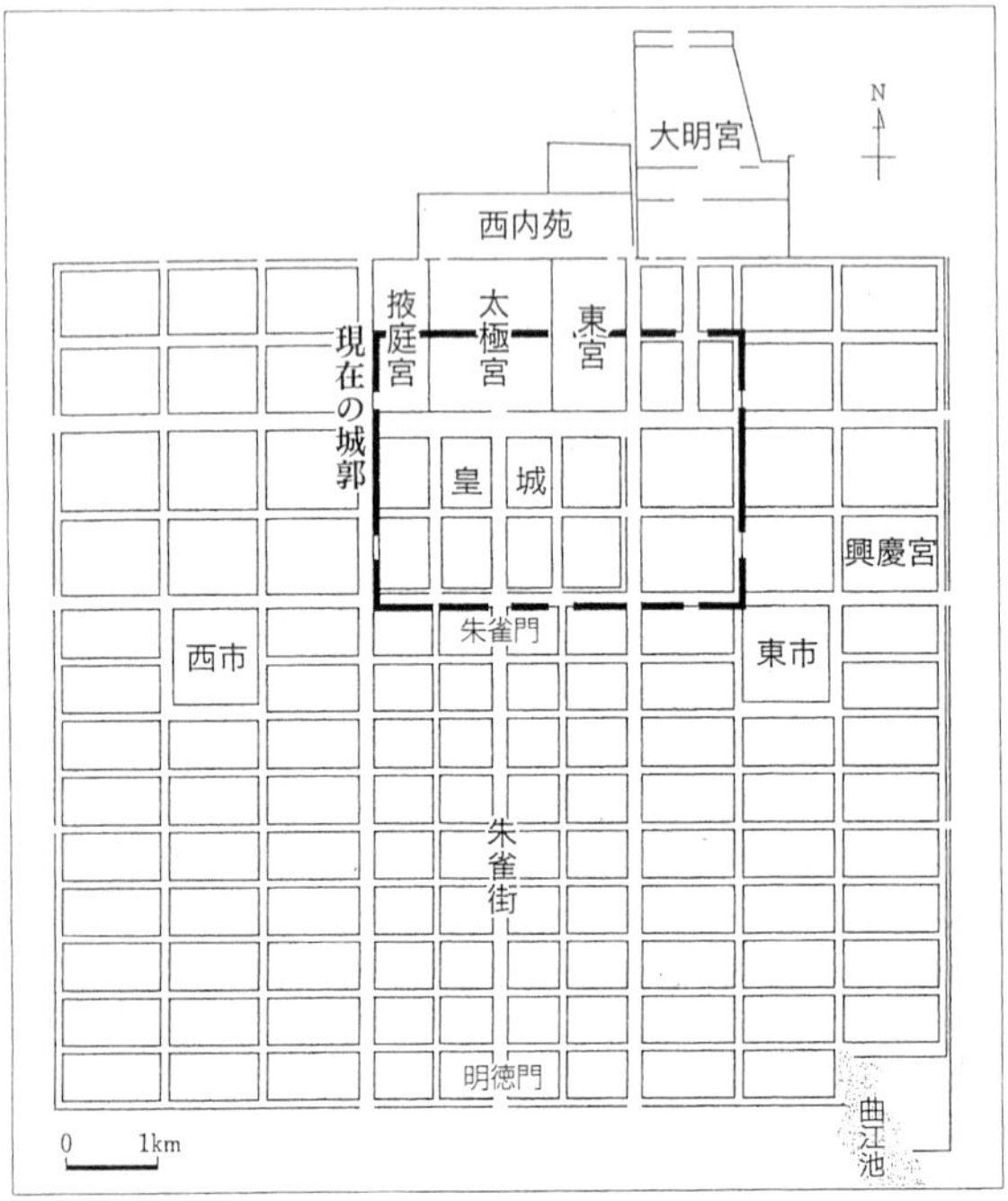


図3　長安城郭図

ドイツでは、民衆にとって城は、いざというときの避難所であったが、中国では、城主の拠点と民衆の住居は、ふだんから一体となっていたことになる。これを日本の中世城郭とくらべると、惣構・大構を別にすれば、多くはいわばドイツ型であったことになる。

ただ、日本の中世城郭研究者の間では、城と民衆の深い関わりについては、ほとんど無関心の様子である。城は民衆を駆使して無理矢理に造らせ、いざというときは、民衆を見棄ててしまう。それが戦国武将の常だった、というのであろうか。城は階級支配の装置だったと、本気で考えているのであろうか。

## 城のメンテナンス・システム

戦国も末になって、戦闘が激しくなると、城造りの方法も、大規模になっていった。たとえば、私の住む鎌倉の大船駅のすぐ西隣の山を、玉縄城といった。その城の造り方も、①年ごとの「大普請」と、②そのうち五年ごとには特別の「末代請けきり普請」という、村ごとに持ち場を割り振った、二重のきめ細かいメンテナンス・システムに頼って成り立っていた。

①は年貢公事という課税並の扱いであったが、特別の②の場合は、資材費は大名の負担で、①から控除されることになっていた。

ほとんどの城では、泥の山を崩して何段もの曲輪を削り出し、土を積んで土塁を築いていた。だから、大風雨などには、特に弱くもろかった。①年ごとの大普請・②五年ごとの請負普請という二重のメンテのシステムは、こうした城の弱さを正直に顕わしている。

しかも、年ごと、五年ごとという城造りは奴隷労働によるものではなかったことを、①②のシステムが、よく物語っている。②を勤める年は①の大普請は免除されるきまりであった。しかも村の負担は、村の大きさによって差がつけられていた。(次項参照)

五年ごとの築城の用材費は有償であった。玉縄城の場合、たとえば、城の塀の根幹となる男柱という太い木は、耐久性の強い栗の木で、一本当たり二五文の代金が支払われた。ほかに城の塀に回す柵の木は、一本当たり三文であった。ほかに竹・縄・萱・俵などの銭を合わせると、総額三七五文というように、じつに細かく計算され、その年の年貢(懸銭)から差し引かれることになっていた。

城の構造用材に何が使われていたかも、これによってよくわかる。土塀の構造は、厚さ八寸で、石交じりの赤土(関東ローム層の土)を板で挟んで両側から強くかたく搗き固めることになっていた。

この例にあげた田名村(相模原市)の場合、村の分担(持ち場)は村の役高を基準に五間であったから、多くの村々が同時に、割り当てられただけ、寸法の合うようにして、一斉作業にあたったにちがいない。田名村の分担する人数は、一間に四人ずつで二〇人、一日当たり七人で、三日で終わるという分担であった。

## 村々の協業

その塀の持ち場は、村ごとに固定されて決まっていた。だから、風雨の後などには、村々が自主的に城にやって来て、「塀の覆いの縄の結び直し」をするよう、求められていた。土の城は、こうした城領の村々のふだんの協業によって成り立ち、支えられていた。

城の持ち場の割り当ては、村の役高の大小にあわせて、村ごとに違い、細かく決められていたから、村々の協業なしには維持できなかった。

たとえば、岩付城(さいたま市岩槻区)では、「何時も、破損については、請取り候ところ、修復すべし、二間二尺八寸　太田窪」というように、日常の自主的なメンテが求められ、小さな芝村（川口市）の割り当ては「一間三尺一寸二分」という細かい持ち場が割り当てられていた。この細かさをみれば、大名側の綿密な村の把握と、動員された村々の整然とした協業なしには、城の「請取り候所」（村ごとに決まった工事区域）の修築を果たすことは、不可能であったことがよくわかる。領域の村々の自主的な協業システムが作動しなければ、土の城はとても維持できなかった。

## 農閑期・農繁期

ある年の五月のことである。下野の唐沢山城（栃木県佐野市）で、城主が城の「宿構え」の堀の手入れを命じて、このように言っていた（佐野氏忠印判状）。

①いま時分（五月）は、諸士（下級の侍）も、また地下人《じげにん》（村人）も作（麦刈り・田植え）最中の時分（農繁期）に候あいだ、諸人に合力（応援）のため、この度は、普請（城の修復）を申し付けず候。

②しかれば、六月は作の暇の時分（農閑期）に候あいだ、六月十日頃より、二十日まで、ひと普請申し付くべく候。

五月の耕作のさなか（農繁期）に、村人たちを城の工事に動員することは避けたい。農閑期になったら、城普請に出てほしい。ただし一〇日間だけ、というのであった。

厩橋城（群馬県前橋市）でもある正月、城に詰めている村々の百姓たちに向かって「作式（職、農業）のための在郷、異議あるべからず」と、やがて始まる春耕のために、帰郷することを保障し、ただし、敵が攻めて来るときは、すぐに城に入ってほしい、といっていた。

この②の気遣いは、唐沢山城でも、確かに守られていた。六月七日になると、宿構えの芝土居があまりに見苦しくなったので、ひと普請を申し付ける。今日から準備を始め、三日後(六月十日)から普請を始めてほしいと、あらためて指示していた。

私たちも歴史を読むとき、「五月は作の最中」とか「六月は作の暇時」という、いかにも農村らしい季節感を大切にしたいものである。農繁期には戦争が少なかった。

## 村に戦争が来ると

戦争が来るとなると、地域の城と村の関係はどうなったか。伝えられる数字を①〜⑨の九例だけあげてみよう。

①三里四方のことは、あがり城つかまつり、女・童取り乱し、まかり居り候。(肥後山鹿城)
②里・村ことごとく、繰り上がり、(筑紫氏の)居城へ閉じ籠もる。(肥前勝尾城)
③人数(軍勢)二、三万も構えの内にあい籠め、その上、百姓・町人その数を知らず。(相模小田原城)
④城の内、五里四方に、人勢六万これあり申す。(同右)
⑤川越の城に取り籠もり候町人も、無事に城を罷り出候由。(武蔵川越城)
⑥軽卒(雑兵)・所民(庶民)…都合、二千人たてこもる。(武蔵松山城、〈図4〉外曲輪参照)

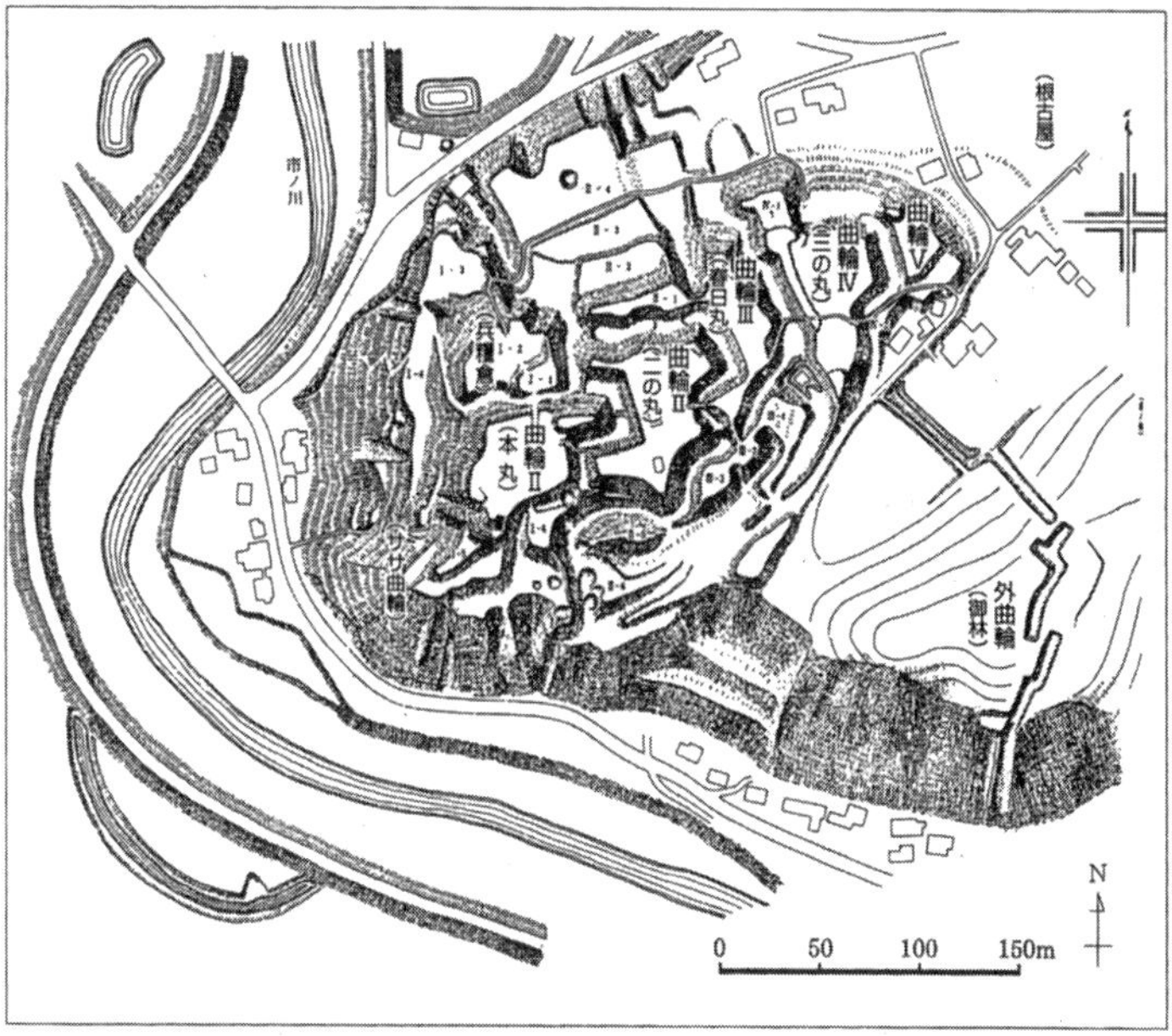


図４　松本城縄張図（原画：藤井尚夫氏作成）

⑦籠め置きたる人々には、…雑兵一万三千五百四十人立て籠もる。（武蔵鉢形城）

⑧何も役に立ち候者は、はや皆、討ち死に致し候。城の内には、町人・百姓・女以下より外はござなく候。（武蔵岩付城）

⑨男女都合三千七百四十人立て籠もるなり。（武蔵忍城）

人数はまちまちで、信頼できるかどうか、確実ではないが、戦闘員（役に立ち候者）のほかに、予想をはるかに超える、多くの住民が領域の城に避難していたことだけは、確かとみてよいであろう。

つまり日本の城郭も、多くはいざというとき、ドイツ・フランスなどと同じパターンで、緊急避難していたが、小田原城や岩付城では、主郭の広大な周辺に惣構とか大構と呼ばれる、巨大な堀と土塁で、街全体を囲い込む、中国の城郭とよく似たパターンに変貌を遂げていた様子をみてとることができる。

## おわりに

戦国の世、村や町に戦争が来ることに備えて、自前で、あるいは集落ぐるみで、隠れ穴を掘って、身構えていた「隠れ穴」という、最新の情報をはじめに紹介した。一方、領域の大名たちと村々の間に、風雨に弱い土の城を保全するメンテナンス・システムが結ばれ、いざというときの避難所になったことを確認した。

〔補注〕　島田恵子「戦国時代の地下シェルター〝隠れ穴〟を徹底調査」(『歴史読本』二〇一〇年九月号)、同「長野県南佐久郡域の隠れ穴としての地下式坑発掘調査」(『民具マンスリー』四三―六、二〇一〇年九月)参照。

# 中世戦場の略奪と傭兵――「応仁の乱」の戦場から――

## はじめに

さきに私は、日本近世史の高木昭作、西洋法制史の山内進[1]に学んで『雑兵たちの戦場[2]』を書き、日本の十六世紀から十七世紀はじめの内戦の戦場が、雑兵たちによる人と物の略奪に満ちていた様子を、詳しく描いてみた。

戦国時代の戦場では、非戦闘員の男女(戦争奴隷)の略奪が「乱取」とか「乱妨取り」といわれて公然と行われ、被害はとくに女性と子どもに集中していた形跡がある。大名の定めた戦場法(陣中掟)には、味方の地での人馬・家財の略奪は原則的に禁止で、陣具や食糧の現地調達だけなら容認、という区別が一応はあったらしい。だが、敵地での人の略奪、つまり戦争奴隷の獲得は公然と野放しというのが戦国の実情であった。

これら戦争奴隷たちの奪われた後の行方は定かではないが、①労働奴隷として、兵士たちの村に連れ去られる、②身代金をとって返却される、③人買商人に商品として売り渡される、④国外へ奴隷や傭兵として連れだされる、など多様な事実が知られている。

戦場では、人の略奪とともに、田畑の作物や資財の略奪も徹底的に行われた。中世社会には、それに対処して、資財を安全な場所に隠し預ける、「隠物」とか「預物」と呼ばれる習俗も、早くから広まっていた。その実態も、高木昭作に学んで別に詳しく述べている(3)。

こうした戦国の戦場の激しい略奪を見つめながら、私は凶作のあいついだ寒冷な中世の暮らしのなかでは、耕しても食えない人びとにとって、戦場が生命を維持するための(ことに農閑期に不可欠の)稼ぎ場でもあり、戦場の略奪は、輝かしい戦利品というよりは、むしろ「生き残り」のための切ない営みにほかならなかったのではないか、と考えてみた。中世の戦争というのは、地域的な凶作によって偏った社会の富の暴力的な再配分でもあったのではないか、とみたのであった。もとよりその戦争によって、襲われた側は地獄をみた。

なお、さかのぼって十世紀半ばの『将門記』の戦場(平将門の乱)でも、十二世紀後半の源平合戦の戦場でも、戦国とよく似た激しい略奪がみられた。鎌倉武士の世界でも「夜討・強盗・山賊・海賊は、世の常の事なり」とか「野に伏し、山に蔵《かく》れて、山賊・海賊をする事は、侍の習いなり(4)」といわれたから、戦場の略奪の習俗はかなり古くまでさかのぼる、とみなければなるまい。

兵士による戦場の略奪の横行は、日本の戦場だけのことではなかった。十二世紀後半の高麗(朝鮮)では、全国的に一揆・反乱があいつぎ、社会秩序の混乱した都に横行し「群盗・成群剽奪」を働く、「失職輩・無頼輩・寇盗」など集団的な盗賊たちと、「悪小・死士・勇士・壮士」など民間から私兵として召募された、無法無頼な連中との間には、ほとんど差はなく、相互に転換するのも常であった、という[5]。

西欧中・近世の戦場では「略奪は、軍隊の国家化が完成する以前においては、商人を仲立ちとして、軍隊そのもののうちに、いわば構造化されていた」と山内進は指摘している[6]。さまざまな傭兵隊と商人の存在を不可欠のものとして編成された軍隊にとって、戦場の略奪というのは、人や物の獲得を目的とする企業にほかならなかった。

十六世紀イギリスの戦場でも「ぼろをまとい、痩せこけた失業者が、生活を支えるために選んだ職場、それが軍隊にほかならなかった」し、その軍隊は「戦利品を主な利益として期待する、いささかギャンブル的な企業体の連合」であった、ともいわれている[6]。

もとよりすべての略奪が傭兵の仕業だ、などとはいえないが、諸外国での傭兵研究の深まりにくらべると、日本中世史の分野では、傭兵論が本格的に問題にされたことは、ほとんどなかったように思う。戦国期の傭兵像は旧著『雑兵たちの戦場』に譲ることとし、ここでは、十五世紀半ばの「応仁の乱」(応仁・文明の乱)のさなかに、足軽・物取・悪党・乱妨人・商人などと呼ばれて、都の戦場で略奪に奔走した人びとに注目して、日本中世の戦争と傭兵像を具体化する一つの手がかりを探ってみたい。

## 1　足軽と足軽大将

京都の応仁の乱の舞台に、足軽と呼ばれる雑兵集団が目立って登場してくることは、よく知られている。一条兼良の政治論『樵談治要』[7]は、「足かるという者、長く停止せらるべき事」を論じて、「此たびはじめて出で来れる足かる」といい、「所々を打やぶり、或は火をかけて、財宝をみさぐ《見探》る」、まるで「ひる《昼》強盗」のような存在だ、という。足軽はまったく新しいタイプの兵士で「超過したる悪党」だというのである。

「所々を打やぶり、あるいは火をかけて、財宝をみさぐる」足軽の所行は、もっぱら京都内外の「土民」たちの仕業だ、とみられていた。「近来、土民等、足軽と号し、雅意に任す[8]」とか、「丹波・西岡(山城)、その外、京中の悪党等、東寺辺に陣を取り、山名方の通路を相支う」とか、「寺家の被官・同じく門前の住人以下、足軽と号し、近年、悪の張行を致す[9]」などとあるのがそれである。

ここにみえる悪党足軽たちは、都周辺の丹波・山城の西岡や京中などから集まって、さきに「徳政と号」して略奪を働いた土一揆と同じように、下京の東寺の辺に陣をとり、東軍に雇われて、西軍山名方の通路を遮断し、そのため下京の一帯が物騒な状態になっている、という。その「土民」足軽をかき集める様子は、たとえば、こんな風であった[10]。

このごろ東寺一帯の八条のあたりで、同じ八条の遍照心院領に住む馬切衛門五郎という男が、足軽の「大将」と名乗り、「足軽取立」だといって、さかんに足軽を募集し、東寺ではもう何人も足軽衆に加わっているらしい。このうわさを耳にした東寺の執行部は、あわてて足軽応募の禁止策を話しあい、寺の雑役をつとめる人びと(公人《くにん》・中居《なかい》・少者《(小)》・力者《りきしゃ》など)や境内の百姓たちを、不動堂の前(西院御影堂と一体)に集めて「足軽に加わるべからず」という誓約(起請)をさせた。ところが、すでに「足軽共」に雇われていた寺の奉公人たちが、いまさら誓約はできないと訴えでたので、やむなく見逃すことにした。

どうやら戦場となった京の街角のいたるところで、足軽の「大将」を名のる連中による「足軽取立」がさかんに行われ、京の内外から、さまざまな下層の住民たちが、きそって足軽になろうとしていた。東寺がやっきになっても止めようのないほど、足軽というのは魅力ある稼ぎ口であったらしい。さきの『樵談治要』も、人びとが足軽になるのを阻止するには、主持ちの奉公人なら、その主人を通して取り締まり、村人や商人なら、村や町の組織を通じて、「もし足軽になれば処罰するぞ」といえばいい、と論じていた。この上流公家の目にも、足軽たちは、京中の下級の奉公人や周辺の村や町の住民のあいだから、とめどなく生みだされているのがみえていた。

ふつう幕府軍や守護大名軍の足軽といえば、大名ごとに領域の村々から、軍役のシステムによって整然と徴発された正規兵のはずだ、という私の思いこみは、どうやら見当ちがいであったようだ。

こうした足軽大将たちの名前をみると、足軽隊というのは、東西両軍の大名がそれぞれの領国で組織した常備軍ではなさそうである。あの馬切衛門五郎というのも、「馬切」というといかにも乱暴者らしい渾名《あだな》の、おそらく身分も低い男が、おれが足軽の「大将」だといい、自分で私兵を募って、傭兵隊をまとめあげ、戦争に便乗して東西両軍のどちらかに売りこんで、ひと稼ぎしよう、としていた様子である。

足軽大将たちのなかでも、骨皮道賢《ほねかわどうけん》と渾名される男が、ことに有名であったらしい。「獄吏の下に居り、よく盗賊の挙止《きょし》を知る者、目付と号す。その党魁は名を道元《どうげん》といい、その徒三百余人を率いて稲荷に蝿集《いしゅう》し、西軍の糧道を絶つ[11]」とある。名を道元（骨皮道賢）というこの足軽の親分（党魁）は、もともと幕府の侍所の手下に雇われて目付（密偵）と号し、京中の盗賊悪党たちの動きや裏の事情にもよく通じ、同類（其徒）を三〇〇余人も率いて、洛南の稲荷神社の山に陣し、東軍に雇われて、西軍の糧道を断つのに活躍している、というわけだ。

この骨皮道賢の率いる足軽については「稲荷社に陣を取る手衆五、六百人これあり[12]」と、倍近い勢力だという情報もあり、「目付、都鄙の悪党等[13]」とか、「道賢という者、悪党を集め種々の悪行を致す[14]」とか、「処々ノ悪党・物取共ナリ[15]」ともいう。また「手ノ者共、京中・山城脇ニ多カリケリ」とか、「イナリ山ノ上ノ社ニ陣ヲ取、伏見・小幡・藤ノ森・三栗・深草・淀・竹田・鳥羽・法性寺小路マデ、手ノ下ニ見テ有ケレバ、大略郷人共降参シテ、下京ハイカヾアルベキトオモヒケル[16]」ともある。道賢の率いる数百人もの足軽集団は、悪党どもばかりで、洛南の稲荷山を本拠として、伏見・木幡・藤ノ森・三栖・深草・淀・竹田・鳥羽・法性寺小路など、広く伏見一帯の村々を、その勢力下に収めて、下京にまで兵をだしているらしい、というのである。これらの足軽たちが広く

「都鄙の悪党等」といわれたのは、都鄙つまり京の市街や近郊の村落から雇われ、略奪に熱中する雑兵たちだったからであろう。

また「浦上ガ小者ニ、一若ト云フ足軽有リ。小黠《こざかし》キ者ニテ、纔《わずかに》五六十人ノ勢ヲ引具」ともある。この一若という足軽も、手兵五、六〇人を率いる足軽の大将であったらしい。また「西兵大いに発し…東陣疾足《はやあし》の首《かしら》名を駒太郎という者、船岡において戦死す(17)」ともある。この駒太郎という男も、足軽集団の大将(疾足の首)であった。乱のさなかの足軽は、このように馬切とか背皮というヤクザ風の渾名や、一若とか駒太郎という、いかにも庶民風の名をもつ隊長のもとに、小さくまとまった傭兵部隊として、集団で行動するのが常であったらしい。なお瀬田勝哉は、応仁の乱を十六世紀初めころに描いた「真如堂縁起絵巻」を絵解きして、足軽集団のなかには女性の足軽(女足軽)もいたようだ、とみている(18)。

また、こんな傭兵隊長(足軽大将)像もある(19)。応仁の乱も近い寛正六年(一四六五)正月、比叡山方が「近所の悪党等」まで加えて、蓮如の拠る東山の大谷本願寺の破却・略奪を強行したとき、本願寺の支援にかけつけた、近江堅田の本福寺方二〇〇余人の軍勢を率いていたのは、カタヽイヲケノ慰《じょう》であった。ふだん堅田の村では桶屋を営んでいたらしいこの男は、世間では「コノ慰、スマイノギヤウジ、スツパノテガラシ、軍《いくさ》ニ意得《こころえ》、人ノ見知リタル」とか、「カノ慰、クセモノナル間、京ノ者モ少々ハ見知者《みしるもの》モアリ」といわれていた。

「スマイノギヤウジ」は相撲の行司で、荒々しい格闘技を得意とする豪腕の相撲人たちの集団を率いる親分であり、「スッパ」は透波で、戦場で野伏や忍びや夜討に活躍する者たちをいい、「テガラシ」は手柄師で、「軍ニ意得」と同じで、野戦のヴェテランのことである。この男は荒々しい相撲の興行や忍びや夜戦を得意として、どこの戦いにも雇われ、いたるところに出没したから、「クセモノ」（曲者）として、世間でもよく顔を知られていた[20]。ふだんは職人の頭だが、戦時にはゲリラ戦を得意とする曲者の男が、足軽の「大将」として都の内外で足軽の徴募をしていたのであろう。

この連中については、「西の疾足の徒、暴貪《ぼうたん》を以て相忤《あいさから》い、すなわち党を分ちて相闘い、その魁首皆死す[21]」ともみえている。同じ西軍の足軽集団同士が、略奪物をめぐって私闘をくりひろげ、足軽の親分（魁首）たちが何人も死んだ、という。足軽たちは多くの雇主（魁首）のもとに離合集散し、彼らの世界には大名の統制もおよばなかった。

彼らは一括して「雑兵」とも呼ばれていた。たとえば「侍分の者四百余人、雑兵数を知らず[22]」とか、「人勢共、侍数千五百人著岸(着)、雑兵以下その数を知らず[23]」とか、「大将以下、侍分の者六十五人、雑兵以下百余人打死[24]」などとあるのがそれである。

そうした足軽集団の規模については、「西陣疾足の徒二千人、山科里の附庸花山を侵し、利なくして散る[25]」とあり、彼らは数百人からときに二〇〇〇人にもおよんだ。ときには「細民」の疾足三〇〇余人が宇治に詣るといって、手に長矛・強弓をもち、踏歌奔躍して道を行き、頭には金冑や鐸《たく》笠《がさ》や赤毛をかぶり、細葛《ほそつづら》を背負って、寒空にも単衣で膚をむきだしにした異形の出立ちで、軽々とまるで飛ぶように疾走し、彼らが引揚げてくると、その親族ら数百人が東岡に出迎えた、という[26]。

足軽たちは細民ばかりで、京の一帯にみな家族がいたらしい。また、「東陣に精鋭の徒三百余人あり。足軽と号し、甲《よろい》を擐せず、戈を取らず、ただ一剣をもち、敵軍に突入し、時々俘馘《ふかく》の作有り(27)」ともある。東軍の陣には精鋭の徒三〇〇余人がいて、足軽と号して、鐙もつけず鑓ももたず、ただ一剣をもって敵軍に突入して、敵兵の耳を切りとってくる、恐怖のゲリラ集団であった。また「摂州の国民池田、上洛せしむ。細川被官の者なり。馬上(武士)は十二騎、野武士は千人ばかり(28)」とか「馬上廿五六騎、野武士二千人ばかり(29)」ともみえていた。

いかにも中世らしい異形な傭兵像といえば、私には「異類異形ナルアリサマ人倫ニ異ナリ」といわれた、鎌倉末頃の「悪党」像が思いだされる(30)。いたるところで、乱妨・海賊・寄取・強盗・山賊・追落《おいおとし》など、人や物の略奪を働く悪党たちは、その出立ちも所行も、世の常の人とも思えない。非人風の柿色の帷《かたびら》を着て、女ものの六方笠をかぶり、烏帽子・袴は着けず、人に顔もあわせず忍び歩き、竹で編んだまちまちな矢籠を背負い、塗りの剝げた太刀をはき、長い竹の撮棒《さいぼう》を手にするだけで、鎧や腹巻きなどの兵具も帯びていない。彼らは一〇人、二〇人と群れをなし、雇われれば、分かれて籠城方にも城攻め方にも加わり、あっさり寝返って敵方を引き入れるのが常で、決して決まった相手には雇われず、ふだんは博奕を好み、忍びの小盗みを業とする、したたかな傭兵集団である。ここに描かれた「かかる類十人、二十人、あるいは城に籠り、寄手に加わり、あるいは引入れ、返り忠を旨として、更に約諾を本とせず」というのは、決して特定の主人だけに帰属しない、流れ者の傭兵たちの特徴を、じつによく活写している。

大名に雇われた雑兵たちの去就は、驚くほどに流動的であった。北信濃の領主高梨氏が一族の間で、お互いに他人の雑兵をかってに雇うのは止めよう(「他人の中間のこと……召し仕わるること、しかるべからず」)と定めたのは、応仁の乱直前のことであった。

十六世紀半ば頃の伊賀の惣国一揆の掟も、「足軽」として敵方の城をとった「百姓」には過分の褒美を与え「侍」身分にしようなどと、足軽集めに懸命であり、他方では、足軽らがよそへ「奉公」に出てはならぬと、利にさとい百姓足軽たちの腰の軽さに、強い警戒を示していた(31)。

同じ頃、下総結城領でも、「(自分の)下人にて、かせもの」つまり結城氏直属のごく身分の低い雑兵(下人・悴者《かせぎもの》)のなかに、「他所にても主を取」る「両方またぎ」の連中が後を断たない、と警戒を強めていた(32)。同じ結城氏の法は、また「敵地・敵境より来たり候下人・かせぎもの、つかうべからず」とも禁じていたから、「下人・悴者」など雑兵たちの流動とその広がりは、敵味方を超えていた。

どの大名もこうした雑兵たちの激しい流動には、手をつけようもなかったらしい。その取り締まりぶりをみても、もし元の主人が承知なら奉公先を変えてもいい(相良氏・毛利氏)とか、もし逃げた奉公人をみつけても、勝手に連れ戻してはならぬ、必ず大名に断わってからにせよ(今川氏・伊達氏)などと、どの大名の対策もみな頼りない。

近世初期の『雑兵物語』には「おれは、主を四、五十人も取ってみた」(主人を四、五〇人も取りかえた)などと自慢する雑兵までが登場する。下人や雑兵のほうから、少しでも稼ぎに有利な主人を選んで渡り歩くのが、当たり前であったらしいのである。近世の渡り中間《ちゅうげん》の原型ともいえるが、すでに戦国の世のはじめから、末端の奉公人たちの流動ぶりは、私たちの想像を超えていた。それが傭兵世界の現実であった。

そればかりか、戦国大名が正規の軍役ルートを通じて、領域の村から徴兵するときでさえ、大名ははじめから「よき者を撰び残し、夫《人夫》同前の者を申し付け候はば、当郷の小代官……頸をきるべき事」と神経質に警戒していた。「よき者」を「有徳の者」ともいい、「夫同前の者」を「役にも立たざる者共」といっているから、大名は村でも名望ある有力百姓の子弟の動員を期待していたが、現実には村から金で雇われた「役にも立たざる者共」が「よき者」の身がわりに出ていく例が少なくなかったらしい。

## 2　足軽の略奪と放火

京都を戦場にして応仁の乱がはじまると、「日々、所々焼亡」とか「在々所々乱入、以ての外」などといわれ、市中は戦火に包まれるようになるが、その戦火もじつは「物取の所行」とか「京中の物取共、人勢を率いて乱入[33]」とみられていた。京の町の戦火は戦闘のためではなく、「京中の物取ども」が大勢で略奪(乱入・放火)を働いているからだ、というのである。よく似た観察は多い。

①軍勢といい、雑人といい、乱入の間、立具・資財等、一つも相残らず失墜か、あさまし…。[34]

②在所焼亡す。地下所々の家・寺庵等□□乱妨人群集し、資財・雑具を運び取り……足軽と号する輩《ともがら》、発向し放火のゆえなり。(35)

③足軽共、昨日のごとく……田畠を苅り、竹木を切り、雑物等を悉く乱妨し、民屋過半放火す。(36)

④寺家の被官、同門前の住人以下、足軽と号し、近年悪の張行を致す。(37)

①では、軍勢や雑人の乱入によって、家の建具(立具)も家内の資財も一つも残さず奪われてしまったという。あの「真如堂縁起絵巻」さながらの光景である。②でも、乱妨人という明らかな略奪集団が群れをなし「足軽と号」して、家々や寺庵などを襲い、資財・雑具を奪い去ってしまったといい、③でも、足軽たちが村々を襲って、田畑を苅り、竹木を切り、雑物などもことごとく略奪(乱妨)し、村人の家に放火してしまった、という。④では、ここ数年東福寺でも寺の被官や門前の住人たちが、やはり「足軽と号」して悪行を重ねているという。

「軍勢……乱入」とか「足軽共……発向」などとあるのをみると、いわば正規軍による純粋な軍事行動であるかのようであるが、その実態は、あからさまな略奪にすぎなかった。では、雑兵たちが「足軽と号」して乱妨を働くことに、どのような意味があったか。都の乱の収まった直後に、こんな証言がある。(38)

日々夜々に、足軽共、他より(奈良へ)罷り出で向うべし。扶持を加うべき粮米等、これ有るべからざるの間、京都のごとくに、打破・乱入の事、許可すべきの間、奈良中一切あるべからざる条、勿論々々……。

応仁の乱が終わって、京都の戦場が消滅すると、京の戦場を荒しまわっていた足軽たちは、新しい稼ぎ場を求めて、ぞくぞくと奈良に向かっているようだ。彼らを雇う大和の諸領主たちには、足軽に十分な給与（扶持すべき粮米）など出せるはずもないから、京都と同じように、奈良の戦場でも、足軽たちに略奪（打破・乱入）を公認（許可）するにちがいない、と観測され、怖れられていたのであった。

確かに、大和では、小大名の筒井氏が「山城・摂州以下の悪党・足軽大将共」を相語らって、もめごとを起こしていたし、古市方の足軽共も登場し、「筒井・十市方の足軽以下、国中に満々なり」といわれ、小大名たちは「兵粮米」集めにやっきになっていた。だが、現実には「兵粮難義」といわれて足軽たちへの補給はなく、木津の辺りでは「足軽衆共剝取る」という足軽の追剝事件もしばしば起きていた(39)。京の稼ぎ場を失った足軽（傭兵）どもをそんなに雇っても、筒井、古市、十市などの大和の小大名たちがまともに「扶持」（報酬や兵粮を給付）して、食わせていけるはずがない、というのである。

つまり、応仁の乱の間、京都の戦場では、東西両軍の大名たちは、雇い入れた足軽たちに粮米等の扶持を支給できないので、そのかわりに、京都市中での打破・乱入、つまり略奪を公認していたのだ、とみられていた。足軽になって東軍か西軍に雇われれば、戦場での略奪は「許可」され、「おれは足軽だ」といいさえすれば、略奪も思いのままであった。それが「足軽と号する」ことの意味であった。「土民」から「乱妨人」や「物取」「悪党」まで、じつにさまざまな人びとが京都の戦場に殺到し、「足軽と号」し、あらん限りの略奪を働いた背後には、略奪が兵粮がわりに公認されていた、という事情が隠されていたことになる。

ところで、こうした足軽らによる戦場＝京都市中での略奪については、また別の観察が行われていた。

①京都・山城以下やせ侍共一党、足白《あしじろ》と号して、土民の蜂起の如く一同せしむ。これ近来、土民等足軽と号し、雅意に任せ、ことさら此の如き儀と云々。(40)

②京都徳政行く。足軽共沙汰するなり。(41)

③京都の足軽共下向の由、風聞候。只今、土一揆の儀は、寺社乱入せしめ、物共を取候わんずる由。(42)

などとみえているのがそれである。

①では、近頃、京都・山城などの「やせ侍」どもの一党が、「足白(足軽)と号」して、まるで「土民の蜂起」のように結集(一同)している。これは「土民」たちが「足軽」と号して、集団をなして勝手なこと(雅意)をしているからで、「亡国の因縁」というほかない、という。②では、「京都の徳政」は足軽たちの仕業だ、といっている。③は奈良の情報であるが、戦乱の終わった京都の戦場から、足軽たちが次の標的を奈良に求めて下向してくるという風聞を聞いて、足軽どもは「土一揆」のように寺社に乱入し略奪を働こう(「物共を取候わんずる」)という心算らしい、と観察している。

②の「京都の徳政」というのは、①にいう「足軽の雅意」を指し、土民たちが足軽だといって、

「土民の蜂起」のように集団で京都市中を荒しまわっているさまが、かつて「徳政と号」して略奪を働いた土一揆のようだ、というのである。③の「土一揆の儀」というのも、足軽たちの略奪行為を、徳政一揆の略奪と重ねあわせてとらえている。乱の直前にも「毎日、武士ら騒動し、徳政の沙汰あり」といわれていた(43)。

「風聞」というからには、応仁・文明の乱の渦中にいた人びとにとって、それまでしばしば洛中で繰り返された「土民の蜂起」による私徳政の行動と、いま現に土民が足軽だといって戦場の京都市中を荒しまわっている行動とは、まったく区別をつけがたい行動にみえていたことになる。②で「京都徳政は足軽共の沙汰だ」というのは、あるいは実際に、戦場の足軽たちが「徳政(世直)だ」といって略奪を働いていた事実があり、そこから、③のような足軽集団＝土一揆という認識も生まれていたのかも知れない。

いずれにせよ、戦乱渦中の日記の記者たちの目には、集団をなして京都市中で略奪を働く足軽は京の内外の「土民」たちであり、かれらの行動が、かつての「土民の蜂起」＝徳政一揆のそれと区別しがたいものと映っていたことは確実である。それは、さきのたび重なる「徳政」一揆の行動が、その内奥に大掛かりな略奪を含んでいたからにちがいない(44)。

## 3　戦場の物取・悪党・乱妨人

応仁の乱のあとさき、軍隊の末端の傭兵たちが、すべて足軽と呼ばれていたわけではない。京じゅうの各所で起きる火災について、

①東方に火事あり、近衛・京極辺と云々。物取のために焼亡せらると云々。

②夜に入り乾方に火事あり、悪党物取等、酒屋に乱入せしむと云々。治部大輔の被官の軍勢、近所の町々において太刀・刀を奪取ると云々。今の如くんば京中叶い難きものか。

③等持寺・秋野道場、その外の小家・土蔵、多く焼失すと云々。管領の被官の者、処々に打ち入り、物を取り、かくのごとく放火せしむと云々。

というような伝聞記事も頻繁に見えている。(45) 連日のように京都の東方で火事があり、①では「物取」が群れ動き、②では、「悪党物取等」が高利貸(酒屋)を襲っているし、守護軍の「被官の軍勢」までが町々で通行人から太刀・刀を奪い取っている。これでは都に住んではいられない。③そればかりか「管領の被官」までもが、等持寺・秋野道場などの寺院や高利貸(土蔵)まで襲って、略奪・放火を重ねている、という。この日記の記者の目には、「悪党」も「物取」も「被官の軍勢」も、「管領の被官」も区別はなかった。

『応仁記』などの軍記類の観察も共通している。

①山名方の悪党、洛中へ乱入放火す。物取入乱れて洛中往反し、敵味方小勢などにては通る者もなかりけり。

②一色の五郎の館に乱妨人火をかく、又近衛町の吉田神主の宅を、物取共が火を放つ……。

①では山名方の「悪党」と「物取」とが、洛中の略奪に熱中しているといい、②でも、「乱妨人」と「物取共」の激しい略奪ぶりを描き、さらに後段でも「敵味方の軍勢は入り乱れて物を奪い取る」といい、戦場の略奪・放火のすべてを悪党・物取・乱妨人らの「軍勢」の仕業とみている。また「東の方に火事あり、正親町京極の土蔵と云々。近日、下畠山の被官悪党等、処々の酒屋・土蔵、その外小屋、多く焼き払い、財宝を奪い取ると云々(46)」といい、都の高利貸(酒屋・土蔵)や民衆の住居(小屋)を襲って略奪しているのは、前管領畠山政長の「被官悪党」の仕業だとみていた。また「当官(管)領の屋形(畠山尾張守)城郭を構え、路次の者をらんぼうす(47)」とか、「終日物を運ぶ、また落人《おちうど》等鼓騒《こそう》せしむ。大乱に及ぶべきか……下の辺を物取・悪党等徘徊せしむ(48)」と、市民たちの疎開騒ぎのなかを「物取・悪党等」が横行している様子を多くの記録類が活写している。

さきにもみた通り、応仁の乱の「京都焼亡」の戦火も、じつは「物取の所行」だとか「京中の物取共が人勢を率いて乱入」しているためで(49)、「京中洛外の乱奪・狼藉、凶賊・夜盗やまず」という有様だ(50)、などとみられていた。のちに都から奈良へ戦火が移っても、「物取雑人雲霞のごとし(51)」といわれたし、摂津の天王寺でも「大内(政弘)衆においては、所々へ打入り、思うほど物を取りて引退く(52)」と伝えられていた。

こうした悪党・物取・乱妨人は、戦国期にも諸大名の軍隊と密接な関係をもつようになる。下総の結城氏は夜戦やゲリラ戦をもっぱら「草・夜わざ……悪党その外、走り立つもの、一筋ある物」に依存していたし、(53)武蔵松山城の上田氏も「夜はしり・夜盗いたす者、いか程も所用に候(54)」と悪党の傭兵を公募していた。肥後の相良氏はこうした傭兵集団に手を焼き、「人よりやとわれ候て、夜討・山立《(山賊)》・屋焼のこと、雇われ主・雇主同前に成敗(55)」といっていた。乱妨衆についても、奥羽の伊達氏には力ずくで大名検断権を執行する要員に「乱妨衆」がいたし、(56)摂津六甲山麓の村人が戦火を逃れて山にある村の城に籠ると、織田信長は「諸手の乱妨人」に命じて徹底した山狩りを行わせていた。(57)乱妨人もまた明らかに大名軍に雇われて活躍していた。

## 4　戦場の商人たち

戦場の略奪ぶりを軍記『応仁記』が活写する。

洛中・洛外ノ物取・悪党ドモ、モノトリセンタメニ、軍勢ニマギレテ、南禅寺乱入。モノヲトルノミナラズ、火ヲ付テヤキ払ヌ。……東山南禅寺辺ハ何事カ有ベキトテ、京中ノ重宝財産ヲバ、皆東山へ隠シ置シニ、不計如 此成行事《はからずもかくのごときなりゆくこと》、洛陽同時ニ滅亡、時節トゾ見ヘニケル。去ホドニ、諸大名ノ軍勢ト、京中・辺土ノ乱妨人ト、乱入シテ、数日経テ取間《とるあいだ》、諸商人受之《これをうけ》、奈良ト坂本ニハ日市《ひいち》ヲ立テゾ売買《うりかい》ケル。

「洛中・洛外ノ物取悪党ドモ」が略奪(モノトリ)を目的にして、大名たちの軍勢に紛れて、東山の南禅寺に乱入し、略奪(モノヲトル)のあげく、放火し焼きはらってしまった。……京都の町の人びとは、川向こうの東山南禅寺のあたりならきっと安全だろうと考えて、だれもが「重宝財産」を東山に運んで隠していた。ところが、はからずもそこに「諸大名ノ軍勢」と「京中・辺土ノ乱妨人」が「乱入」して、何日もかけて徹底的に略奪しつくしてしまった。しかも、彼らの略奪した「重宝財産」は、戦場に集まっていた諸商人が買い取り、戦争のない奈良や坂本に運んで、「日市」を立てて売買している、というのである。

この文の前段では、「洛中洛外ノ物取悪党ドモ」と「軍勢」とを峻別し、略奪は「物取悪党ドモ」の仕業とみているかのようである。だが後段では、「諸大名ノ軍勢ト、京中辺土ノ乱妨人ト、乱入シテ、数日経テ取」るといい、軍勢も乱妨人もともに略奪を働いていた、とみている。

しかも、軍勢や乱妨人の背後には、その略奪を待ち受けて買い取る商人たちの存在があった。はじめから戦場で足軽たちと結託して、いわば略奪品の故買を目的とする商人集団の存在が、足軽たちの貪欲な略奪を支えていた。祇園社金仏勧進所宛ての畠山義就禁制(58)には、

①一、彼の金像を盗み取り、これを打ち摧き、沽却せしむと云々。同じくこれを買う輩の事。

②一、軍勢以下足軽等、濫妨狼藉の事。

と明記されていた。①神社にまつられる金の仏神像を盗み取り、打ち砕いて(地金にして)、商人に売却(沽却)してしまった悪党どもがいる。買い取ることも、ともに禁止する。②軍勢の足軽たちが

境内で略奪（濫妨狼藉）を働いている。以後、これらの行為を禁止する、というのである。①は社宝の「盗取」を、②は軍勢の足軽らによる「濫妨狼藉」を禁制の対象にしているらしいが、戦乱のさなかであることからみれば、「盗取」も「濫妨狼藉」も、その実態は戦場の略奪にほかならなかった。ここにも戦場で盗品を売り払う「沽却」行為と、それを買い取る商人集団（「買之輩」）の存在が明らかである。

この禁制にみえる、祇園社の本尊牛頭天王の黄金の像の略奪は、有名な話だったらしく、「彼の神体は全体、黄金をもってこれを鋳たてまつる。牛頭の形体、希有の本尊なり。しかれども社人これを砕きたてまつり、売買しおわんぬ」とある。(59) 戦乱に乗じた悪党社人たちの手で金像は実際に略奪され金の地金にして、商人に売りわたされ、禁制はそれを目の当たりにして、再興勧進のために出されたものであった。

また、応仁元年（一四六七）九月、東寺は乱に備えて「寺家宝物」を郊外の醍醐寺三宝院に避難させたが、文明二年（一四七〇）七月には、安全地帯とみられたその醍醐寺も、軍隊に襲われ放火されて、東寺の預けた「御道具等」も多くが奪われてしまった。ところが、そのうち「鎮守額」と「聖天」像だけは、八幡（京都府八幡市）の日市で売られていたのを、宗承という者が見つけ、買い戻して寄進したという。

また同じ記事に「舟器」も買い戻したとみえているから、ほかにも日市で買い戻されたり、押売りされたりした寺宝や什器類もあったらしい。こうして、とくに大切な重宝の場合は、かりに足軽たちに奪われても、日市の立つ京都郊外の市場を探し歩けば、どこかに売りに出されていて、金さえ出せば無事に買い戻せることもあった様子である[60]。戦争奴隷への身代金要求からみて、財宝類の買い戻しを略奪先に強請したことも想定される。

これらの傍証からみると、足軽たちによる戦場の略奪品は、戦場で待ちうけた商人たちにすぐ買い取られ、京都周辺の町場の日市で売られていたという、軍記『応仁記』の記事も決して虚構ではなかったことになる。足軽・悪党らによる大掛かりな略奪、それと結託する商人たちの存在、これが応仁の乱の戦場の現実であったことは確実である。

戦う足軽たちにしても、略奪品を抱えたままでは、戦場で自由な軍事行動ができなかったはずだから、略奪の現場には、数多くの商人たちが出入りして、足軽たちに兵粮を供給したり、代金を支払ったりするのと引き換えに、略奪物を手に入れていたらしい。中世末の戦場にも、次のような徴証は少なくない。

①陣中兵粮に詰まり……兵粮一升びた銭にて百文ずつ、これもはや売買なきよし申し候。雑炊汁器一つ十銭ずつのよし[61]。

②日本よりも、よろずの商人も来りしなかに、人商いせる者来り。奥陣より(日本軍の)後につき歩き、男女老若買い取りて、縄にて首をくくり集め……[62]。

これら戦国期の戦争では、明らかに商人は、飢えた兵士たちに兵粮を売りつけ、戦争奴隷や略奪品を買い取る、戦場の維持に不可欠の構成要素であった。こうした光景は「大坂冬の陣図屏風」も活写するが、戦争の底辺は、つねにさまざまな商人集団の活動によって支えられていた[63]。

なお応仁の乱のなかでは、物の略奪がさかんで、人の略奪の例は後の戦国期ほど顕著ではない。その理由が、京都には公家・社寺・高利貸などが集中し、物資のもっとも豊かな首都が戦場になった、都市戦争という戦争の特異性によるのか、単なる史料の偏りによるのか、まだ断定は難しい。いずれにせよ、都の戦場が傭兵たちの大きな稼ぎ場であったという事実は、戦国の日本各地の戦場と一貫している。

## おわりに

これまで私は、戦国期の戦場の軍事力を問題にするとき、①日常(平時)の権力組織と、②非日常(戦時)の軍事編成とを同じものとみなし、①の村落に基礎を置く軍役システムが、平時の大名の権力組織であると同時に、②戦時にはそのまま大名軍隊の組織になった、とみてきた。

しかし②の戦場の現実は、①の正規軍のほか、じつに多様な傭兵(足軽・物取・乱妨人・悪党・山賊・海賊・商人)の集団を包み込んで、成り立っていた。「女騎」や女足軽など女性たちの参加も否定できない[64]。つまり、①以外のじつに多彩で多様な人びとが、戦時だけの傭兵隊として大名軍に雇われ、大名からの所定の給付(賃金)よりは、むしろ戦場の略奪を目的として、「足軽と号」して公然と戦場で略奪に活躍していた。平時の権力組織と戦時の軍事編成の間には大きな差があった。さらに①の正規の軍役システムの末端(村の兵士)にも、数多くの傭兵が村人の身がわりとして取り込まれていた可能性も無視できない。

戦場での人や物の略奪は、前近代の軍隊に構造化された〔山内 一九九三〕、戦争の不可欠の一部〔高木 一九八七〕であったという先学の指摘に、あらためて目を向けなければならない。ここでは、その軍隊の略奪と傭兵の関係に、とくに注目してみた。

ただし「大坂夏の陣図屏風」(65)や「大坂濫妨人并落人改帳」(66)も、武士たち自身の奴隷狩りを詳しく記録したように、略奪はすべて傭兵の仕業で、正規軍はそれとまったく無縁であった、などということはできない。それは「刈り働き」「焼き働き」などと呼ばれて、重要な作戦でもあったからである。だが、足軽・乱妨人・雑兵・物取・悪党・商人など、戦場の雑多な傭兵たちの存在が、戦場の激しい略奪に大きく関わっていたことは明白であり、日本中世の戦争の性格を明らかにする上で、傭兵論が大切な切口の一つになることは疑いない。なお、応仁の乱の戦場の実態を、横井清「大乱のなかの生活」(『京都の歴史』3 第3章第三節、一九六八年)が活写している。

後世の戦場で行われた「物の略奪」の例は、後の戊辰戦争や西南戦争でも知られているが(67)、「人の略奪」については、私はまだその例を知らない。

**注**

(1) 高木昭作「乱世」(『歴史学研究』五七四、一九八七年)、山内進『掠奪の法観念史』(東京大学出版会、一九九三年)。

(2) 朝日新聞社、一九九五年。のち新版を朝日選書として二〇〇五年刊行。以下、本書から引用の史料の出典は省略する。

(3) 高木昭作「乱世」前掲、藤木『村と領主の戦国世界』(第八章、東京大学出版会、一九九七年)。

(4) 『鎌倉遺文』一三〇七五、一三八〇八号。『世鏡抄』(『続群書類従』32上)。

(5) 旗田巍「高麗武人の政権争奪の形態と私兵の形成」(『古代東アジア史論集』上巻、吉川弘文館、一九七八年)、田中節子氏のご教示による。なお福本勝清『中国革命を駆け抜けたアウトローたち』(中公新書、一九九八年)参照。

(6) 大久保桂子「戦争と女性・女性と軍隊」(『岩波講座　世界歴史』25、岩波書店、一九九七年)。

(7) 『大日本史料』第八編の一二、四五六頁。以下、応仁の乱関連史料の多くは同史料第八編に負う。

(8) 『大乗院寺社雑事記』文明四年二月十二日条。

(9) 『東福寺文書』三、五〇八号。

(10) 『廿一口供僧方評定引付』文明三年正月二十五日条(天三八)、第六回東寺百合文書展「応仁の乱」図録六六号写真。遍照心院および不動堂・西院御影堂の位置は酒井紀美氏のご教示を得た。

(11) 『碧山日録』応仁二年三月十五日条。

(12) 『山科家礼記』応仁二年三月二十日条。

(13) 『後法興院政家記』応仁二年三月二十一日条。

(14) 『経覚私要鈔』応仁二年三月二十三日条。

(15) 『応仁別記』。

(16) 同右。

(17)『重編応仁記』、『碧山日録』応仁二年九月七日条。
(18)瀬田勝哉「足軽―精鋭集団と寄せ集め集団」(『見る・読む・わかる　日本の歴史』2、朝日新聞社、一九九三年)。なお、この絵解きには異論もある(藤木「日本中世の女性たちの戦場」『総合女性史研究』16、一九九九年。のち「中世の女性たちの戦場」と改題、藤木『飢餓と戦争の戦国を行く』朝日選書、二〇〇一年所収)。
(19)『本福寺跡書』(日本思想大系『蓮如　一向一揆』)。
(20)藤木久志「飢饉と戦争からみた一向一揆」(『講座　蓮如』1、一九九六年。のち「一向一揆と飢饉・戦争」と改題、藤木『土一揆と城の戦国を行く』朝日選書、二〇〇六年所収)を参照。
(21)『碧山日録』応仁二年十二月二十四日条。
(22)『経覚私要鈔』長禄四年五月十六日条。
(23)『大乗院寺社雑事記』文明六年六月二十七日条。
(24)同右、文明七年五月十四日条。
(25)『碧山日録』応仁二年閏十月十七日条。
(26)同右、応仁二年十一月三～四日条。
(27)同右、応仁二年六月十五日条。
(28)『後法興院政家記』応仁元年五月十六日条。
(29)同右、応仁二年九月七日条。
(30)『峯相記』十四世紀中頃の成立か。播磨斑鳩寺本、東京大学史料編纂所写真帳。
(31)「惣国一揆掟之事」第五条・第七条(日本思想大系『中世政治社会思想』上)。
(32)「結城氏新法度」第一〇四・第二四条(日本思想大系『中世政治社会思想』上)。

(33)『大乗院寺社雑事記』応仁元年六月十三日条。
(34)『東院年中行事記』文明六年十二月十六日条。
(35)『長興宿禰記』文明七年九月二日条。
(36)『兼顕卿記』文明九年六月十五・十六日条。
(37)『東福寺文書』三、五〇八号。
(38)『大乗院寺社雑事記』文明十一年閏九月十七日条。
(39)同右、文明十一年十月八日条、同十五日条、同二十一日条。
(40)同右、文明四年二月十二日条。
(41)同右、文明四年八月五日条。
(42)同右、裏文書75、文明十二年十一月四日条。
(43)『後法興院政家記』文正元年九月九日条。
(44)「徳政と号」した土一揆の行動の分析は、藤木「応仁の乱の底流に生きる」(『飢餓と戦争の戦国を行く』前掲)参照。
(45)『後法興院政家記』文正元年九月五・六日条、同十二月二十七日条。
(46)同右、応仁元年一月九日条。
(47)『太元雑々記』文正二年一月八日条。
(48)『後法興院政家記』応仁元年五月十五日条。
(49)『大乗院寺社雑事記』応仁元年六月十三日条。
(50)『密宗年表』応仁二年二月条。
(51)『大乗院寺社雑事記』文明三年閏八月十一日条。

(52)『経覚私要鈔』文明四年四月二十六日条。
(53)「結城氏新法度」第二七条(日本思想大系『中世政治社会思想』上)。
(54)『武州文書』一四。
(55)「相良晴広法度」第三三条(日本思想大系『中世政治社会思想』上)。
(56)「塵芥集」第一五一・一五二条(日本思想大系『中世政治社会思想』上)。
(57)『信長公記』巻十一(角川文庫本、二五九頁)。
(58)文明二年六月日畠山義就禁制(「八坂神社文書」二二〇五)。
(59)『大乗院寺社雑事記』文明二年六月二十六日条。
(60)「廿一口供僧方評定引付」(天三七・ち一九)、前掲「応仁の乱」図録六四号写真。
(61)山中康長書状「箱根神社文書」(『戦国遺文』後北条氏編五―三六八七・三六九一)。
(62)慶念『朝鮮日々記』臼杵市安養寺蔵。内藤雋輔『文禄・慶長役における被虜人の研究』(東京大学出版会、一九七六年)。
(63)大阪城天守閣所蔵、『戦国合戦絵屏風集成』4(中央公論社、一九八〇年)。なお藤木「戦場の商人たち」(『戦国の村を行く』朝日選書、一九九七年)。
(64)藤木久志「日本中世の女性たちの戦場」(前掲)。
(65)大阪城天守閣所蔵、『戦国合戦絵屏風集成』4(前掲)。
(66)慶長二十年六月十二日「大坂濫妨人并落人改之帳」『大日本史料』一二編の二〇、三六九頁。
(67)千葉徳爾『たたかいの原像』(平凡社選書、一九九一年)・同『負けいくさの構造』(平凡社選書、一九九四年)、星亮一『奥羽越列藩同盟』(中公新書、一九九五年)。

# 雑兵たちのサバイバル・システム

## 雑兵の季節

越後の戦国大名上杉謙信は、その生涯に、少なくとも一二回、関東に侵攻していた。しかも、その戦争には、はっきりと季節があった。

秋の刈り入れが終わると、関東に出兵し、春先の田植え前に、越後へ引き揚げていた。つまり、謙信の戦争は、農閑期に集中した、出稼ぎ戦争であった。雑兵として、多くの村人を動員するには、そうするしかなかった。農閑期は雑兵たちの出稼ぎの季節であった。

収穫が終わって雪が積もる半年ほど(旧暦の九月から翌年の三月まで)を、村人たちは雑兵になって、雪の少ない関東に押し寄せ、人や物を略奪して生き延びていた。ことに凶作のあいついだ戦国の世には、雑兵たちにとって、戦争は「食うための戦争」「生き延びるための戦争」(生命維持装置＝サバイバル・システム)であった。襲われた村々は飢餓の地獄をみた。

戦国大名の雑兵というのは、たとえば、一〇〇人の部隊があれば、鎧をつけて馬に乗る武士(騎馬武者)は一〇人そこそこで、あとの九〇人ほどは、①武士を助けて歩兵として戦う、「侍」と呼ばれた若党・足軽、②その従者で、「下人」と呼ばれ、馬の口をとり、槍を運ぶ中間・小者・あらしこ、③それに、村から戦場へ行き、さまざまの物を運び、夫・夫丸(人夫)と呼ばれた「百姓」たちであった。

戦国大名の軍団のうち、九〇パーセントほどを占めるのが、こうした雑兵たちであった(藤木『新版 雑兵たちの戦場』朝日選書、二〇〇五年)。

その雑兵たちが、織田信長の戦場で、どのような「食うための戦争」「出稼ぎ戦争」をしていたか。それが、こんど私に与えられた、宿題である。

## 信長の戦場の人狩り

信長が越前(福井県)を攻めて、一向一揆を滅ぼしたときのことである(『信長公記』巻八、角川文庫、一九五~六頁)。

戦闘が終わった、天正三年(一五七五)八月十五日から十九日にかけて、信長のもとに、部将たちから「着到」(戦果報告書)が提出された。

その内訳は、およそこうであった。①~③に分けて、戦果の内訳を検証しよう。

①諸手(諸軍)より搦め捕り、(信長に)進上候分、一万弐千弐百五十余、と記すの由なり。御小姓衆へ仰せ付けられ、誅(殺)させられ、

②その外、国々へ奪い取り来る男女。その数を知らず。

③生け捕りと、誅させられたる分、合わせて、三、四万にも及ぶべく候か。

まず、①～③の要点を確かめてみよう。

①織田軍の部将たちに捕まって、信長に報告・提出された、一揆方の村人たちは、一万二二五〇人余りであった。その人びとは、信長の命令で、彼の小姓たちによって、殺されてしまった。それを、信長は実検していたのであろうか。

ところが、②は、思いがけない戦場の裏面を明かす。

部将たちは、信長に隠して、雑兵たちが生け捕った村人を、こっそり国元へ連れかえっていたらしい、という。信長の戦場では、大量殺戮のほかに、雑兵たちの手で、もっと大がかりな奴隷狩りが行われていた。③越前で奴隷にされ、部将たちの国元へ強制連行された人数は、（信長にナイショで行われたのだから）はっきりしないが、戦禍にあった三、四万人のうち、殺された一万二〇〇〇余りを差し引くと、二～三万ほどはいただろう、という。

犠牲者の総数が四万人といえば、ほぼ長崎原爆のそれに匹敵する、悲惨な結末であった。じつは、信長は開戦に当たって、一揆の殲滅作戦を指令していたのであった。右の『信長公記』の記事①～③の、すぐ前のところである。

国中の一揆、すでに廃忘（亡）を致し、取る物も取り敢えず、右往左往に山へ逃げ上り候。…山林を尋ね捜って、男女を隔てず、斬り捨つべきの旨、仰せ出され…

地元の一向一揆の村人たちが、織田軍に追われて、深い裏山に逃げ込むと、徹底的に山狩りをして、みな討ち殺せ、と指示した、という。ところが、指令通りに信長の前に連行され、処刑されたのは、軍隊が捕まえた三、四万人のうち、三分の一ほどで、残りの三分の二は、信長の指令に反して、軍兵たちの国許へ、ひそかに連行されたらしい、という。

処刑よりは、戦争奴隷となっても、生きのびたほうがまし、というのであったろうか。

## 乱取りの世界

こうした戦場の雑兵たちの奴隷狩りは、戦国の世では、「乱取り」「乱妨取り」「人執り」などと呼ばれ、日本中の戦場で、公然と行われていた。その例をあげよう。

①九州島津氏の戦場で(『北郷忠相日記』天文十五年＝一五四六)

五十余人討取り候。男女・牛馬、数知れず、取り候。

②九州島津氏の戦場で(『上井覚兼日記』天正十四年＝一五八六)

濫妨人《らんぼうにん》など、女・童など、数十人引き連れ、帰り候に、道も去りあえず。

③奥羽伊達氏の戦場(『伊達氏天正日記』天正十六年＝一五八八)

首七つ…そのほか、諸道具、きりすて、いけどり、かぎりご座なきよし。

④東国武田信玄の戦場(『勝山記』天文十七年＝一五四八)

打ち取る首の数五千ばかり。男女生捕り、数を知らず。

⑤参考：武田氏の戦場（『甲陽軍鑑』）

馬・女など乱取りにつかみ、これにてもよろしくなる故…民百姓まで、ことごとく富貴。

①③④などは、討ち取った武将の首の数だけが、明記されていることに注意しよう。ところが、男女の生け捕りは、「数知れず」とあって、その人数には関心がないようである。その意味は、こうではないか。

敵の首数は武将の手柄で、恩賞の対象になるから、大名も関心があった。ところが、「乱取り」の数は、雑兵たちの所得にはなるが、大名の恩賞の対象にはならなかった。だから「数を知らず」で、大名にも関心がなかった。ある軍記は、こう語っていた。

下々は、かようのこと（乱取り）に、利を得させねば勇まず。下々、たびたびの軍《いくさ》に出て、働くといえども、一度、一度に、恩賞はなし…（『清良記』）

戦場に行って雑兵になった村人たちは、戦っても恩賞の対象にはならないから、戦いよりも、自分の所得になる、「乱取り」に精を出した。そればかりを専門にする集団もいた。その親分は、右の②では、「濫妨人」と呼ばれ、戦場で乱取りした、女性や児童ばかり、数十人を引き連れて、国元へ引き上げていくのが、目撃されていた。

江戸の初め（元和元年＝一六一五）の「大坂夏の陣図屏風」でも、雑兵と呼ばれた歩兵たちや、馬に乗るほどの武将たちまでも、若い女性ばかりを狙って、生け捕りにしようとする場面が、克明に描かれている。

戦場で乱取りを働く将兵の、鎧の胴や雑兵の小旗には、葵の紋もみえる。戦場の乱取りは、公然と認められていたから、平気でこうした葵の紋の絵柄（徳川正規軍による乱取り）が描かれたにちがいない（図1・2）。

図１「大坂夏の陣図屏風」左隻より（大阪城天守閣蔵）

図２「大坂夏の陣図屏風」左隻より（大阪城天守閣蔵）

図３　小屋にいる濫妨人と略奪品。「大坂夏の陣図屛風」左隻より
（大阪城天守閣蔵）

## 戦場の濫妨人たち

夏の陣図屛風の一隅には、濫妨人と呼ばれる雑兵たちの活躍ぶりも、活写されている（図３）。その親分格らしい半裸の男が、左側の小屋の前にふんぞりかえり、その面前には、略奪した衣類や刀など、右側にある大坂城下の町場から避難する人びとから奪い取った、財物の数々を積み上げており、一帯にも、半裸の男たちが、逃げるのに必死な、町人たちに襲いかかっている。

織田信長軍にも、こうした濫妨人たちが数多くいた（『信長公記』巻十一、二五九頁）。

天正六年（一五七八）十一月のことである。信長の率いる織田軍団が、摂津（兵庫県）の六甲山系の村々を襲った。村人たちは、かねて裏山にひそかに避難小屋を設けていたらしく、その山小屋つまり「村の城」に、食糧や家財などを持って、避難した。

すると信長は、村人たちの断りなしの行動は許さぬと、激怒して、それぞれの軍団にいる濫妨人たちに、六甲に山小屋潰しの動員をかけた。

在々所々の百姓ら、ことごとく甲山《かぶとやま》へ、小屋上がりつかまつり候。(信長に)お断りをも申し上げず、曲事《くせごと》(違法)に思し召され候か。…諸手(各軍)の乱妨人を打ち付け(派遣して)、山々を探し、あるいは切り捨て、あるいは兵粮(食糧)、その外、思い思い取り来たる(略奪する)こと、際限なし。

動員された多くの濫妨人たちは、村人たちの山小屋を襲って、切り殺したり、食糧その他の家財などを、切りもなく奪い去った、という。

濫妨人たちは、戦争には精を出さないが、略奪には辣腕をふるった。彼ら戦国の雑兵たちにとって、戦場は生き延びるための、ほとんど唯一の稼ぎ場(サバイバル・システム)であった。

一方、六甲の村人たちが、信長軍の攻撃を避けて、山小屋(村の城)に避難したのも、サバイバルの行動であったし、それを襲った濫妨人たちも、じつは農閑期の村から、戦場へ出稼ぎ(サバイバル)に来ていた、雑兵たちであった。

雑兵たちは、信長の戦場でも、必死に生きていた。

だが、はたして、『甲陽軍鑑』の言ったように、こうした雑兵たちの未来に、

馬・女など乱取りにつかみ、これにてもよろしくなる故…民百姓まで、ことごとく富貴。

というハッピー・エンドが待っていたのであろうか。

# 秀吉の朝鮮侵略と名護屋

## 名護屋城図屏風のまなざし—城下町への目

名護屋城跡（佐賀県唐津市）を訪れると私たちは、城いちばんの高みに築かれた、本丸の天守台跡に立って、眼下の名護屋・呼子《よぶこ》の町や陣所の跡、その先に広がる海山を望み、太閤の夢のあとをしのぶのがふつうです。

ところが、こうした〈城からの目〉と逆に、〈町からの目〉で、秀吉当時の名護屋城を描いたのが、「肥前名護屋城図屏風」です。狩野光信筆という屏風絵の視線は、城のはるか北にあたる加部島《かべしま》の方角から、広く城と城下町に向けられている、といいます。

この絵は、一九六九年に公開されると、朝鮮侵略の日本側拠点を克明に描いた絵図として、注目を浴びました。しかし城図屏風という名に引かれ、秀吉が京に築いた聚楽や伏見の城図屏風と同じように、もっぱら〈城図〉として眺められてきました。現地に広がる城と陣所の巨大遺構がそうさせたのでしょう。

しかし歴史家として初めてこの屏風に注目した、岩沢愿彦《よしひこ》氏の目は冷静でした。

本図が最も多くの空間をさいて活写したのは、城下に展開される町屋と、諸大名陣屋の風景である。（「肥前名護屋城図屏風について」『日本歴史』二六〇、一九七〇年）

絵は〈城図〉というより、むしろ〈城下町図〉だ――。確かに絵の構図は、城の大天守閣をど真ん中に強調する城図屏風とはちがって、広やかな〈町からの目〉に満ちています。絵師のまなざしに私は、名護屋・呼子の海辺から、高い丘陵の一帯にわたって、とつぜん姿を現わした、巨大軍事都市によせる、深い驚きが込められているのを感じます。

## 名護屋城下の光と陰

問題はその驚きの正体です。岩沢氏によれば、現地を見た京の公家は「要害・天守以下、聚楽ニ劣ルコトナシ」と書き（菊亭晴季『日次《ひなみ》』）、北関東の武士の驚きなど、屏風絵の絵解《ナレーション》きか、と思うほどです。

天守なども聚楽のにもまし…、町中へじかに唐船を着け候。…諸国の大名衆ご陣取にて…野も山も空く所もなく候。…御城際には御小姓衆…、谷々はみな町にて…、町中、京・大坂・堺の者ども、ことごとく参り集い…、何にても望みのもの候。なかんずく米穀・馬のはみ（飼料）などは、山のごとくにて…、金銀さえ候わば、人馬ともつつがなく…。（平塚滝俊書状）

名護屋城外には、全国の大名軍が集められ、大軍を追って、京・大坂・堺など諸国の商人たちが、まわりに町屋を連ね、外国船も出入りして、金銀さえあれば、欲しいものは何でも手に入る――特需に群がる商人たち、戦争目当てに出現した大軍事都市。

しかしその光の陰に、この武士は、朝鮮戦場の惨禍と特需の裏側を、厳しく見すえてもいました。

高麗のうち二、三城せめ落し、男女いけ取り日々参り候よし、首を積みたる舟も参り候よし申し候。(同)

朝鮮の戦場から、敵の首や男女の生捕りを積んだ舟が、あいついで名護屋の港に着いている、連行される男女を、自分もこの目で確かに見た――。

首は秀吉の首実検に供えられる戦功の証拠。しかし女性を含む数多くの生捕り、つまり戦争奴隷は、戦場の兵士から日本の商人へ送られた商品ではないか。武士の驚きの目には、特需にふくらむ名護屋の光と陰が見えていたようです。

## 朝鮮の戦場から――奴隷狩りと奴隷商人

朝鮮の戦場で何が起きていたのでしょうか。

「釜山浦の町は諸国の売買人　貴賤老若立ち騒ぐ躰」(慶念『朝鮮日々記』)

日本軍の侵略拠点となった釜山の港、群がる日本の商人たちの雑踏――。

①日本よりも、よろずのあき人《(商人)》来りしなかに、人あきない《(商い)》せる物《(者)》来り、奥陣より後につき歩き、

男女老若買い取り…。(同)

②かくの如くに買い集め、たとえば猿をくくりて歩く如くに、牛馬を引かせ、荷物持たせ…。（同）

その商人たちが、戦場深く日本軍と行を共にして、軍兵のつかまえた朝鮮の人びとを買い取り、まるで猿のように縛りつないで、略奪品を山と積んだ牛馬を引かせ、また重荷を負わせて、責め立てて行く――。

軍による朝鮮戦場の略奪と奴隷狩り、それに密着する日本商人たち。戦場中枢の釜山から、日本の中枢名護屋へ、軍と商人と生捕りたちの道は、まっすぐにつながっていた、というべきでしょう。戦争半ばに講和撤兵の気運が生まれたとき、その条件に、日本軍の城（倭城）を破壊せよ、軍や商人は生捕りを日本へ連行するな（「さるみ《サラム》日本へ遣わされ候儀ご法度」）と要求されたのは、当然のことでした。

## 日本の戦場の奴隷狩り

ところが戦争奴隷は、じつは日本の戦国の戦場にも満ちていたのです。戦国末九州の戦場を見た、宣教師フロイスはいいます。薩摩軍が豊後で捕虜にした人びとは、薩摩や肥後に連行された後、羊の群れのように市場を廻り歩かされたあげく、ひどい安値で売られていった。その数はおびただしかった。

朝鮮の戦場とそっくりな奴隷狩りと奴隷市場の光景――。同じ頃、島津軍の家老も、濫妨人など、女童など数十人引きつれ帰り候に、道も去りあえず候。（『上井覚兼日記』）

と奴隷商人に引かれた数多くの人びとを見ていました。

天正十五年（一五八七）秀吉は、九州を制圧すると、「乱妨取りの男女」はすべて元に返せ。人の売り買いを停止せよ、と命じました。三年後、東北を制圧して天下統一を果すと、あらためて秀吉は命じました。

人を売り買う儀、一切これを停止すべし。しかれば、去る天正十六年以来に売り買う族、棄破…。（同年八月十日付秀吉定）

と。人身売買は「乱妨取り」（戦場の奴隷狩り）が原因で、軍兵と商人ぐるみの〈略奪目当ての戦争〉が、戦国日本の常識だったことになります。

したがって、〈天下統一〉つまり国内の全戦場の閉鎖（日本の平和）は、奴隷狩りの廃絶をも意味したはずです。ところが、まさにその瞬間、朝鮮侵略が開始されたのです。奴隷狩り戦争の海外持ち出しでした。決して朝鮮を蔑視して人狩りをしたのではありません。

秀吉の名誉欲とか、統一の余勢を駆ってどころか、日本の平和は、侵略と引きかえに、朝鮮の犠牲の上に辛うじて実現された、というべきでしょう。〈略奪目当ての戦争〉の裏には、あいつぐ凶作・飢饉・疫病が隠されていたようです。

# 第2部　飢饉の実態

# 弘治年間の村々の災害

さきに私は、一九九三年の東北冷害・凶作に直面して、『日本中世気象災害史年表稿』の作成を思い立った（高志書院、二〇〇七年）。しかし、そのデータベースを検証する作業が残されることになった。その一端は「ある荘園の損免と災害」（本書所収）で試みたが、あらためて一例を検討しよう。

本光寺領下中村一〇〇貫文のうち、前川（小田原市）分風損につき、あわせて一七貫二〇〇文を免除（指置）する。残りの八二貫文の「当年貢」は間違いなく上納（沙汰）せよ。もし百姓・代官が「違乱」したら、罪科に処す。

これは、弘治二年（一五五六）九月十四日付で、小田原北条氏が相模西郡の下中村に宛てた、朱印状の要旨である（代官・納所百姓中宛「本光寺文章」『戦国遺文後北条氏編』五二六、以下、遺文と略記）。「風損」により、年貢高一〇〇貫文の約一七パーセント余を免除する、という。

この村の代官・百姓たちが「風損」を理由に年貢の免除（指置）を請求した結果であったことが知られる。ただ、現実の損免額は、風損査定の厳しさを示唆している。この「風損」という年貢減免要求の理由は、果たして本当であったのだろうか。

その実否を、手製の年表によって、以下、①〜⑤について、推測してみよう。なお、この周辺情報の月日は、季節感を確かめるために、グレゴリオ暦をカッコ内に表記する。

①この年八月十三日(九月二十六日)、上方の京都では「大風雨、人畜多死、田畝損亡」といわれ、関東の鎌倉でも、八月二十三日(十月六日)に、風雨で鶴岡の鐘楼が倒壊していた。一連の情報からみて、台風の被害であったらしい。

②この年十月(一五五六年十一月十二日)には、吉良領の武蔵泉沢村でも、明年春から諸役・公事すべてを免除するから、「欠落《かけおち》百姓等」を召し返して来春には作付けをしてほしい、といっていた(吉良家朱印状、泉沢寺文書、遺文五二六号)。この百姓多数の「欠落」(個別的な離村)の原因の背後にも、最初の下中村と同様に、台風による損亡があったのではないか。

③なお、これらに先立つ同年八月六日(一五五六年九月十九日)には、上総の目黒・宅間両郷(千葉県、未詳)では「去年・当年、散らさせられ候」といわれていた。両郷の百姓たちが散り散りになって、収穫が見込めなくなっていたらしい(藤田文書、遺文五二四号)。これについては災害情報をみよう。四月に上総(千葉県)で「大風吹く」とあり、八月には、肥後(熊本県)から京都・甲斐(山梨県)・会津(福島県南部)まで、大風雨・大地震の情報が連なっている。大地震に加えて、大きな台風が列島を縦断していたのではないか。

さきに掲げた、下中村(小田原市)の風損には、これら3グループの情報が直接に関連するとみれば、同村の損免要求も虚構ではなかったことになる。

なお、この弘治二年には、ほかにも④同三月に相模の箱根畑宿で「連々たいてん《退転》」（前掲遺文五一二号）・⑤同十月（一五五六年十一月）に武蔵荏原郡旋澤村（東京都世田谷区）で、泉澤寺領・民部谷の百姓が欠落し、それを召し返すために、来年春から永く諸役・公事などすべてを免除するという特別措置が、吉良氏によって採られていた（遺文五二九号）。

⑥翌三年八月六日（一五五七年九月九日）には、下野都賀郡梓村・中方村（栃木市内の隣接する小村、江田郁夫氏のご教示による）で「土貢不納所百姓」（豊前文書、遺文五五三号）が問題になるなど、村の異常を告げる情報が認められる。

弘治年中の村の疲弊については、さきに拙稿「戦国の村の退転―戦禍と災害の村」（黒田基樹・藤木編『定本北条氏康』高志書院、二〇〇四年。のち藤木『土一揆と城の戦国を行く』朝日選書、二〇〇六年所収）で述べた。小文では、④⑤の村の異常な動向の背景についても、あらためて確かめてみよう。

④については、さきに岩崎宗純氏の優れた分析がある（「弘治二年畑宿の退転をめぐって」『おだわら』一、一九八七年、黒田基樹氏のご教示による）。その論文の冒頭には、『邦訳日葡辞書』を引用し「タイテン（退転）すなわち絶ゆる・中絶すること、また消えること」という、印象的な語義が掲げられている。

畑宿は旧東海道沿いの箱根八里の宿場であり、木地師による木工芸品の産地でもあり、北条早雲いらい、虎印判状によって「分国中ごき《合器》商売自由」の特権を与えられていた（岩崎『箱根七湯』有隣新書、一九七九年)。その宿の退転理由を、岩崎氏は失われた諸役免許の復権要求のための闘争(箱根山中への逃散)であったとみている。三ヵ条の北条家朱印状(遺文五一〇号)をあわせて考えれば、妥当な評価であった。だが、小田原市の「風損」からみて、果たして「連々退転」は岩崎説のいうような「闘争」であったか。背景にあった災害にも注目しておきたい。

⑤は「欠落候百姓等、召返置」くのが課題であり、特例を講じて「来春々作」の保障を目指していた。稲の作付けを期待しての措置であった。旱魃・飢饉・大風の情報が集中している。

⑥なお同三年八月六日には、葛西(足利義氏)領で、いくど催促しても「土貢不納所」を続ける「百姓」が問題となり、さらに両村へ「悪党」・「咎人《とがにん》」が走り入る、つまり北条領から葛西領への民衆の流入という、いわば解放空間のような事態になっていた(本書「関東公方領のアジール性」参照)。この年の夏には、「天下大旱魃」「天下炎旱」とあり、下総では「大風吹・大疾病・諸人多死」といわれていた。

戦国盛期ともいうべき弘治年間(一五五五年前後)だけに対象を絞って、村々の白姓たちをめぐる異常事態の背景を気象災害の視点から探ってみた。「退転」「被為散候」「欠落百姓等」「土貢不納所百姓」などと語られる、村の苦難の背後に、気象災害による困苦も読み取る必要があるのではなかろうか。

# 永禄三年徳政の背景――歴史のなかの危機にどう迫るか――

## 関　心

さきに私は〈歴史のなかの危機〉によせて、こう述べたことがあった（藤木『戦国史をみる目』一三六頁以下参照）。①越後上杉氏の徳政には、代替り徳政のほかに、戦禍・凶作・災害の徳政があった。②この事実は、「たとえ乱等・飢渇《けかち》・水損行き候とも」という、中世後期の売券の担保（徳政排除）文言ともよく照応している。③ふつう代替り徳政として知られる永禄三年（一五六〇）の相模北条氏の徳政の裏にも、越後と同じ大凶作があったのではないか、と。

もし③の推測が当たっているとすれば、北条氏の代替り、つまり氏康の退位（永禄二年十二月〜同三年二月頃）そのものが、じつは凶作・飢饉を契機としていたことになりはしないか（佐脇栄智「北条氏政権」『神奈川県史』通史編1、第三編第四章、一〇二一〜二頁）。

いま私には一つの連想がある。後に「寛喜三年（一二三一）餓死の比」（鎌倉追加法一一二）といわれたこの年、公家は新制四二か条を出し、改元（貞永）を行い、武家は式目五一か条をもってこれに対抗した。飢餓が権力の存在をゆるがし、懸命な対応を求めた。改元には、恩赦・減税・救恤・債務破棄など、徳政を伴うのが当然とされたという（磯貝富士男「寛喜の飢饉と貞永式目の成立」『歴史と地理』二七六、一九七八年。のち同『日本中世奴隷制論』校倉書房、二〇〇七年所収）。では戦国の「世の中」はあいつぐ天災飢饉のさなか、権力に何を求めたか。本章の関心はこのことである。氏康がなぜ退位したかにはまだ明証がないという（黒田基樹氏のご教示による）。

## 永禄三年の「世の中」

永禄三年五月、上杉氏は「当府（府内）町人前」の困窮に、諸役等の五か年免除の措置をとった。令書は困窮の理由を明記せず、戦争による疲弊対策とみるのが通説だが、『上杉年譜』六は「去ル元年旱魃、去秋霖雨…両年荒亡」のため、町人には諸役すべてを、百姓にも年貢三分の一ないし全額を免除した、という。この伝えは果たして正しいか。この頃の関東近辺の作柄（「世中《よのなか》」勝山記）の現実はどうであったか。試みに手作りの中世図作情報《データベース》を検索してみよう（藤木『雑兵たちの戦場』九九・二八三頁〔新版一〇一・二七八頁〕参照）。

まず「元年旱魃」は、前年（弘治三年）から二年続きであったらしい。大旱魃・飢渇の情報は、広く近畿（京都・大和・紀伊）から東海（駿河・甲斐）・東北（陸奥）にわたり、問題の関東でも、上野では「夏大日照」（赤城山年代記）、常陸も前年は「天下旱」、元年は「餓死」（和光院和漢合運）となった。

次の「去秋霖雨…両年荒亡」の永禄二年は、一転して東の霖雨、西の旱魃という対照的な気象となったらしい。東は長雨続きで、甲斐でも陸奥でも「三年病」（勝山記・正法寺年譜）が広がる一方、西国は旱魃で不作となった（八代日記・厳助記）。

さらに翌永禄三年は、東西とも、春以来の旱魃が、初秋には長雨に変わって疫病が流行し、翌年にわたった。そのさなか上杉軍が侵攻した関東では「陣に厄病流行り敵味方共多死」とか「相州悉《ことごと》く亡国」（赤城山年代記）という惨状が伝えられ、常陸でも「天下大疫、不及数死人」（和光院和漢合運）といわれた。越後はこの年も大きな「水損」で、翌年にも二年続きの徳政が行われていた。陸奥の会津蘆名領でも「同年《（永禄三年）》中にとくせひ《（徳政）》入候」とあり、翌年にも再令され、ともに凶作の徳政とみられる、という（塔寺長帳『会津若松史』8、小林清治氏のご教示による）。

私の中世凶作情報《データベース》の多くは、まだ史料性も定かでない年代記の類だから、断定するのは無理である。だが、北条氏康の退位する前後、関東を含む東国一帯が、深刻な災害・凶作・飢饉・疫病のさなかにあったことは、否定できないように思われる。

## 天道論の裏に

永禄三年の北条氏徳政令を追究した則竹雄一氏は「諸百姓御侘言について御赦免」という冒頭の事書に注目して、背後に代替りを機とした分国百姓たちの徳政一揆を想定し、背景には精銭納の強制による百姓層の窮乏があった、と指摘した（「後北条領国下の徳政問題」『社会経済史学』五四―六、一九八九年。のち同『戦国大名領国の権力構造』吉川弘文館、二〇〇五年所収）。百姓の徳政要求を体制の矛盾と代替りに求めるのに異存はない。だが一歩踏み込んで、氏康はなぜ退位したかを考えようとするとき、退位後その徳政に触れて「万民哀憐、百姓に礼を尽」し、そのために目安箱を設けたといい、これを「天道明白歟」と述懐していた事実に心ひかれる。氏康はなぜ入道の思想(天と人の感応)を持ち出したのか、以下憶測してみよう(小笠原長和「北条氏康と相州箱根権現別当融山僧正」『古文書研究』五、一九七一年。のち「安房妙本寺日侃と相房の関係」と改題、同『中世房総の政治と文化』吉川弘文館、一九八五年所収)。

磯貝氏の魅力あるさきの指摘をもとに、手作りの中世凶作情報《データベース》に、改元理由の情報と公家新制の発令情報を打ちこんでみる。

十一~十六世紀の改元回数は一五二、うちA=凶事(天変地異兵革)96(63%)・B=即位(代始)40(26%)・C=二革(甲子・辛酉)16(11%)とAが半ば以上を占める。中世改元の過半はAの危機の修復を目的としていた。Cも同じ発想に基づく。

内訳を仮に世紀別にみると、十一世紀=24(A13・B7・C4)、十二世紀=36(A24・B10・C2)、十三世紀=33(A20・B9・C4)、十四世紀=34(A23・B8・C3)、十五世紀=14(A9・B3・C2)、十六世紀=11(A7・B3・C1)となる。

十一~十四世紀は平均ほぼ三年に一回の割で改元されていたことになる。またこの間に出された公家新制約50令のうち、改元との連動が推測されるものが半数を占める。公家政治がなお現実の危機との間に緊張を維持しえていた徴証であろうか。

しかし十五・十六世紀の改元は平均八年に一回に減少し、あたかもその欠を埋めるかのように、東国には私年号が出現する。用例の多い延徳・福徳・徳応・弥勒・永喜・命禄などは、すべてこの間に集中し、戦乱・飢饉を前にした人びとの強い世直願望をうかがわせる、という(千々和到「私年号」『国史大辞典』7)。

天道の思想も世直への期待も、ただの幻想ではなく、天皇から幕府へさらに戦国の世の国主へと分散下降し、戦国の厳しい「世の中」は、あえて私年号による改元を繰り返すとともに、大名たちに向かって、実効ある危機管理つまり代替りや徳政の実現を厳しく問い、求め続けたのではあるまいか。

# 戦国甲斐の凶作情報を読む

戦国甲斐の郡内地方で編まれた『勝山記《かつやまき》』は、凶作・疫病・飢餓の記事の多いことでもよく知られている。果たして災害は郡内だけを襲ったのか。戦国盛期の主な例に限って、他国の情報とくらべてみよう。

永正元年（一五〇四）秋の甲斐は冷夏と旱魃で大飢饉となり、会津でも「天下大飢饉」（異本塔寺長帳）とあった。同二年の甲斐は「天下疫癘《えきれい》」で、武蔵でも大疫と大飢饉で村が滅びた（年代記配合抄）。同三年の甲斐は「春ノツマリ」と端境期の飢餓を示唆するが、上野は諸国の麻疹流行を（赤城山年代記）、京都では「春天下大飢饉」（公方両将記）を伝える。同五年の甲斐は大雨・悪作で、会津でも「この年ひたすら雨降り通し」（塔寺長帳）、京都も「宿雨洪水」（実隆公記）とあった。同八年秋の甲斐は大水で損亡無限とあり、大風雨・飢饉は武蔵から九州に及んでいた（年代記配合抄他）。同十年の甲斐は「世間富貴」の豊作で、陸奥でも「大富貴」（正法寺年譜）とあった。同十三年の甲斐は「春ヨリツマル」とあり、会津では夏に「諸国大雪大雹…悪作・飢饉」（異本塔寺長帳）という。同十五年の甲斐は「諸作悪シ」「天下人民餓死」といい、上野でも「諸国大飢渇」（赤城山年代記）、武蔵でも「大飢饉…万民餓死」（年代記配合抄）という。同十六年の甲斐は「日本国ききんして諸国餓死に及ぶ」といい、広く「諸国大飢饉」（年代記抄節他）といわれていた。

大永二年（一五二二）の甲斐は「作毛ことのほか悪」く、尾張は大洪水が（年代記）、大和は大風があいついでいた（春日社祐維記）。翌三年の甲斐は「都留《つる》郡大飢饉」といい、会津や京都では大洪水があった（二条寺主家記他）。同八年の甲斐は大洪水から旱魃となり、会津も旱魃が続いた（塔寺長帳）。享禄三年（一五三〇）の甲斐は「天下多癘」で、駿河・美濃・会津では大洪水が続いていた（宗長日記・塔寺長帳）。

天文元年（一五三二）の甲斐は、大旱魃から国中を飢饉と餓死が襲い、会津も「この年炎旱」（会津旧事）という。同二年の甲斐は大雨で、相模（快元僧都記）でも京都（祇園執行日記）でも大雨洪水を伝える。同三年の甲斐は餓死と疫病が流行するが、上野（赤城山年代記）も「諸国疫病」を、会津（異本塔寺長帳）も「不作洪水・疫病流行」を伝える。同四年の甲斐は咳病が流行り、相模も咳病が流行した（快元僧都記）。同五年の甲斐は五〜七月の大雨で餓死・疫病が流行り、会津や常陸でも大水・大洪水があった（東州雑記他）。同六年の甲斐も疫病・餓死に襲われ、若狭も疫病が流行し（若狭守護年代数）、「東国・北国疫病流行」（皇年代略記）ともいう。

同七年の甲斐は春の餓死を、出羽も「飢渇」を伝える（砂越年代記）。同九年の甲斐は大風大雨で凶作となったが、大風雨は広く諸国におよび、上野（赤城山年代記）では五穀不実・諸国飢饉、京都では「天下大疫」(後奈良天皇宸筆)といわれた。同十年の甲斐は春に餓死、秋に大風に襲われたが、伊勢(皇継年序)でも飢饉・餓死があり、秋には「京畿大風雨」(御湯殿上日記)といわれた。同十一年の甲斐は大風が続き「三年餓死」といわれた。同十三年の甲斐は夏に餓死無限といい、上野では「近国大洪水」(赤城山年代記)、三河でも「五畿七道洪水」(武徳編年集成)を伝える。同十四年の甲斐は五月から七月に大旱魃で、大和でも同時期の大旱を伝え、会津では「天下飢饉」とする(異本塔寺長帳)。

同十五年の甲斐も大旱魃・餓死とあるが傍証はない。同十七年の甲斐は「世間富貴」で、美濃も「目出度い年」であった(荘厳講執事帳)。同十九年秋の甲斐は大風雨・洪水で「世間餓死」となり、上野(赤城山年代記)も会津(塔寺長帳)も大雨洪水で「日本大風」といわれた。同二十年の甲斐は大旱魃・餓死をいい、同二十一年も作毛実らずというが、ともに傍証はない。同二十二年の甲斐は大旱魃で、丹波では「一天下大日照」(天寧寺年代記)、会津では大旱(異本塔寺長帳)とあり、八月には「関東大風雨」(大日本府県史)ともある。同二十三年の甲斐は大旱魃と腹煩いで多くの死者が出たが、武蔵や相模や駿河や丹波では大風大雨(天寧寺年代記他)となっていた。

弘治二年(一五五六)の甲斐は「世間つまる」といわれたが、常陸では「天下旱」(和光院和漢合運)、陸奥では「飢饉」(加納年代記)とあった。同三年の甲斐は旱魃・飢渇となったが、飢饉と疫病は陸奥・下総や諸国に広がり(海上八幡宮年代記他)、畿内も「天下炎旱」「無雙の大飢饉」といわれた(興福寺略年代記他)。

永禄二年（一五五九）の甲斐は三年続きの疫病がはじまる。越後では「霖雨に両年荒亡」（上杉年譜）、会津では「天下疫病」（異本塔寺長帳）といわれた。同三年の甲斐は日照りから長雨となり疫病が流行し、上野でも「厄病流行」といわれた（赤城山年代記）。同四年、甲斐の疫病は三年目で、能登も「大疫」（永光寺年代記）、陸奥も武蔵も「天下大疫」「日本疫病」（和光院和漢合運他）といわれた。同五年の甲斐は「稲皆損《かいそん》」といわれたが、武蔵は「大乱により大疫に大飢饉」であった（年代記配合抄）。同六年の甲斐は大風雨で田畠が流失し、武蔵では大洪水で飢饉となった（年代記配合抄）。

こうしてみると、戦国甲斐の凶作の多くは、よその地域と深く関連していた。郡内地方だけが苛酷な集中災害に襲われていたわけではなかったようである。よその情報とくらべることで、『勝山記』の記事の確かさが知られ、戦国の世の凶作・疫病・飢饉の深刻な広がりがみえてくる。

なお、二〇〇二年に出た平山優『川中島の戦い』（上・下、学研M文庫）は、このような視点で書かれた力作である。

# 飢餓と戦争の鎌倉社会

## はじめに

養和のころとか…二年があいだ、世の中飢渇して、あさましき事侍りき。あるいは春・夏ひでり、あるいは秋、大風・洪水など、よからぬ事どもうち続きて、五穀ことごとくならず。…これによりて、国々の民、あるいは地を棄てて境を出で、あるいは家を忘れて山に住む。

これは「養和(一一八一年)の大飢饉」に見舞われた京の惨状を露わに語る、鴨長明『方丈記』の一文である。時あたかも平家による源氏追討の戦争(墨俣川合戦・横田河原合戦など)が起こされた、さなかのことであった。

これによれば、大飢饉など大規模な気象災害と国政レベルの戦争の間には、密接な関係がひそんでいたのではないか、という連想に誘われる。中世の戦争は、飢えた大量の傭兵集団(駆武者《かりむしゃ》)を媒介として、同時代にあいついだ飢饉と、どのような関連性をもっていたか。その実情を確かめてみよう。

個々の戦争と飢饉について詳しく論究した先学（川合康『源平合戦の虚像を剝ぐ』講談社、一九九六年、同著『源平の内乱と公武政権』吉川弘文館、二〇〇九年）の研究に学び、自作の『日本中世気象災害史年表稿』（高志書院、二〇〇七年、以下『年表稿』）を添えてみたら、中世の戦争像がどのようにみえてくるか。戦争と飢饉（異常気象）の関連、それが本章の関心の焦点である。紙幅の制約から、ここでは承平・天慶の乱から南北朝内乱初期までを、検討の対象としよう。

## １　古代末期の戦争

### 平将門の戦い──承平・天慶の乱

まず、源平合戦に先立つ、承平・天慶の乱（九三五〜九四〇年）の主人公は平将門である（古典遺産の会編『将門記　研究と資料』新読書社、一九六三年。『将門記』竹内理三編『日本思想大系８　古代政治社会思想』岩波書店、一九七九年）。

承平五年（九三五）二月、将門は伯父で常陸大掾の国香や、その前任者であった源護の連合軍と、常陸国府（茨城県石岡市）で戦い、五〇〇余戸を焼き払って占領したのが、承平の乱の始まりである。これに続く天慶の乱と合わせて、ふつう承平・天慶の乱と呼ばれる。当時の二月といえば、今の三月頃に当たるから、農繁期直前の戦いであった。まだ農民の傭兵を集めやすい季節であった。

京都の情報によれば、その四月の京都には「祈雨奉幣」とあり、旱魃の憂いがあった。

このときの戦いについて、焼き払い作戦に注目したのは、宮瀧交二「在地社会からみた将門の乱」（川尻秋生編『将門記を読む』吉川弘文館、二〇〇九年）である。同書に学んで、将門の戦争の特徴をたどってみよう。

その冒頭の戦いはこう書かれている（焦点の読み下し、『平将門資料集』岩井市史編さん委員会）。

その四日を以て、野本・石田・大串・取木などの宅より始めて、与力の人々の小さき宅に至るまで、皆ことごとくに焼き巡る。…叫喚…の中、千年の貯え、一時の炎に伴《ともな》えり。また、筑波・真壁・新治三箇郡の、伴類《ばんるい》の舎宅五百余家、員《かず》の如くに焼き掃う。

つまり、将門軍は国香方の集落にあった家（宅・舎宅）を、広く三郡にわたって、四日もかかって、徹底的に焼き払ってまわった。だが、それは焼土作戦ではなく、戦いに勝った将門側が、戦闘が終わった後で、焼き払ったものだと、宮瀧氏はみたのである。

この戦いぶりは、後世の戦争の多くがそうであったように（後述）、戦闘の後に敵方の家々（食糧・家財の一切）を徹底的に略奪し、それが終わると火をかけてまわっていたことになる。

その二年後、秋の収穫期にあたる、承平七年八月（九三七年九月）七日、上洛から帰った将門は、待ちかねていた敵方の良兼の軍と、常陸（茨城県）・下総（千葉県）の境界にあった子飼川を戦場にして、豊田郡で衝突して敗れた。勢いにのった良兼軍は、将門の伴類といわれた多治経明を、同郡の常羽御厩《みまや》（茨城県結城郡八千代町尾崎）に襲って、やはり「百姓」の舎宅の焼き払い作戦をとった。家財は奪い取られ、家は放火して焼き払われたのであろう。

この戦いでは、さらに衝撃の記述がみえる。

いまだいくばくも合戦せざるに、伴類は算のごとくに打ち散りぬ。遺るところの民家は、仇のため、みな悉く焼亡しぬ。郡の中の稼穡《かしょく》と人馬はともに損害をこうむりぬ。

まだ戦いが始まったばかりなのに、仲間や従者たちは散りぢりに逃げ去り、民家は敵に焼かれ、郡内の作物も人も馬も、みな奪い去られてしまった、という。ここにいう「損害をこうむりぬ」というのは、戦国の戦争でいわれる「乱取り」と同じことで、将門の妻子も資財もみな上総に奪い去られ、ふつうの住民たちもまた「夫兵(兵卒)のためにことごとく虜領せられた」。また「つねに人民の財を掠めて、従類の栄えとす」ともいう。雑兵たちにつかまって、人も物も馬も、根こそぎ奪われてしまった。それが戦場の常であった(藤木『雑兵たちの戦場』朝日新聞社、一九九五年。のち朝日選書より新版、二〇〇五年)。

やがては将門の本拠地も襲撃されて、「遺る所の民家は、仇のため、みな悉くに焼亡しぬ」という有様となった。収穫の終わったばかりの米穀・野菜類は、根こそぎ奪われたのであろう。同書の作者は、こうした焼き払い戦について「幾千の舎宅を焼き、これを想うに哀れむべし」と、同情のことばを寄せている。

この敗戦をうけて将門は、真壁郡にある良兼の営所を襲って、徹底した略奪・焼土作戦を展開した。

備えたる所の兵士は千八百余人、草木ともになびけて、十(月)九日をもって、…発向す。すなわち、彼の介の服織の宿より始めて、与力・伴類の舎宅にいたるまで、員のごとくに掃い焼く。十月上旬といえば、現在の暦なら十一月初めに当たるから、村々は豊かな収穫の喜びに沸く頃であったにちがいない。後に再論するが、中世の戦争には、農閑期の長い戦いの裏には、収穫の略奪戦という狙いが籠められていた。「員《かず》のごとくに掃い焼く」という語には、調べ上げた家(舎宅)ごとに、しらみつぶしに奪い、そして放火した、という語感がある。

## 天慶の乱

天慶二年(九三九)十一月以降の天慶の乱は、国家への将門の反逆というレッテルが貼られた、と宮瀧氏は指摘して、こう述べている。将門軍は同年十一月以降、常陸国府の集落を襲撃して「三百余の宅・烟《かまど》は、滅びて一旦の煙となる」といわれた。この戦いもまた、農作の収穫を狙った戦争であったにちがいない。この年、京都には「東西国兵乱、炎旱」という旱魃の情報があり、この暮れには「困窮者に賑給《しんごう》あり」とあった。このときの旱魃は深刻なものであったらしく、その翌年には、「年穀みのらず、人庶大飢」と記録されていた。

将門は最後に新皇と称したが、平貞盛・藤原秀郷軍に襲撃された。

ここに貞盛は、事を左右に行い、計を東西に廻らして、かつがつ新皇の妙屋(宮殿)より始めて、与力の辺りの家までも、悉くに焼き掃う。火の煙は昇りて、天に余りあり。人の宅は尽きて主は地になし。僅かに遺れる緇素《しそ》は、舎宅を棄てて山に入り、たまたま留まれる士女は、道に迷いて方を失う。

貞盛軍はまず将門の宮殿を襲撃し、ついで家来の家々も焼き払い、わずかに遺った庶民も家を棄てて山に逃げ籠もり、わずかに逃げ損じた人びとは道に迷って茫然としている、というのであった。敗戦のあとを略奪と飢餓が襲った。

## 2　源平合戦期

### 保元・平治の乱の前後

久寿二年（一一五五）「諸国異損」「異変・厄運」、「近日飢饉、去る保延に同じ」といわれ、暴風雨の災害もあいつぐさなかに、近衛天皇・鳥羽法皇があいついで死ぬと、後白河天皇（のちの法皇）が即位した。藤原忠実・忠通父子が摂関家として実権をにぎっていたが、忠実は三男であった頼長に藤原氏の氏長者の地位を譲らせた。

保元元年（一一五六）七月、忠実・頼長を失脚させた平清盛・源義朝らは、頼長方の為義（義朝の父）らを処刑し、政界の上層部に昇進する好機を予約された。それは後白河の天皇―法皇へという、独裁化と連動していくことになる（高橋昌明『平清盛　福原の夢』講談社、二〇〇七年、以下、同じ）。

平治元年（一一五九）末、源義朝らは、平清盛らが熊野詣にでた隙を狙って挙兵し、後白河上皇・

二条天皇・信西らを支配下においたが、清盛・重盛父子らのすばやい反撃によって敗北した。義朝は殺され、息子頼朝は伊豆に流された。清盛らの圧勝であり、清盛父子は政界の掌握を確実にしていく画期となった。翌年一月「天変・兵乱」によって改元(永暦)が行われた。「大風・洪水」のさなかであった。

## 平清盛の都落ち

それから一〇年後、後白河法皇と平清盛の対立が激化した結果、仁安四年(一一六九)春、清盛が京都(平安京)の実権を息子の重盛にゆずって、まだ幼い孫の安徳天皇を擁し、わずかな側近と護衛の兵士だけを引き連れて、自分の居所を摂津の福原に移した。

後白河法皇と清盛の反目は決定的になった。しかし移転の準備は拙速というほかはなく、実態は一時の滞在にすぎなかったが、世には遷都の噂まで広まっていたほどであった。結果は平氏一門のためだけの都市であった(高橋前掲書)。この頃、「世間の疫癘」によって祈禱が行われ、「大旱魃・損亡」と記録されていた(『年表稿』)。

遷都のことも決まらないまま、反乱の報があいつぎ、高倉上皇の重病説も流れ、後白河法皇からは京都帰りを求める要請が重なり、清盛は引き揚げを決断した。全国にわたる飢饉の情報もあいついでいたからであった。

ここで、とくに重視したいのは、清盛の挫折の背後に、反乱と飢饉・疫病・旱魃の情報が錯綜してひそんでいることである。ここでは、ことに富士川の合戦の環境に注目しよう。

## 富士川の戦い

「富士川の戦い」といえば、治承四年（一一八〇）秋、夜半の川辺いっぱいに群れる、水鳥のものすごい羽音を敵襲と驚いた二〇〇〇余騎の平維盛軍を、四万余騎の甲斐源氏武田信義の大軍が、尾張墨俣に潰走させ大勝をえた、という話でよく知られている（玉葉）。戦場に急行した源頼朝軍は黄瀬川宿でただ傍観していたのだという（川合『源平の内乱と公武政権』前掲）。

その情景の描写で、ことに詳しいのは、『平家物語』巻五、（治承四年＝一一八〇）「富士川」の段である（『日本古典文学大系』岩波書店、一九五五年）。

富士の沼にいくらもむれいたりける水鳥どもが、なににかおどろきたりけん。ただ一どにぱつと立ける羽音の、大風・いかづちなどの様にきこえければ、平家の兵共、大ぜいの寄するは、…定めて搦め手もまわるらん。取り込められては叶うまじ。ここをば引いて、尾張河洲俣をふせげやとて、とる物もとりあえず、我さきにとぞ落ちゆきける。

この話は、当時の日記『山槐記』（治承四年十一月六日条）にも記されている。軍営の傍らの池にいた数万の鳥がにわかに飛び去り、その羽音は雷のなるようで、平維盛の軍は源氏の軍の襲来と疑い、夜中に競って退却していった、という。『平家物語』の創作ではなさそうである。

この東征してきた追討（平氏）軍のあっけない崩壊について、川合康氏は、平氏の軍の多くが、追討の路次で徴発された傭兵であったため、わずかな動揺で、追討軍の戦線離脱を食い止めることができなかったからではないか、とみている(川合『源平の内乱と公武政権』前掲)。

私も数千の平氏軍というのは、その大半が、行軍の途中で徴発された、にわか仕立ての傭兵たち(雑兵・路傍の庶民)であったにちがいない、とみる。

ところで『山槐記』といえば、右の記事の直前、十月二十九日条が、気になることを記している。この日、上方では、ひる時から曇って、雷鳴がとどろき、風が烈しく、雹も降ってきた。雹の大きさは、大角豆《ささげ》のようで、積もっても消えず、やがて止んだが、淀川には船が漂流・転覆し、溺死する者も多かったという、と。

## 飢餓と戦争

その日は、いまの暦でいえば、十一月二十五日にあたる。だから、右の冬の嵐を大異変とまではいえないが、『玉葉』(九条家本)の同日条に、「これ天変か」と書いているのに、同時代人の感性として注目してみたい。

治承四年十二月、平重衡の軍は南都焼き討ちを強行した。この年、『玉葉』は、あいつぐ炎旱によって淀川も干上がってしまったといい、『山槐記』は「天下皆損亡」「近日旱魃」といい、『百錬抄』は、五月からの炎旱で、水は絶えてしまったと記していた。その年末の奈良攻めであったから、焦土作戦といわれる戦いは、じつは深刻な大炎旱がその原因であったのではないか。

異常気象といえば、軍記『参考源平盛衰記』や『高山寺文書』などは、その頃の気象災害について、①〜⑤のように記している。

①（治承四年某月）諸国七道、諸寺諸山の破滅もさることにて、天神地祇、恨みを含み賜いけるにや。春・夏は炎旱おびただしく、秋冬は大風・洪水、斜めならず。懇ろに東作（農業）の勤めを致しながら、空しく西収（収穫）の営み絶えにけり。（源平盛衰記）

②（同年九月）霜降り、秋は早り寒く、禾穂は未熟、…天下大いに飢饉して、人民多く餓死におよべり、僅かに生きる者も、あるいは地を棄て、境を出、ここかしこに行き、あるいは妻子を忘れて山野に流浪す。（源平盛衰記）

③（同四〜五年）天下一同旱魃の上、今年（五年）旱魃、去年に一倍せしめ、国中みなもって損亡す。（高山寺文書）

④（治承五年六月）近日、天下飢饉、餓死者その数を知らず。（百錬抄）

⑤（養和年中）二年があいだ、世の中飢渇して、…あるいは春・夏ひでり、あるいは秋大風、洪水など、よからぬ事どもうち続きて、五穀ことごとくならず。（方丈記）

二年続きの飢饉・餓死という惨状は、あわせて治承・養和の大飢饉と呼ばれるが、その悲惨さは養和の飢饉のほうが、さらに深刻であった。

それは、①②の治承四年（一一八〇）以後も、文治二年（一一八六）まで、少なくとも八年にわたって続いていた（『年表稿』）。

源平合戦はじつに飢饉・餓死のあいつぐさなかで戦われていたことになる。したがって、兵士となって戦争に行き、ヒトやモノの略奪を重ねることで命をつなぐ。それが数万といわれる軍隊の実態であった。源平合戦のあいつぐ戦いは、じつは、人びとの生き延びるため、食うための営みでさえあった(藤木『雑兵たちの戦場』前掲)。大飢饉が大軍の動員を可能にしたというのが、戦争の実態であったのではないか。

右の⑤の後段は「養和の大飢饉」として、ことによく知られるが、その飢饉の実情について、『方丈記』はさらに⑥〜⑨のように記す。

⑥これによりて、国々の民、あるいは地を棄てて境を出で、あるいは家を忘れて山に住む。…乞食、路のほとりに多く、愁え悲しむ声、耳に満てり。

⑦明くる年は立ち直るべきかと思うほどに、あまりさえ疫癘うちそいて、まさざまに、あとかたなし。

⑧築地のつら、道のほとりに、飢え死ぬる者のたぐい、数も知らず。

⑨取り捨つるわざも知らねば、くさき香、世界にみち満ちて、変わりゆくかたち、ありさま、目も当てられぬこと多かり。

農民たちは炎旱の耕地やムラや家を棄てて、だれもが他国に乞食となって、路上で食を乞い、悲しみの声をあげている。年が変わっても、惨状は変わらず、疫病に悩まされ、死んで行くばかりだ。こうして路傍に餓死し、放置されている人びとは、とても数え切れないほどだ、というのであった。

二〇〇〇余りもの平家主軍のあっけない潰走の背後には、こうした大軍を支えきれなかった、①〜⑨のような深刻な飢饉がひそんでいたのではないか。源平合戦はこのような過酷な飢饉状況のさなかに戦われていたのであった。

養和元年（一一八一）二月、飢饉のさなかに都の豊かな住民を対象にして、兵粮米を割り当てる方策が採られたが、成功しなかった。「かくの如く人民を費やし、国土を損ずることなし」という『平家物語』の一文を引いた川合氏が「これほどまでに民衆を苦しめ、国土を損亡させたことはない」と評したのは事実そのものであった。

養和から寿永への改元の理由が「兵革・飢饉・疾疫」とされたのは誇張ではなかった。あいつぐ飢饉のさなかの当時、国軍（平氏の軍）に「路次追捕」と呼ばれた兵粮調達の方式は、天皇の軍による公の実力であったが、事実上は、飢えに苦しむ民衆からの公然たる略奪にほかならなかった。

東海道・北陸道での平氏軍の大敗北は、木曽義仲が京都を襲い、「平氏都落ち」「源氏の都入り」を引き起こすことになった。京都の人びとは家財を郊外四方に運び隠しては、失ってしまい、穴を掘って埋め隠しては、朽ちさせてしまった（平家物語）。隠物・預物の惨禍を示す、早い時期の情報であった（川合『源平合戦の虚像を剝ぐ』前掲）。

木曽義仲は京都壊滅の責めを真っ向から問われることになった。

## 壇ノ浦の戦いの裏に

東国からも「関東飢饉のため、上洛の軍勢いくばくならず」という情報が届いていたし(玉葉)、京都も「炎旱の愁い」(日照り続き)で苦しみ、元暦二年(一一八五)には春夏は「大旱」、秋冬は「洪水」から「諸国飢饉」とまでいわれる、大飢饉の再来に見舞われることになった(『年表稿』)。

源頼朝が東国をはじめとして地頭制を開始したころ、西国では平氏の西への没落、源義経の活躍がはじまっていた。

義経軍に追われた平氏は長門国(山口県)に入ったところ、そこもまた飢饉で兵粮もなく、厳島社のある安芸国に引き揚げようとして、その途中で、源氏の軍勢と衝突することになった。義経軍八四〇余艘・平氏軍は五〇〇余艘ともいわれる。だが、じつは平氏軍はわずか一〇〇艘ほどであったという『玉葉』説に、川合氏は注目し、実数はそれよりもっと少なかった、と推測している。

伊予(愛媛県)の港を出た源義経軍は、長門から瀬戸内・北九州の制海権をにぎる、四国・九州の武士たちの圧倒的な援助を得て、平氏の中国脱出を阻止し、長門壇ノ浦の合戦に大勝利をえたのであった。女性や子どもも含めた、平氏軍の無惨な滅亡であった(川合『源平の内乱と公武政権』前掲)。元暦二年は、春夏は大旱、秋冬は風・大洪水で諸国は飢えたといわれ、義経軍は長門に入ったが、そこも飢饉で、兵粮はなかった(吾妻鏡)。

源平の勢力交替の戦いは、その始まりから終わりまで、飢餓につきまとわれていた。だから、地元武士たちをどちらが味方につけるかが必至の課題であった。

## 3　鎌倉期の戦争と飢饉

### 平家の滅亡

『年表稿』によれば、この元暦二年・文治元年（一一八五）には、「諸国飢饉」とか「諸国大旱」「春夏大旱、秋冬風洪水、諸国飢」などの情報があいついで認められる。文治に改元されたのは「兵革」によるとあるから、戦争と凶作・飢饉の間の深刻な関連に注目しなければならない。翌文治二年三月、源頼朝は、前の年の「諸国大旱」「春夏大旱、秋冬風・洪水、諸国飢」という飢饉対策として、未納年貢の免除を発令しなければならないほどであった（吾妻鏡）。

そのさなかに、勧進の呼びかけで行われた、大がかりな東大寺・大仏の復興事業もまた、参加した多くの人夫たちの救済事業（公共投資）の一環にほかならなかった。その様子は「周防の国は地を払って損亡し、故に夫は妻を売り、妻は子を売る。あるいは逃亡、あるいは死亡、数を知らざるものなり。…（文治元年四月）上人（周防に）着岸のとき、国中の飢人雲集するなり」と記録されている（東大寺造立供養記、川合『源平の内乱と公武政権』前掲）。

その勧進の性格は、文治元年（一一八五）八月、大仏の開眼供養の法会の際に、無数の「雑人」たちが、それぞれの腰刀を自発的に舞台に投げ入れた、とされることによって（玉葉）、ことに注目されている（久野修義『日本中世の寺院と社会』塙書房、一九九九年）。

## 奥州の戦争とその後

文治五年(一一八九)七月、「甚雨暴風」という悪天候をついて、陸奥平泉への攻撃が行われ(吾妻鏡)、翌六年は「諸国旱水ともに相侵す」(吾妻鏡)、「諸国旱魃稼穀みのらず」(如是院年代記)、「天下損亡」(一代要記)、「天下一同の不熟」(東大寺文書)などと、戦乱と旱魃・洪水が飢饉を引き起こして広がっていた。「諸国旱水ともに相侵し、民戸みな安んずるなし」(吾妻鏡)とあるから、戦後を大きな台風が襲っていたのであろうか。

戦乱と飢饉の後、路辺に病者・孤児の遺棄を禁じる法が発令されていた(三代制符)。戦場の凶作・飢饉で疲弊・荒廃した奥六郡では、地域住民を救うために、出羽四郡から種子農料を移送して村落の勧農＝復興策が、頼朝から葛西清重に命じられていた(吾妻鏡)。

## 和田合戦・承久の乱

建暦三年(一二一三)五月、東国では和田合戦が起きて、鎌倉幕府の中枢が戦場になったが、鎮圧は早かった。この頃、鎌倉では「炎旱旬に渉る」(吾妻鏡)といわれ、京都でも祈雨の奉幣が行われていた。広域にわたる旱魃のさなかであったらしい。

鎌倉時代の画期となった、承久の乱の影響も深刻であった。建保七年(一二一九)四月は「炎旱」によって承久と改元された。ところが改元後は、大きな台風によって、諸国に大風洪水があいついでいた。

さらに、同三年（一二一二）五月に始まった戦禍によって、各地の荘園で地頭は地位を失い、百姓は没落して年貢は納まらず、「一庄滅亡、言語道断」（鎌倉遺文二九二二）、「兵乱の損亡…当庄一所に限らず」（鎌倉遺文二九九一）ともいわれた。

なお、この戦乱のとき、尾張の熱田社では「当国の住人、恐れて社頭に集まりつつ、神籬《いかき》の内にて、世間の資財・雑具まで用意して、所もなく集まり居たる」（沙石集）といわれ、熱田社に向かう一帯の住民たちの避難行動が目をひいていた（川合『源平合戦の虚像を剥ぐ』前掲）。

## 大飢饉と立法

鎌倉時代の飢饉といえば、「寛喜三年餓死の比」という鎌倉幕府法追加の一句で知られる、寛喜年間（一二三一年前後）の飢饉は、「天下大飢饉」「世上飢饉により百姓多くもって餓死せんとす」「餓死により死人道路に満つ」（『年表稿』）といわれた。

またそれから二七年のちの正嘉年間（一二五八年前後）にも、「大洪水、天下大飢饉、人民死亡」とか「天下五穀実らず。この年、飢饉、餓死者その数を知らず」と正嘉の大飢饉が起きていた。これらの大飢饉は、それらの情報からみても、源平合戦期に劣らない深刻な規模をもっていた。

しかし、すべての飢饉が戦乱を引き起こすわけではなく、寛喜の大飢饉の直後には、貞永式目の名で知られる関東御成敗式目が制定されて、懸命な支配体制の整備・立て直しが行われていた。大飢饉のインパクトが幕府に本格的な法の整備を迫った、とみる必要がある（磯貝富士男『日本中世奴隷制論』校倉書房、二〇〇七年)。

また養和の大飢饉の際にも、飢饉のときに限って、人助けのためなら人身売買を公認する、という幕府追加法が制定され、世間の法(習俗)として、長く生き続けていくことになる。

これら飢饉が生みだした公法や世間の法を、世の中に備わった危機管理策とみることについては、藤木『飢餓と戦争の戦国を行く』(朝日選書、二〇〇一年)を、参照していただきたい。ことに正嘉〜文応年間(一二五七〜一二六一)の大飢饉は、少なくとも七年にわたって続いたのであった。以下、鎌倉幕府追加法①〜⑤を例示しよう。

①延応元年四月十七日(追加法一一二条)

寛喜三年餓死のころ、飢人として出来の輩においては、養育の功労につきて、主人の計らいたるべきの由、定め置かれ畢《おわ》んぬ。

②延応元年五月一日(追加法一一四条)

一、人倫売買の事、禁制これ重し。しかるに飢饉のころ、あるいは妻子眷属を沽却して身命を助け、あるいは身を富徳の家に容れ置きて、世路を渡るの間、寛宥の儀につきて、自然、無沙汰の処、近年、甲乙人等面々の訴訟、成敗に煩あり。所詮、寛喜以後、延応元年四月以前の事においては、…おおよそ自今以後、一向に売買を停止せらるべきの状、…。

③寛元三年二月十六日(追加法二四三条)

寛喜以来飢饉の時、養助の事

無縁の非人は、御成敗に及ばず。親類境界においては、一期の間進退せしむるといえども、売買に及ばず。また子孫相伝に及ぶべからざるなり。

④寛元三年二月十六日（追加法二四四条）

一、人倫売買直物の事

御制以前の事においては、本主糺し返さるべし。御制以後の沽却に至っては、直物を糺し返すべからず。本主分の直物は、祇園・清水寺橋の用途に付せらるべし。またその身においては、本主に返し給うべからず。放免せらるべきなり。

⑤建長七年八月九日（追加法三〇四条）

人倫売買の銭の事、大仏に寄進せられ畢んぬ。

寛喜大飢饉の「餓死」対策として、①「養育の功労」、②「人倫売買」、③「無縁の非人」に対する緊急立法が行われ、「当年の炎旱、例年に過ぐ」といわれた延応元年の大飢饉までは維持された。「畿内一切雨降らず」とか「天下損亡」とか「七月の雹、近来覚えず」といわれた④寛元の飢饉にも、部分的に留保をつけながら、なお維持された。⑤の建長七年には「天下に、はしかをやむことかぎりなし」（妙法寺記）、同八年には「日本大悪作」といわれていた。あいつぐ大飢饉に、幕府も有効な対策が打ち出せなかったことが、以上の①～⑤によって明らかになる。

## 文永・弘安の飢饉

正嘉〜文応にわたった大飢饉が収まって間もなく、文永年間(一二六四〜一二七五)にも断続的に飢饉の情報が知られる。日蓮は「大風吹きて草木をからし、飢饉も年々にゆき、疫病月々におこり、大旱魃ゆきて、河池・田畠、皆かわきぬ」とか、「古《いにしえ》にすぎたる疫病・飢饉・大兵乱はいかに」(鎌倉遺文一三一六九、一三〇九二)と、飢饉と大兵乱の関わりに注目して、あいつぐ異常気象を、モンゴルの襲来とからめる言葉を遺していた。

同五年一月、モンゴルと高麗の使者が国書をもって大宰府(福岡県)に現われ、翌年、対馬の住民を拉致して去った。幕府は博多の防衛を固めさせ、年ごとに繰り返し現われる、高麗・モンゴルの使者に、そのつど返答を拒否した。

ついに文永十一年(一二七四)十月五日、モンゴル軍は大陸・半島の連合軍三万人・九〇〇艘をもって、対馬・壱岐を経由して筑前に上陸したが、大風の被害によって、二〇〇余艘が漂没し、合浦に帰着できた元軍は半ばに満たなかった、とみられている(小林一岳『元寇と南北朝の動乱』吉川弘文館、二〇〇九年)。

この年の気象は早くから悪く、敵軍のいたる頃、日本の気象状況は「今年、炎旱・飢饉・天下多憂」「今年日本国中一同飢渇」という有様であった。大風情報も多く、日蓮自身も、

大風ふきて、…他国よりおそい来るべき前相なり。風これ天地の使いなり。まつり事あらげければ、風あらしと申すはこれなり。

と台風とモンゴル・高麗軍船の襲来を語っていた（鎌倉遺文一四三二六）。

また、日蓮は、こうも語っていた。

天変度々かさなり、地妖しきなる上、大風・大旱はつ・飢饉・疫癘ひまなき上、他国よりせめられて、すでにこうとみえしに、……。

とあるから、飢饉を引き起こしたのは、雨を伴わない旋風か台風であったにちがいない（鎌倉遺文一二二八五）。

ついで弘安年中（一二七八〜一二八七年）に入ると、同二年七月末に、モンゴルの使者周福らが筑紫に入り、幕府・朝廷との交渉を望むが、幕府は使者を博多で斬り捨てにして、折衝をいっさい拒否した。

その弘安元年秋、大雨と大洪水の被害が続くなかで、日蓮は、

富人なくして五穀とも《（乏）》し、商人なくして、人あつまる事なし。

と歎いていた（鎌倉遺文一三一七九）。世の中の流通が止まり、有徳人の救済にも、望みが持てない状況になっていたことがうかがわれる。

さらに同四年六月になると、ふたたび敵軍は三五〇〇艘・兵一四万（元・高麗・南宋軍）をもって筑前や長門に襲来したが、閏七月、またも大風によって、漂没してしまった。俗にいう神風である。

この襲来以前の気候を日蓮は次のように語っている。

天もくもり、地もふるい、大風・かんばち《（旱魃）》し、けかち《（飢渇）》・やくびょう《（疫病）》に、人の死すること、肉わ

ずか、骨はかわらとみえしかば、他国よりもおそいきたれり。

この地をふるわせた大風（神風）というのは、それに伴う旱魃・飢渇の情報からみると、巨大な雨無し台風であったにちがいない（鎌倉遺文一三六七一）。

なお、この大がかりな戦争によって、日本は本格的にグローバルな世界史に巻き込まれていったのだと、この二つの対外戦争の意義を小林一岳氏（前掲書）は強調している。

## 鎌倉末期の飢饉

鎌倉幕府が滅亡する元弘三年（一三三三）まで、およそ十年余りの間の、深刻な気象災害を一覧してみよう（『年表稿』）。元応二年（一三二〇）前後、京都では毎年のように赤斑瘡《あかもがさ》が流行し、この年には「今年の飢饉によって、米穀の高値が続き、世間の飢饉は止めどがないほど」といわれていた。その翌元亨元年（一三二一）にも夏の大旱魃から、「大飢饉・餓死」、翌二年には、能登で「大旱・洪水・餓死」、京でも「夏の大旱が地を枯らして、飢えた人々が地に倒れている」といわれ、その六月には「夏大旱、諸国大飢饉、餓死多し」と記されていた。さらに元亨三年にも「天下大旱、飢饉」といわれ、翌正中元年（一三二四）には一転して、

終夜、大風雨、…今夜の風雨洪水は四十年来未曾有であり、建保（一二一三年）以後、これほどの洪水はないということだ。河という河は溢れて流れ、家々は流失して、人馬の死者数を知らないほどだ。

といわれる惨状であった。

翌正中二年も「大雨、天下大洪水、田畠水損、飢饉」といわれ、翌三年は「四月以来、世間病事流布」により改元（嘉暦）という有様であった。災害によって改元という祈りの習俗がしばしば行われていた。

元徳元年（一三二九）にも「今年咳病流行、人民多死」を理由として改元（元徳）が行われていた。翌二年は「近日、民間に飢饉あり」といわれ、翌元弘元年（一三三一）も疾疫により改元が行われていた。翌正慶元年にも「損亡・飢寒・霖雨」と、きりもないほど連続していた。

## 鎌倉幕府滅亡のさなかに

鎌倉幕府は足利高氏の京都攻撃・新田義貞の鎌倉攻撃などによって滅亡した。その背景を語る『年表稿』にも驚かされる。

元弘から建武に改元された翌年（建武元＝一三三四年）は、「天下に疫癘ありて、病死する者多し」（太平記十二）といわれ、また「去年の不熟・損亡」のため、この年も山で「ワラビ・葛根を掘り」、平地では秋の大洪水に追われながら生き延びるといわれていた（東寺百合文書エ・護国寺供養記）。

翌建武二年（一三三五）は、「去年の大損亡によって、世間は飢饉する」（東寺百合文書ヱ）といわれ、あいつぐ戦争と飢饉によって「兵乱・飢饉・人民餓死」（産福寺年代記）という惨状を呈していた。

政権を握った後醍醐天皇は、借金を減額ないし破棄する徳政令を出していたが、その背後には、このような惨禍が広がっていた。その一端をあげよう。

紀伊(和歌山県)の乙女という貧しい女性は「建武五年(一三三八)の大飢饉にせめられて、他国へ流浪する」ために、重荷になる幼い息子の万千代を「飢饉相伝の沙汰」(「飢饉のさなかに養育すれば、その子を自分のものとしてもいい」という鎌倉幕府法、前掲)を頼りに、あるムラの裕福な社家に売り渡していた(林家文書)。

また、同じ年、大隅(鹿児島県)うは太郎の母は、同じ建武五年の端境期の四月に、九歳になる男児を、「今年はききんにて候ほどに、我が身も、彼のわらわも、うえ死ぬべく候あいだ」といって、二〇〇文で預け、もし秋九月中に、どうしても借金を返せなければ、「相伝の御との人」として「服仕」してもいい、と訴えていた(池端文書)。

この建武五年の大飢饉は「京中飢餓おびただしく候て、洛中にも餓死する人、その数を知らず」とか「世間は秋になり候えども、京都飢饉はいまだ申すばかりなく候」(妙顕寺文書)というように、多くの人びとを苦しめていた。

それは西の都だけではなかった。東の鎌倉でも「炎旱過法にして諸人色を失う」といわれ、鶴岡八幡宮で「祈雨」が行われていたから、この大飢饉は東西日本を覆う惨害であったにちがいない。

そのさなかで、この年、北畠顕家・新田義貞・後醍醐天皇らがあいついで死去し、南北朝の内乱は、新しい局面を迎えていた。南朝側では、懐良親王を征西将軍に任じて九州へ、北畠親房等の軍は海上を東北に転戦していた。大飢饉のさなかをどう生き抜いていたのか。あいつぐ兵乱が、戦場となった全国各地に、飢饉に輪をかけた、過酷な暮らしを強いていたことが偲ばれる。

## 建武式目と飢饉

足利尊氏に答申された政治方針「建武式目条々」が出された、延元元年（一三三六）にも、「兵乱・飢饉・人民餓死」「大洪水」という戦争と自然災害に覆われていた。暦応元年（一三三八）の改元も「兵革」つまり戦争の沈静を祈るためであった。この年も、「飢饉おびただし」とか「餓死する人その数を知らず」（妙顕寺文書）といわれていた。

北畠顕家が鎌倉を発して和泉堺などで戦い、戦死する一方、義良親王を奉じて、伊勢大湊から鎌倉をへて海路を陸奥に逃れた北畠親房らは、台風が東海から奥羽に横断するさなかに翻弄され、親王は伊勢にもどり、吉野で皇太子となり、親房は常陸に漂着し、小田城・関城などで、数々の合戦にまきこまれることになった。この年には、ことに大風雨・颶風・辻風・大洪水などの情報があいついでいる。

## 観応の擾乱と災害

足利政権が整うのと並行して、観応元年（一三五〇）十月、内部の権力抗争が足利尊氏・直義兄弟の対立として激しさをましていった（観応の擾乱）。

この年は春から雨続きで、洪水もってのほかで、四条河原を往来する人もなく、「大雨・大風は四十年来、これほどの大水はなかった」といわれ(観応元年七月)、同じころ薩摩でも、「大風・損亡」といわれている。

四〇年来といえば、鎌倉時代の延慶元年(一三一〇)にあたるが、その年の情報をみると、七月(グレゴリオ暦では八月四日)、「大風吹き、天下損亡」「諸国大風、損害多し」と記録され、能登でも「大風」の記録が同日に並んでいる。さらにその結果、「天下飢饉」になったとあるから、日本を縦断した、巨大台風の記憶であったことは確実である。観応元年の大風も、これに劣らない規模の台風であった、と語られていたのであった。

その巨大台風の被害もようやく収まりかけた十月に、直義は京都を脱出し、尊氏を追討するために南下し、諸国の兵を募ったことになる。明らかに台風が尊氏・直義対立の足を縛っていた形跡である。この直義の行動に対して、光厳上皇は幕府の求めによって、追討の院宣を発すると、直義は講和条件を出して南朝に降伏し、北畠親房と結ぶという意外な挙にでた。

兄の尊氏は高師直とともに播磨の書写山に籠っていたが、和談が成立して、帰京する。だが、直義のライバルであった高師直らは殺されてしまう。ここまでを、第一次観応の擾乱という(小林前掲書)。

尊氏と息子の義詮は京都に帰り、新たに直義との二頭政治が始まるが、それは幕府分裂の始まりでもあった。直義は引退して北陸に向かい、第二次の観応の擾乱がはじまる。

その初秋から、世は「旱甚《ひでり》だし」といわれる炎暑が続くなか、「天下病事、夭折(幼児の死亡)数を知らず」「疫病流行」といわれた。直義は尊氏から勧められた政務復帰を拒否し、北陸からさらに信濃（長野県）・越後（新潟県）・上野（群馬県）を経て、本拠であった鎌倉に向かった（小林前掲書）。

尊氏も直義との決戦にむけて東下し、相模早川尻（小田原市）の決戦で降伏した直義は、鎌倉浄妙寺内に幽閉され、翌年春に死ぬが、これは毒殺だともいわれた（峰岸純夫『足利尊氏と直義』吉川弘文館、二〇〇九年）。なお、この年、「病人数を知らず」とか「天下困窮、飢饉」とか「洛中餓死」といわれたことも念頭に置きたい。

なお、翌文和二年（一三五三）も、「およそ近来、水・旱・風損、年々連続」とか「諸国霖雨・洪水」といわれ、九月には「大風吹き、天下損亡」という台風被害の情報が各地であいついでいた。

## おわりに

中世前期の戦争や政治に、気象災害がどのような影響を与えていたか。その一端を、先学の研究によりながら追究してみた。ことに川合康氏・小林一岳氏の最近の力作に多くを学んだ。このような視角で政治史を読む上で、自作の『日本中世気象災害史年表稿』の、それなりの有効性も確かめることができたように思う。

もとより、気象災害が必ず戦争を引き起こすとまではいえない。だが、激しい気象災害が戦争や政治に無関係でありえなかったことは確実であろう。なお、藤木『飢餓と戦争の戦国を行く』（前掲）第一章をご参照いただければ幸いである。

なぜ大飢饉と戦争が絡み合うのか。その動機はおそらく一様ではないにせよ、飢餓によって弱体化した敵方を襲うのは、戦機としてはチャンスであった。

一方、敵方を蹂躙して、食糧や家財などを略奪するのは、「食うための戦争」に、「駆武者」と呼ばれた、飢えた傭兵たちを大量に集めて戦場に投入し、勝機をつかむことを意味した（藤木『雑兵たちの戦場』前掲）。

# ある荘園の損免と災害——東寺領播磨国矢野荘の場合——

## はじめに

中世荘園の史料をみていると、「損免」の記事がよく目につく。ことに十四世紀から十六世紀初頭にかけて、荘園の「損」（損亡。自然災害による農作物被害）と「免」（年貢等の減免）の問題が急増するようにみえる。だが、いまさかんな室町期荘園制論も、これら荘園の「損」や「免」の問題や実態については、なぜか冷淡なようである。権力論やシステム論だけに、若者の関心が集まっているからであろうか。

各地で現実に起きていたはずの荘園の「損」と「免」の問題、つまり田畑の被災と自然災害と災害控除の間には、実際にはなにも関係がなかったのであろうか。「損」は地域政治の所産であり、現実には虚構だった、というのであろうか。それとも災害などの自然環境論は、タブーとして、忌避されてきたのであろうか。

いったい荘園の現実はどうであったのか。本章で私が具体的に確かめてみたいのは、このことである。私の知る限り、これまでの研究史の主流は、一揆史・闘争史であり、「闘う民衆」「闘う荘園」が主題であり、生活史や環境史への関心は薄かったように思われるからである。

ここで「ある荘園」というのは、闘争史のことに大きな舞台であった、東寺領播磨国矢野荘（兵庫県相生市）のことである。この荘園の領主側の損免システムの実態を、正面からまるごと問題にしたのは、榎原雅治「損免要求と豊凶情報」（同『日本中世地域社会の構造』校倉書房、二〇〇〇年、初出一九九一年。以下、榎原氏の説は同論文による）ただ一編である。また、この荘園の損免事情の背後にひそむ災害情報に、断片的に言及したものも少しはあるが、どれも事件史ふうであり、個々の被災の実情にていねいに目を向け、その全体像にまで検討を加えた研究のあることを、私はまだ知らない。私の知見が狭いだけなのであろうか。

だから、ここでは、かつて農民闘争論・年貢減免闘争論の、華やかな舞台として知られた、播磨国矢野荘の分厚い研究史にもよく学んで、

①この荘園の高い水準の研究成果である『相生市史』史料編・通史編（馬田綾子氏の労作）から採取できた損免情報

②私の手製になる『日本中世気象災害史年表稿』（高志書院、二〇〇七年）の情報

これら①②の双方を年次ごとに個別に対比して、一覧表（別表）に表示することで、この荘園の室町期の損免と災害の関係の有無を、できるだけ個別に、ていねいに検討してみたい。この別表の解読

が、本章の主題である。

なお、①の荘園の損免情報も、②の周辺(世間)の災害情報も、紙幅の制約から、引用の繁多を避けて、個々の出典は省略した。また、表中の文言は必ずしも史料原文通りではなく、意を汲んで書き改めたり、複数の情報を合成したものもある。出典の検索や詳細の追跡や確認は、①②の文献によられたい。

## １　この荘園の損免の概況

さて、この荘園の領主であった京都東寺(学衆方・供僧方)に、かつて伝存した古文書には、一三四三(康永二)年から一五〇三(文亀三)年にわたる(損免記事がそっくり欠けている一四六六年〈文正元〉～八四〈文明十六〉年の二〇年間を除く)一四〇年間にわたって、損亡と損免の情報が断続的に記録されている。

この実質で一四〇年間のうち、じっさいに損亡や損免の問題が史料文言に明記されているのは、約九〇年分・九〇件である。これによれば、この荘園の「損」問題の発生率は六四パーセント強で、およそ二年に一度以上という、かなり高い頻度で、「損」の問題が提起されていたことになる。

このうち、前半の一三四三(康永二)年～九八(応永五)年にわたる、十四世紀後半の「損」の情報は、三五年分＝三五件があり、「損」問題の発生率は、およそ六三パーセントで、全体の傾向と同じく、やはり二年に一度以上の頻度である。これを①の史料群についてみると、損免問題がほとんど連年に及んでいた、という年も少なくなかった様子である。

ただ、全九〇件に及ぶ「損免」問題の記事のすべてに、損＝災害の情報が明記されているわけではなく、多少とも損亡事情がうかがえる記事(★をつけた記事)は、半数の四五件にとどまる。その内訳は旱魃が二三件、風水害が二二件である。これによれば、日照りと長雨が交互に、この荘園を悩ませていたらしい様子がみえてくる。

本章の問題の焦点は、果たして一四〇年間で九〇件(六四パーセント)という損免問題が、この荘園の現実の深刻な被災(気象災害)を根拠にしていたのか、あるいは「年貢減免闘争」自体が単に年中行事化していたにすぎなかったか、である。

かつて、この荘園の現地の動向を「農民闘争」ないし「年貢減免闘争」として論じた論文は、決して少なくない。だが、九〇件にものぼる、数多くの年貢減免要求の背後や基礎に、果たして切実な「損亡」の事実があったかどうかを、個別に部分的にでも確かめようとした、しなやかな実証を伴った論文は、意外に数少ないようである。つまり、この荘園の「農民闘争」の基礎に、現実の「損亡」問題が、どれほど切実な位置を占めていたか、その全体像を「損亡」のすべてにわたって、系統的に追究しようとした論文は、榎原論文のほかは、ほとんどなかったとみられる。

これまで先学によって、長く積み重ねられてきた、この荘園の「年貢減免闘争論」の確かな基礎を固め直すには、あらためて、個々の「損亡」や「損免」の事実にしっかりと根ざした、ムラの生活者の目、したがって地域のヒトと自然環境への確かな目配りが、求められているのではないか。
本章では、個別の損免の事情の確認からの出発を大切にしよう。

以下、別表の解読が主題である。表示した、九〇件の損亡情報を、まず、大まかに十四世紀後半分と十五世紀分に分け、さらに、

①この荘園の損亡事情が判明する分（本文の文頭に★をつけた記事）

②損免（災害控除）の事実だけで、荘内の損亡情報がなく、広く「世間」の情報から損免事情を憶測した分（文頭に☆をつけた記事）

とを、できるだけ峻別・明記して、別表の解読を進めよう。

【十四世紀後半の損亡情報】　（★印は、矢野荘と諸国の災害情報の一致を示す）

| 年号 | 西暦 | 矢野荘の災害情報 | | 世間の災害情報 |
|---|---|---|---|---|
| 康永　二 | 一三四三 | 百姓等歎申入、三九石損免 | | 炎旱、洪水過法、大風雨、旱魃 |
| 康永　三 | 一三四四 | 百姓等申請、損田一〇町四〇代、一二〇石免、小百姓皆損御免 | | 洪水、日本大水、不実皆損 |
| 貞和　一 | 一三四五 | （実検以後、損免を認めぬ定免制となる『相生市史第二巻』一六八頁） | | 大風不止、皆損餓死、咳病世間流布 |
| 貞和　二 | 一三四六 | 重申状、三〇石損亡、三年大損亡 | | 大雨甚雨、畿内以外洪水、大風樹木転倒 |
| 貞和　三 | 一三四七 | 一五石免 | | 霖雨過法、水損満耳 |
| 貞和　五 | 一三四九 | 名主百姓等連署起請文、洪水、流損 | ★ | 大風雨、以外洪水、日本飢饉 |
| 観応　一 | 一三五〇 | 引付、洪水井料事 | ★ | 洪水以外、四十年以後、此程之大水無之 |
| 文和　二 | 一三五三 | 西方名主百姓等（重）申状、大損亡四〇石余 | | 天下大損亡、大風…顚倒 |

| | | | | | |
|---|---|---|---|---|---|
| 延文 | 四 | 一三五九 | 引付、半分御免 | | 炎旱改元、大風雨、暴風雨、天下疫病、人民多死 |
| 康安 | 一 | 一三六一 | 百姓等申、大風二〇石損免 | ★ | 飢饉、京師大風、天下大疫、夏寒気寒風、夏大雪降 |
| 康安 | 二 | 一三六二 | 実円以下捧起請文、世上物忩之時分、田半損三分一免、畠三分二免 | | 諸国大飢、旱魃、改元—依兵革・天変・地震 |
| 貞治 | 二 | 一三六三 | 道印申詞条々、畠雑穀三分二損、旱魃損亡二〇石、依損亡、一粒不納 | ★ | 炎旱、国中大飢、祈雨奉幣 |
| 貞治 | 三 | 一三六四 | 年貢等散用状、栗皆損 | | 霖雨、洪水以外、止雨奉幣 |
| 貞治 | 四 | 一三六五 | 年貢等散用状他、旱水損一五石、大洪水・河成 | ★ | 洪水、天下大咳病 |
| 貞治 | 五 | 一三六六 | 年貢等散用状・坪付注進状、両度川成 | ★ | 暴風、大風大雨、田畠損失、飢疫、世間病事、死者盈街 |
| 貞治 | 六 | 一三六七 | 名主百姓等連署申状、大旱魃大損亡、三分一＝五〇（三〇？）石免 | ★ | 祈雨、炎旱以外、東西疫病流行、改元—兵革・天変・流病・地妖 |
| 応安 | 一 | 一三六八 | 名主百姓等連署重申状、旱魃損亡巨多 | ★ | 天下大旱、飢饉 |
| 応安 | 三 | 一三七〇 | 未進年貢散用状、水損 | ★ | 洪水、飢饉、東国大風、飢饉流行 |
| 応安 | 五 | 一三七二 | 年貢等散用状、天満宮・大僻宮両社の雨請神楽の料足 | ★ | 旱魃、祈雨奉幣 |
| 応安 | 六 | 一三七三 | 百姓一人上洛し申状を捧げ歎申、炎旱・霖雨、当年大風平均、栗皆損、一五石免 | ★ | 大風、疫病流行 |
| 永和 | 二 | 一三七六 | 百姓等申、河成田坪付注進状、三ケ度大水、河成 | ★ | 水害、諸荘水損 |
| 永和 | 三 | 一三七七 | 河成、三一石未進 | ★ | 洪水、丹波・若狭水損、諸国山崩、日本大旱魃・大悪作・飢饉 |
| 永和 | 三 | 一三七七 | 惣荘一揆・逃散 | | 代官祐尊排斥事件 |
| 永和 | 四 | 一三七八 | 年貢等散用状、河成 | ★ | 諸国大風、疫病流行、天下人飢 |
| 康暦 | 二 | 一三八〇 | 百姓申状、損亡、損免重ねて五石、総額不明 | | 不作川成、赤斑瘡流布、暴風 |

| | | | | |
|---|---|---|---|---|
| 永徳　一 | 一三八一 | 重半損之由歎申、百姓等称焼、代官注進状、国中平均損亡、半損、旱魃不納四〇石免 | ★ | 祈雨、疱瘡祈禱 |
| 永徳　二 | 一三八二 | 年貢等散用状、畠川成、 | | |
| 永徳　三 | 一三八三 | 引付、畠川成、栗大風皆損、一五石免 | ★ | 水損、洛中疫病流行、天下飢饉 |
| 至徳　三 | 一三八六 | 百姓等旱魃損亡目安、 | ★ | 炎旱、祈雨、疾病流行 |
| 至徳　四 | 一三八七 | 代官方より内々申す、損免一三石 | | 諸国疫病流行、改元―去春疾疫流行…大赦天下 |
| 明徳　一 | 一三九〇 | 重ねて起請を以て歎申、損亡二五石 | | 霖雨洪水、天下大飢饉、改元―疾疫未休…大赦天下 |
| 明徳　二 | 一三九一 | 重ねて数か度申状を捧ぐ、損亡一〇石 | | 天下大飢饉、飢饉餓死 |
| 明徳　三 | 一三九二 | 年貢等散用状、焼田、損亡重ねて五石免、全額不明 | ★ | 亦天下大飢、陸奥大旱 |
| 明徳　四 | 一三九三 | 大損亡に歎申、焼田分用水懸らず | ★ | 大旱、炎旱渉旬、天下大飢／土一揆、損免を求めて申状・強訴・逃散 |
| 応永　一 | 一三九四 | 虫付により百姓等上申、焼田、虫損、損免額不明 | ★ | 改元―疱瘡・旱魃、天下飢、備中で夏麦悉皆損亡 |
| 応永　二 | 一三九五 | 年貢等散用状、早田皆損、虫損、百姓訴訟、政所明済を訴える | | 大雨洪水 |
| 応永　三 | 一三九六 | 川成、一揆・強訴 | | 水損不作、川成 |
| 応永　四 | 一三九七 | 引付、損失六町ばかり田所申す、川成、先に五石免、全額不明 | ★ | 大風洪水、諸国旱損、大風損亡 |
| 応永　五 | 一三九八 | 刑部上洛し損亡事歎申、川成か損亡、損免五石以上か、額不明 | ★ | 洪水水損、天下大損亡、西国旱魃洪水 |

【十五世紀の損亡情報】

| | | | | |
|---|---|---|---|---|
| 応永　九 | 一四〇二 | 引付、損亡二五石免除 | | 大風洪水、諸国大旱、夏大旱・秋洪水大風 |

ある荘園の損免と災害

| | | | | |
|---|---|---|---|---|
| 応永一二 | 一四〇五 | 重ねて告文を捧げ歎申、損亡三〇石免除 | | 天下損亡、人民多渇死、大雨、日本洪水・大飢饉 |
| 応永一四 | 一四〇七 | 百姓等重ねて歎申、当年諸方損亡、二五石免除 | | 大干魃、大風・洪水、殊更当年損亡 |
| 応永一五 | 一四〇八 | 百姓等起請を捧げ注進歎申、旱魃皆損、旱魃以外損失、年貢三分一免以上か | ★ | 旱魃、以外干損、大飢、諸国三日病流行 |
| 応永一六 | 一四〇九 | 年貢等散用状、川成、上使下向検知 | ★ | 五月雨・雹、天下大飢渇、人民死、五、六月、三日病 |
| 応永一九 | 一四一二 | 引付、損亡二五石 | | 日本大飢饉、飢渇 |
| 応永二〇 | 一四一三 | 代官注進、百姓等強訴、年貢散用状、焼田分三〇石免、雑穀日照損亡 | ★ | 以外炎旱、祈雨、東国大風 |
| 応永二一 | 一四一四 | 百姓捧起請文連判、洪水損亡二〇石免 | ★ | 大雨大風 |
| 応永二二 | 一四一五 | 重ねて名主等起請連判を捧げ、半損百姓等申上、半損九〇石免 | | 大風雨、大山荘損亡三分一、京寒スルコト、フユノコトシ、七月冷気甚、日吉神輿入洛 |
| 応永二三 | 一四一六 | 起請文を捧げ百姓重ねて歎申、年貢等散用状、焼田皆損、損亡国中無其隠、以外稲作損失、九〇石免 | ★ | 夏大旱・雨乞、大風・長雨以外 |
| 応永二五 | 一四一八 | 代官上洛、地下皆損之由申入、大旱魃・荒不作、七八・五石免、一二〇石免か | | 大風、諸国大木折る |
| 応永二六 | 一四一九 | 損亡重ねて歎申、八〇石損免 | | 霖雨洪水、関東諸国大旱魃・大地震・飢饉、京都・陸奥大洪水 |
| 応永二七 | 一四二〇 | 年貢散用状、大旱魃皆損、炎旱により一〇〇石免除、雑穀四分一免 | ★ | 日焼皆損、天下大旱・大飢、天下大飢饉 |

| | | | | |
|---|---|---|---|---|
| 応永二九 | 一四二二 | 損亡注進代官色々申、大旱魃皆損、学衆方一七〇石・廿一口方五〇石免、大方播磨国旱魃以外 | ★ | 丹波大山西田井皆損、京都旱魃・大風、上野五月大雪降三尺余 |
| 応永三〇 | 一四二三 | 百姓等上状并注進状、国中損亡所々、大概その聞こえあり、一〇〇石免、大水？ | | 霖雨、天下悉損、五月雹降る、以外洪水、田地損亡、人民周章、大風甚雨 |
| 応永三二 | 一四二五 | 前々上洛歎申、数日歎申、大雨・大風損亡、百姓失せる、三二石免 | ★ | 大地震、大風洪水、大雨大洪水以外 |
| 応永三三 | 一四二六 | 損免事重猶申上、損免二〇石 | | 損亡流田、大洪水、田畠大損、止雨奉幣、東国夏大旱 |
| 応永三四 | 一四二七 | 年貢散用状、重損亡、損免六五石 | | 大洪水、春夏洪水数度、祈雨奉幣、大洪水あいつぐ、止雨奉幣、東国大洪水 |
| 正長　一 | 一四二八 | 上原性智書状、当国御徳政　※正長二年まで一国一揆つづく | | 大雨洪水・諸国悪作、大飢饉、今年天下飢饉 |
| 正長　二 | 一四二九 | 水田斗代損免注進、損亡のことにより田所参洛、地下旱魃以外、九〇石免 | ★ | 天下大飢饉、祈雨奉幣、炎旱祈禱、飢寒の艱難、国一揆蜂起 |
| 永享　二 | 一四三〇 | 年貢散用状、損亡分四二石、損免三〇石？ | | 上久世、大風大水堤切、七〇石損免、大雨大風以外、甚雨大風破損洪水、止雨奉幣 |
| 永享　四 | 一四三二 | 目安を以て申上、重色々歎申、旱損三五石免 | ★ | 祈雨奉幣、疾疫、洪水 |
| 永享　五 | 一四三三 | 大旱魃の目安を捧ぐ、田所、地下目安を持参、皆損、当年年貢これなし | ★ | 播磨此年旱魃皆損、大和炎旱、遠江以外大旱魃、京炎旱、紀伊当年ききん、祈雨奉幣 |
| 永享　六 | 一四三四 | 損亡のこと目安を以て申、損免二五石、雨請、天神御前にて大酒 | ★ | 諸国炎旱、大山荘旱損、祈雨奉幣、疫疾、飢死者多 |
| 永享　七 | 一四三五 | 損亡のこと重ねて目安を以て歎申、損亡五〇石、損免三〇石 | | 大風雨、山城洪水、井口溝悉埋、加賀水損、京甚雨洪水 |

## ある荘園の損免と災害

| | | | | |
|---|---|---|---|---|
| 永享　八 | 一四三六 | 引付、損免八〇石、雨乞両度、大般若読経大避宮にて | ★ | 加賀旱、五穀絶、京旱魃、炎旱以外、大和炎旱、会津大日照、請雨祈禱 |
| 永享　九 | 一四三七 | 田所参洛、地下目安并強文持参、三分二損要求、川成、三分一損、六七石免除 | ★ | 霖雨長雨、天下不熟、去年炎旱、当年洪水、天災の至万民周章、諸国大飢饉、止雨奉幣 |
| 永享一一 | 一四三九 | 猶田所支歎申、三分二損を要求、川成、三分一損免六七石＋五石＝七二石免、 | ★ | 京大洪水六、七度、会津大風雨洪水、止雨奉幣、祈雨奉幣 |
| 永享一二 | 一四四〇 | 散用状、川成、上使検注 | ★ | 城南洪水、大和大水埋溝、不及一作、伊勢暴風雨大木顚倒、日本大飢饉 |
| 嘉吉　一 | 一四四一 | 名主百姓等三分一得の目安を捧ぐ、代官半損を申す、三分二損、半損免 | | 能登大餓死、京春夏炎旱、天下一同ハシカ病、鴨川洪水、四条五条橋流、止雨奉幣　※嘉吉の乱 |
| 嘉吉　二 | 一四四二 | 引付、五五石損 | | 京・越後大洪水、世上病事流布、俗称三日病、止雨奉幣 |
| 嘉吉　三 | 一四四三 | 百姓参洛申、損亡、河成、損亡損免額不明 | ★ | 丹波大洪水、大風洪水、諸国洪水、山城伏見郷炎旱逃散、駿河大旱魃、京炎旱以外、民間愁頻、祈雨奉幣、大雨洪水、洛中如大河 |
| 文安　一 | 一四四四 | 年貢等散用状、三分二損、七三石余引く | | 奈良洪水、豊前夏大雪、大サ如棗、京夏大雹降、大如棗、丹波大山、木竹までも日焼損、うえかつへ、祈雨 |
| 文安　二 | 一四四五 | 御百姓罷上、当年損亡以外のことなり、検使を要求、惣荘皆損、川成か、三分一免？ | ★ | 大雨洪永、大風雨、諸国大略大木倒 |
| 文安　四 | 一四四七 | 地下目安披露、半損～三分二損～四分三損 | | 能登大風洪水炎旱、京・大和炎天以外、上久世損亡、祈雨奉幣、京畿・諸国三日病 |
| 文安　五 | 一四四八 | 重ねて百姓罷上り歎申、六〇石免 | | 霖雨、天下大水損、水災・地震・疫疾、天下に飢饉す |

| | | | | |
|---|---|---|---|---|
| 宝徳　一 | 一四四九 | 重ねて内田罷上り歎申、三五石免 | | 大雨洪水、止雨奉幣、京都疫癘流布、又飢饉以外、改元—水害・地震・疾疫・飢饉 |
| 宝徳　二 | 一四五〇 | 重ねて内田罷上り目安を捧げ歎申、三分一（二）損、六六・五石免 | | 大風大雨、諸国疫疾流行 |
| 享徳　三 | 一四五四 | 注進重ねて申す、四分一損免か | | 止雨奉幣、風雨甚、土一揆蜂起、改元—天下疱瘡 |
| 康正　二 | 一四五六 | 内田罷上り歎申、四〇石免 | | 甚雨、洪水以外、日々炎旱、大餓死、改元—天下不静・飢饉か |
| 長禄　二 | 一四五八 | 地下損免使一人上洛、六分五損、三分二損免六九・三石 | | 炎旱無足、大旱魃人死、去年より炎旱 |
| （請負代官制となる『相生市史第二巻』二八八頁） | | | | |
| 寛正　一 | 一四六〇 | 引付、五分一損免、年貢等散用状、大僻宮雨祝出銭半分、 | ★ | 旱魃、炎旱、諸国飢饉、疾病流行 |
| 寛正　三 | 一四六二 | 引付、五分一損免 | | 洪水、凶年、猶雨降、以外霖雨、五月事外寒気 |
| 寛正　四 | 一四六三 | 損亡事申、損訖之由、三分一損か、四分一免許 | | 大風雨、諸国疾疫、人民多死 |
| 寛正　六 | 一四六五 | 代官損亡を注進、請文と大いに相違、損免拒否か | | 大風雨、洪水、旱魃皆損 |
| （以後二〇年のあいだ損亡記事なし） | | | | |
| 文明一七 | 一四八五 | 代官野洲申、世間悪病、数十人死、国の儀正躰なきか | ★ | 天下大疫、病事流布、炎旱暑熱 |
| 明応　五 | 一四九六 | 赤松性喜書状、在所一向干損候 | ★ | 炎旱、諸国大旱、民間炎旱愁 |
| 明応　七 | 一四九八 | 公用銭請取状、皆損 | | 炎旱 |

| | | | | |
|---|---|---|---|---|
| 明応 八 | 一四九九 | 赤松性喜書状、殊に山家当毛不出穂…言語道断の式…百姓難在足 | ★ | 大寒、以外不熟 |
| 明応 九 | 一五〇〇 | 宝輪院宗承書状、不熟・怱劇…公用無沙汰 | | 霖雨、天下疫癘 |
| 文亀 三 | 一五〇三 | 公用運送状、一円の旱損、国の旱損、御領に限らず | ★ | 天下大旱、年中大旱魃 |

## 2　十四世紀後半の損亡

この荘園の年貢収取は、鎌倉末期には検見制であった。

一三三五（建武二）年には、同年の現地の「河成《かわなり》」（洪水）など、河川の氾濫による損亡状況の内検が実施され、「内検名寄取帳」が作成された。一三三九（暦応二）年には、その内検帳をもとに、新河・岡成・損などを詳記した「定帳」が作成されていた。矢野荘例名貞次名では、定め三反一五（歩ヵ）のうち「損」は一反余り（三分の一）に上っていた（黒川直則「中世一揆史研究の前進のために—史料と方法」『一揆』五、東京大学出版会、一九八一年）。しかし、南北朝初期（一三三九年頃以降ヵ、暦応年間）には、「天下一同大損亡」のとき以外は定免制、となっていたという（佐々木久彦「南北朝期における農民の動向」『国史学』八〇、一九六九年）。定免制は領主側（年貢定量の確保）にも、荘民側（剰余の在地留保）にも、ともに都合のよい、絶妙なシステムとなるはずであった。

ところが、現実はちがっていた。「損免」要求の初出は、☆定免制のスタート直後の一三四三（康永二〇年である。このとき、百姓等の申し入れで、早くも三九石の損免を得ているが、現地の損亡＝災害の特記はない。この年、世間には「洪水過法、大風雨、旱魃」などが交互に襲っていた様子である。

☆翌一三四四（康永三）年には、百姓の申請で二〇石のわずかな損免を得ているが、「小百姓皆損御免」とあるから、小百姓は全免を得ていた。世間には、「日本大水、不実皆損」という情報が対応する。☆翌四五年には、改めて実検以後、損免を認めない定免制となる。だがこの年、世間では「大風止まず、皆損餓死、咳病世間流布」とあった。この年以後の定免制の行方が、この後、大きな課題となる。

☆あらたに定免制となった翌一三四六（貞和二）年にも、この荘では重ねて三〇石の損亡、三年の大損亡を申し立てている。この年、世間では「畿内以外洪水」と、水害に見舞われていた。☆その翌年にも、この荘は一五石の「免」を得ていたが、世間では「霖雨過法、水損」などとあり、各地で二年越しで水害があいついでいたらしい。

★一三四九（貞和五）年にもこの荘では、二八名の「名主百姓等連署起請文」をもって「洪水、流損」を申し立て、領主側も「流損」の場合は、代官・公文・田所らによる内検・起請文の提出を許容していた。定免制といっても、災害控除の余地は認めていたことになる。このとき世間の情報にも「大風雨、以外洪水、日本飢饉」などと、双方の情報に一致が認められる。だから、この荘の損免請求も虚構ではなかったといえる。現地の代官田所氏も、内検帳に起請文を添えて「当年、河成ならびに水損、見及びせしめ候処、内検帳進上」と、現地の水害事実を詳しく報告していた（黒川前掲）。

笛木（いま福島）紀子氏は、このときの損免理由は「河成・水損」であったこと、そのため同九月に二通の内検帳（災害調査書）が作られたことに注目し、その帳簿の語る被害状況を詳しく分析していた（「損免要求と荘家一揆」『法政史学』三四、一九八一年。のち同『中世後期の在地社会と荘園制』同成社、二〇一一年所収。以下、笛木氏の説は同論文による）。

それによれば、この荘園の水害は、矢野川の最奥のノウケイ谷から、矢野川と小河川の合流する七条・十三条など、平野部にかけてがもっともひどく、一方、これら河川流域から離れた、溜池灌漑の地帯には、水損の被害は少なかった、と結論している。実際の内検帳と現地の地形に即して、災害の実態を丹念に復元した、まことに貴重な指摘であった。

★一三五〇（観応元）年の領主側の記録でも「洪水井料事」が問題となり、世間でも「洪水以外、四十年以後、此程之大水無之」といわれていた。だが、領主側は「天下一同豊饒」として、この災害控除の請求を却下していた（佐々木前掲）。東寺側の損免情報と世間の実情との大きな齟齬が、印象的である。

現実には、この荘でも「去年未進事…もし猶難渋せしむるの名主・百姓等においては、速やかに名田を収公せらるべし」と、損免の有無にかかわらず、現実には、去年から未進・難渋が続いていた（佐々木前掲）。榎原氏が明らかにした領主側の損免システム（原則）と、荘園の現地で現実に起きていた名主・百姓側の未進(実情)のギャップには、十分に留意しておく必要がある。年貢未進＝名田収公という領主側の路線をめぐっては、この荘園の現地で「一荘ことごとく一揆」という事態が起きていたことが先行研究に明らかである。

☆一三五三(文和二)年、この荘の西方名主百姓等は重ねて「大損亡四〇石余」を求めていた。これについて、佐藤和彦氏は、豊作の年であったのに、時ならぬ恣意的な夫役がかけられ、作期を違えてしまった結果、大損亡になったとし、「豊饒年たりといえども…作期の違いにより、損亡におよぶべく候、その上、当年は大損亡に候」という、現地側の主張を紹介している(「戦乱・災害と民衆生活」『南北朝内乱史論』東京大学出版会、一九七九年、初出一九七五年)。

この荘の主張から、佐藤氏は大損亡は人災であった、と説いたのであった。だが「当年は大損亡」というのが現実であり、「豊饒年たりといえども」という文言は、「仮に豊作の年であっても」というのが、正確な文意であり、実情が「豊饒年」であったわけではない。世間でも「天下大損亡、大風…顚倒」とあって、台風被害が広がっていた形跡である。

☆一三五九(延文四)年には、この荘は「半分御免」という、かなり大幅な損害控除を得ていた。損亡理由はここでも明記されないが、世間では「炎旱改元」とあるから、あるいは旱魃による損亡が広がっていたのであったか。

★一三六一(康安元)年には百姓等が「大風、二〇石損免」を要求していた。京都でも「京師大風」、世間でも「夏寒気寒風」といわれた。情報の一致が注目される。ただし、佐藤氏は、年貢の減少は「国中大争乱」による兵粮米・人夫徴発の結果だ、という荘官らの書状をあげて、この損免は人災によるものであり、その要求は政治闘争だった、とみていた形跡である。

★一三六三(貞治二)年には「畠雑穀三分二損、旱魃損亡二〇石、依損亡、一粒不納」といわれ、旱魃により現実には「一粒不納」と、年貢は壊滅していた。世間でも「炎旱、国中大飢、祈雨奉幣」とあった。これでも剰余の分割闘争といえようか。

★一三六五(貞治四)年には、「旱水損一五石、大洪水・河成」とあり、同じ年内に旱魃のあと洪水に襲われていた。世間でも「洪水」と、事情は同じであった。★翌六六年は「両度川成」とあり、世間でも「暴風、大風大雨、田畠損失」といわれた。

★翌一三六七(貞治六)年には、名主百姓が連署して「大旱魃大損亡」を訴え「三分一免」を求めていた。世間でも「炎旱以外、東西疫病流行」といわれた。笛木氏は、このときの名主百姓等の連署起請文には、四三人もの連署(なお一三四九〈貞和五〉年の連署起請文には二八名が連署)があることに注目し、冷夏・旱魃などによる、この荘全域にわたる、作稲の被害であったか、と推測している。連署にいう通り「大旱魃」が実体だったのではないか。★一三六八(応安元)年に名主・百姓等が重ねて連署して「旱魃損亡巨多」を訴え、世間でも「天下大旱、飢饉」といわれた。二年続きの旱魃で、世間の情報との一致がみられる。

★一三七〇(応安三)年には「水損」により「未進年貢」が出ていた。世間でも「洪水、飢饉、東国大風」とあった。★一三七二年には、荘の鎮守社で「雨請神楽」が行われ、領主もその経費の負担を求められていた。世間でも「旱魃、祈雨奉幣」とあり、旱魃は大きく広がっていた。★翌七三年には、百姓が上洛して「炎旱・霖雨、当年大風平均、栗皆損」を訴えていた。世間でも「大風、疫病流行」といわれた。★一三七六(永和二)年には百姓たちが「三ヶ度大水、河成」を訴え、世間でも「諸荘水損」とあった。佐藤氏は、この年の「川成注進状」を引いて「当年の三度に及ぶ大洪水で、田畠の多くが河に成ってしまった」という検見要求を、農民の年貢減免闘争として評価していた(「惣荘一揆の展開」『南北朝内乱史論』初出一九七三年)。氏はここから農民相互の地域的結合の展開や、生産闘争と階級闘争の有機的連関までも見通しているが、政治論文風で実態はわからず、災害の現実の有無を確認する具体的な追究もみられない。

★一三七七(永和三)年には「河成、三一石未進」とあり、世間では「洪水、丹波・若狭水損」などとみえるから、西国は水害の年であったらしい。ただ、この荘では、代官祐尊排斥事件といわれる、有力名主実長に指導された、「惣庄五十余名々主数十人、一味同心」という、大がかりな惣荘一揆・逃散(耕作放棄)が起きていたが、守護赤松氏の介入弾圧を招いたことでも知られる(前掲の佐藤・佐々木・黒川論文)。

これまでの研究史のなかでは、もっぱら、荘民による政治闘争、とのみ見られてきた様子で、「農民たちは労働力収奪に対して、剰余労働を自己の手元に確保せんとした」と論じられてきた。だが、現実の「未進」が三一石余にのぼるという、厳しい「河成」という被災の現実(黒川氏は、この未進総額を「厖大な額」とみている)から、果たして洪水のなかで、どのような剰余労働が生まれていたのか。洪水はウソで、「未進」は剰余労働の確保であった、というのであろうか。未進＝剰余労働についての、ていねいな説明は、管見の限り、どの矢野荘研究にもみあたらない。被災と未進という現実をどうみるか、生活史の次元での、委細をつくした言及が必要であったのではないか。

★翌一三七八(永和四)年にも、年貢散用状には同じく「河成」と明記され、世間でも「諸国大風」とあるから、ともに台風の影響か。この荘では、現実にやはり水害が連続していたのではないか。一揆＝剰余労働確保運動説では、あまりに抽象かつ飛躍に過ぎ、名主百姓たちが、あいつぐ被災の現実とどう向き合い、水害とどう格闘したかを、無視した空論になっていたのではないか。

☆一三八〇(康暦二)年には、百姓等が「損亡」の申状を繰り返し捧げて、損免を求めているが、総損免額は不明である。世間では「不作川成」「暴風」とあった。★翌一三八一(永徳元)年、この荘の百姓や代官の要求で「焼」「国中平均損亡、半損、旱魃不納四〇石免」がみえ、京でも「祈雨」つまり公式の雨乞いが執行され、旱魃が広がっていた。★八三年には、「畠川成、栗大風皆損」とあり、世間でも「水損」がみえる。

★一三八六(至徳三)年には、「百姓等旱魃損亡目安」の要求が出され、世間でも「炎旱、祈雨、疾病流行」とあった。☆翌八七年には、代官方の内々の申請によって、損免一二石がみえるが、世間では「諸国疫病流行」とあって、これを理由に改元が行われていた。☆一三九〇(明徳元)年には、重ねての起請による要求で損亡二五石がみえる。世間では「霖雨洪水、天下大飢饉」とみえ、さらに疫病の流行で改元が行われていた。☆翌九一年にも、数度の要求によって、損亡一〇石が追加されていた。世間では「天下大飢饉」とあった。

★一三九二（明徳三）年、「焼田、損亡」となり、世間でも「また天下大飢、陸奥大旱」と、東西に旱魃が広がっていた。★翌九三年、「大損亡に歎申、焼田分用水懸からず」とあり、佐藤「惣荘一揆」論でも、この年は「天下大旱魃」「炎旱以外、田畠青草を見ず」（三宝院文書）を傍証として、これを明徳・応永の強訴逃散事件の発端と位置づけている。確かに世間でも「大旱、炎旱旬に渉る、天下大飢」と深刻であった。

★一三九四（応永元）年、「焼田、虫損」と、前年に続いて、旱魃による損亡があり、備中では「夏麦悉皆損亡」で、京では疱瘡・旱魃のため改元が行われた。☆翌九五年「早田皆損、虫損」で、百姓たちが政所の明済を訴え、荘民の半数が逃散する、という大事件が起きていた。佐藤氏は逃散による耕作放棄が虫損の原因かと、人災説をとっている（「惣荘一揆の展開」）。山城では「大雨洪水」とあった。虫損＝人災説はあたっていたか。

☆一三九六（応永三）年には、「川成、一揆・強訴」とみえ、世間では「水損不作、川成」とあった。★翌九七年は「川成」による損失があり、世間でも「大風洪水」とあった。★翌九八年にも「川成」による損免があり、世間では「洪水水損」「西国旱魃洪水」とあった。それぞれ、この荘と世間の情報とに、明らかな一致が認められる。

## 3　十五世紀前半の損亡

十五世紀にはいると、この荘園の現地側の具体的な損亡情報は急増する。

☆一四〇二(応永九)年には「損亡二五石」が免除され、損亡の事実が認定されていた。世間では「夏大旱・秋洪水大風」といわれたから、二重の災害であったか。☆一四〇七年、百姓等の重ねての歎きで、「当年諸方損亡」によって「二五石免除」を認めさせた。世間では、「大干魃、大風・洪水」と、旱損と台風被害を思わせる。

★一四〇八(応永十五)年、百姓等が連署起請をもって「旱魃皆損」を訴えていた。世間でも「旱魃、以外干損、大飢」という、よく似た情報があった。★翌〇九年は、一転して「川成、上使下向検知」という事態となった。世間でも「五月雨・雹、天下大飢渇」といわれた。☆ついで一四一二年には、損亡二五石が決定された。世間では「日本大飢饉」とあった。★翌一三年には、「百姓等強訴」「焼田」「雑穀日照損亡」とあり、田畠ともに旱魃にみまわれていた。世間でも「以外炎旱、祈雨」といわれ、旱魃情報の一致が認められる。

★翌一四一四(応永二十一)年には一転して「洪水損亡」となり、百姓たちは連判の起請文によって損免を求めた。世間でも「大雨大風」とあった。台風だったのであろうか。半損免という要求は翌年まで続けられ、九〇石もの大きな半損免をかちとっていた。

☆一四一五(応永二十二)年、名主等の重ねての連判起請によって、要求通りに「半損九〇石」をかちえていた。世間では「大風雨、大山荘損亡三分一、京寒すること冬のごとし、七月冷気甚」といわれた、厳しい冷夏であったらしい。この荘の半損獲得の裏には、冷夏不作という事情があったものか。★翌一六年も「焼田皆損、損亡国中その隠れなし、以外稲作損失」と、旱魃による損亡を申し立てて、同じく九〇石という大きな損免をえていた。

☆一四一八(応永二十五)年には代官が上洛して「地下皆損」「大旱魃・荒不作」を訴え、一二〇石という前例のないほど大きな損免を獲得していた形跡である。世間でも「大風、諸国大木折る」といわれていた。これも台風被害か。榎原氏のいう、損免システムの作動の結果であったか。

☆一四一九(応永二十六)年には、損亡を重ねて申し立て、大きな「八〇石損免」をえていた。世間では、「霖雨洪水」という長雨による洪水が広がっていた。

★一四二〇(応永二十七)年は、年貢散用の結果、「大旱魃皆損、炎旱により一〇〇石免除、雑穀四分一免」という、とくに田方の大幅な損免となった。世間でも「日焼皆損、天下大旱・大飢」であった。佐藤氏も、この年、畿内・西国を襲った旱魃は激しく、『看聞日記』に「諸国の貧人上洛し、乞食充満、餓死者数を知らず」とあるのを、珍しく引いている(「戦乱・災害と民衆生活」)。

★一四二二(応永二十九)年、代官の損亡注進によれば、「大旱魃皆損、学衆方一七〇石・廿一口方五〇石免、大方播磨国旱魃以外」という、旱魃による大損亡であった。世間でも「丹波大山西田井皆損、京都旱魃・大風」といわれた。代官の過大申告とも思えない。☆翌二三年には、百姓等の注進で「国中損亡所々、大概その聞こえあり」として、一〇〇石の大きな損免を獲得した。世間でも「霖雨、天下悉損」「以外洪水、田地損亡、人民周章、大風甚雨」といわれていた。大型の損免は大水害の結果であったか。榎原氏のいう領主側の損免システムの作動例であろうか。

★一四二五(応永三十二)年にも、「大雨・大風損亡、百姓失せる」といわれ、世間では「大地震、大風洪水」とあった。☆翌二六年には、「損免」要求を繰り返し、「損免二〇石」をえていた。世間では「大洪水、田畠大損、止雨奉幣」と、大雨・大洪水がこの荘にも続いていたものか。☆翌二七年、重ねての損亡として、「損免六五石」と、損免額が大幅に増えていた。この年もまた世間でも「春夏洪水数度」「大洪水あいつぐ」とあった。

こうして大洪水が三ヵ年も連続したあげく、☆一四二八(正長元)年から翌年にかけては、徳政一揆が起きていた。世間には「大雨洪水・諸国悪作」「天下飢饉」とあった。佐藤氏はこの年から嘉吉年中(一四四一～四四)にかけての段階は、「民衆運動史にとって、一つの飛躍の時期」であったと論じていた(「戦乱・災害と民衆生活」)。ただ、氏は「戦乱・災害」を立論の標題に掲げながら、この「飛躍の時期」と自然環境の悪化、災害の深刻さとの関連については、なぜか具体的な言及がないにもない。

★翌一四二九(正長二)年には、この荘園でも荘官の田所が上洛して、「地下旱魃以外」を説いて、大型の「九〇石免」を得ていたが、世間でも「天下大飢饉、祈雨奉幣、炎旱祈禱、飢寒の艱難」といわれていた。旱魃は播磨一国を越えていた形勢である。これでも「民衆運動史」の「飛躍の時期」と断言できるだろうか。

☆一四三〇(永享二)年、繰り返し目安をもって、損亡分四二石の免除を請求し、損免三〇石を獲得したらしい。世間では「上久世、大風大水堤切、七〇石損免」とか「甚雨大風破損洪水」などと、台風らしい被害情報がみえる。

ところが、★一四三二(永享四)年になると、重ねての目安(訴状)をもって旱損三五石を得ており、世間でも「祈雨奉幣、疾疫」とあった。水害と旱魃に交互に襲われていた形跡である。★翌三三年、事態はさらに深刻で、地下の「大旱魃の目安」を田所が京に持参して、「皆損、当年年貢これなし」と訴えていた。世間でも「播磨此年旱魃皆損、大和炎旱、遠江以外大旱魃、京炎旱、紀伊当年ききん、祈雨奉幣」といわれ、旱魃は近国に大きな広がりをみせていた。これでも田所が仕組んだ虚構の損亡であったといえるか。★旱魃は翌三四年にもおよんだらしく、この荘でも損免の目安二五石を捧げ、荘内では村人たちが鎮守で「雨請」の祈願をかけていた。世間でも「諸国炎旱、大山荘旱損、祈雨奉幣」と、旱魃の被害が広がっていた。

☆一四三五(永享七)年、損亡五〇石の目安を重ねて要求したあげく、損免は三〇石となった。世間では「大風雨、山城洪水、井口溝ことごとく埋まる」といわれたから、台風であったか。★翌三六年には、損免八〇石という大きな年貢免除を得ていたが、荘の鎮守の宮では「雨乞両度」「大般若読経」が行われていたから、この年は深刻な旱魃であったらしい。世間でも「加賀旱、五穀絶、京旱魃、炎旱以外、大和炎旱」と、旱魃は大きく広がっていた。★翌三七年には、田所が上京し「地下目安」などを添えて「三分二損」を要求したが「川成、三分一損、六七石免」で押し切られていた。世間でも水害の情報が広く、「霖雨長雨、天下不熟、去年炎旱、当年洪水」といわれていた。旱魃につぐ水害という、この荘園と世間の災害情報はそっくりである。これでも田所の虚妄だろうか。

★一四三九(永享十一)年には、また田所が「川成」を理由に「三分二損」を要求し、七二石の損免を得ていた。この大きな損免も、みな田所一族の懐に入ったといえるだろうか。この年、世間では「京大洪水六、七度、会津大風雨洪水」と水害の範囲が広いから、台風の被害でもあったか。★翌四〇年にも「川成」(水害)により「上使検注」があった。世間でも「城南洪水、大和大水溝を埋め、一作に及ばず、伊勢暴風雨大木顚倒、日本大飢饉」とあり、やはり台風の被害らしい。この荘でも上使の検注を求め、実現するほど、深刻な水害が現地にはあったのであろう。

☆一四四一(嘉吉元)年、名主百姓や代官は「三分二損」を訴え、「半損免」をかちとっていた。世間では「京春夏炎旱、天下一同ハシカ病、鴨川洪水、四条五条橋流」という炎旱から長雨へという一年であった。この荘の「三分二損」要求も、「半損」という大きな損免も、こうした現実が背景にあったにちがいなく、嘉吉の乱が起きた年でもあった。☆翌四二年にも「五五石損」が問題になっていた。世間は「大洪水」「止雨奉幣」とあった。

★一四四三(嘉吉三)年、この荘の百姓たちが出京して「損亡」を訴えた。原因は「河成」であるという。この年、丹波でも「大洪水」、洛中でも「大雨洪水、洛中大河のごとし」といわれていた。

世間との災害情報の一致がみられる。☆翌一四四四(文安元)年にも「三分二損」が認められ、七三石の免除が行われていた。世間では、近くの丹波大山荘で「木竹までも日焼損、うえかつへ」とあったし、京都では「夏大雹降る、大きさ棗《なつめ》のごとし」とあって、冷夏・旱魃の深刻さが認められる。この荘の「三分二損」という、大きな損亡が現実にあったことがしのばれる。★一四四五(文安二)年には、百姓たちが上洛して、おそらく「川成」を理由に、「当年損亡以外」とか「惣荘皆損」を申し立て、三分一損免を得ていた。世間でも「大雨洪水、大風雨、諸国大略大木倒れる」とあった。広域の台風による風水害であったか。

☆一四四七(文安四)年には、地下の要求は半損・三分二損・四分三損とエスカレートしていた。世間では「京・大和炎天以外、上久世損亡、祈雨奉幣、京畿・諸国三日病」とあり、旱魃から疫病へと、事態は深刻化していた。☆翌四八年には、百姓が上洛して六〇石免を得ていた。この年、世間では一転して「霖雨、天下大水損」となっていた。☆翌一四四九(宝徳元)年には、内田の提訴により「三五石免」であったが、世間では「大雨洪水」「京都疫癘流布、又飢饉以外」といわれ、それを理由に改元が行われたほどであった。

## 4　十五世紀後半の損亡

この時期になると損亡の情報は、世間にくらべて、意外に乏しい。

☆一四五〇(宝徳二)年、やはり内田の提訴で、六七石近い損免を得ていた。世間では「大風大雨、諸国疫疾流行」とあった。☆一四五四(享徳三)年、重ねての要求で「四分一損」が問題となったが、世間では「止雨奉幣、風雨甚、土一揆蜂起」といわれ、「天下疱瘡」により改元が行われることになった。☆一四五六(康正二)年には、地下の使者が上洛して、四〇石免を認められた。世間でも「甚雨、洪水以外、日々炎旱、大餓死、改元」と、水害から旱魃へ、事態は深刻であった。☆一四五八(長禄二)年には、地下の使者が上洛して、「六分五損」が要求される人型の損亡であったが、「三分二損免」として約七〇石が認められており、世間でも「炎旱無足、大旱魃人死、去年より炎旱」とあった。

この頃、請負代官制が採用されるが、連年の被災と損免の膨らみが背景にあった、とみるべきか。しかし、年貢減免の要求が消滅したわけではなかった。

★一四六〇(寛正元)年にも「五分一損免」が行われており、世間では「旱魃、炎旱、諸国飢饉」とあったから、請負制といっても、現実の自然災害(旱魃)から目を背けることは不可能であったにちがいない。またこの年、この荘の惣鎮守社で「雨祝い」が行われ、その出銭の半分が年貢から差し引かれていた。この荘で自主的に行った勧農経費の、いわば源泉徴収であった。「雨祝い」は、惣鎮守社の雨乞いの祭らしい。☆ついで一四六二年にも、やはり「五分一損免」と、同率の損害控除が行われていた。この年、世間では一転して「洪水、凶年」「霖雨」とあった。☆翌六三年には「損亡」によって「三分一損」の請求に対して、「四分一免」が行われていた。世間では「大風雨、諸国疾疫、人民多死」と、深刻であった。☆一四六五年には、代官から「損亡」を注進したが、「請文と大いに相違」として、損免は拒否されていた。世間では、「大風雨、洪水、旱魃皆損」が現実であった。

佐藤氏は、この時期を「十五世紀最大の飢饉」といい、「異常気象につづく大凶作」と「畿内一帯の戦場化」に注目し、ことに長禄三、四年（一四五九、六〇）は中国地方を中心に「旱魃と洪水のくりかえし、虫害による大凶作」によって全国各地で大飢饉となったと述べていた（「戦乱・災害と民衆生活」）。自然災害や飢饉の実情について具体的な言及はないが、「自然災害に兵乱が加わった時、それが民衆に与える惨状」という眼差しは印象的であり、今後、検証すべき重要な課題となる。

なお、さきに問題とされた「請文」というのは、代官請負制の契約に相違なく、にもかかわらず、あいつぐ損免要求に、領主側も耐えかねたのであろうか。以後、二〇年の間、損亡記事が消えてしまうのも、そのためであったか。あるいは、応仁・文明の乱のためでもあったか。空白の二〇年間について、ご教示を得たい。

なお、この世紀後半になると、少し損免情報が復活する。

★一四八五（文明十七）年、荘の代官の申告で「世間悪病、数十人死、国の儀正躰なきか」とあった。世間でも「天下大疫、病事流布」といわれていた。申告は世情と一致する。★一四九六（明応五）年には、赤松方の書状で「在所一向干損」とあり、世間でも「炎旱、諸国大旱、民間炎旱愁」といわれていた。★一四九九年、やはり赤松の書状に「殊に山家当毛不出穂…言語道断の式…百姓難在足」とあり、世間でも「大寒、以外不熟」といわれ、寒冷による立ち枯れであったらしい。双方の情報に矛盾はないから、代官や赤松の請求が虚構であった、と断定することは無理であろう。

☆一五〇〇(明応九)年には「不熟・怱劇…公用無沙汰」とあるが、世間では「霖雨、天下疫癘」とみえるから、長雨による不熟であったか。★一五〇三(文亀三)年には、「一円の旱損、国の旱損、御領に限らず」とあり、世間でも「天下大旱、年中大旱魃」といわれた、文亀の大旱魃・大飢饉の広がりが、この荘園にも及んでいた。

以後、十六世紀の損亡情報は、この荘園ではみられない。

## 5 先行研究は損亡と災害をどうみたか

この荘園の多くの先行研究をかえりみて、ことに印象的なのは、たとえば笛木(福島)氏が、名主百姓等の起請文による損亡の申し立てを承けて、領主側の作成した二通の内検帳を現地に検証して、この荘の具体的な水害事情を探り当て、河川流域だけに被害が集中し、溜池灌漑の地域には、被害が軽かった、という事実を明らかにしていたことである。

このような荘園の被災の程度を、災害時に作られた帳簿の内側に入り込んで、現地に即して詳細に解明するというのは、まことに労多く貴重な、今後も私たちの継承すべき、大切な成果であったと思われる。

ただ、検討すべき課題もあった。問題はその「損免」事実の実証にではなく、その評価の視角にひそんでいたのではないか。丹念な実証をもとにしながら、笛木氏は意外な結論を引き出していた。こうした被災の事実に即した損免要求は「より多くの余剰生産物、労働力を在地に留保するための要求であった」、「それを主導していたのが有力名主層であった」と。

領主側も現地に則して詳しい内検を実施せざるを得ないような、現実に深刻な田畠の水害の事実が、帳簿上にまで明らかになっていた。そのことを、笛木氏はじつにていねいに確認した。にもかかわらず、結論部分では、その厳しい現地の被災と環境変化の事実を、すっかり棚上げにしたままで、「より多くの余剰生産物の在地留保」という、そのころ流行の、ステレオタイプな評価を引き出してしまっていたからである。

現実の悲惨な災害現場に立つことで、どこから余剰生産物の在地留保説を引き出すことができたのであろうか。ていねいな実証と飛躍した論理の間に、どのような緊張と必然性があったのであろうか。

だがこれは、どうやら一研究者個人の歴史観の問題ではないようである。その背後には、往年の荘園史研究・農民闘争史研究が共通してはらんでいた、ひとの生存や生活や環境変化の問題への切実な関心の欠如が伏在し、それによる、現実と論理との大きな乖離が生じていたのではないか。

もとより佐藤氏も、自説の結語で「災害」研究の重要性に言及して、

中世民衆は、災害を不可避的なもの、宿命的なものとあきらめていた段階から、年貢の減免要

求をうちだす段階へ、そして、災害を拡大させている原因をはっきりと認識する段階へと、しだいに成長をとげていったのである。

という展望を示していた（「戦乱・災害と民衆生活」）。しかし、氏のいう「災害」とはどのようなものであったか、そこからの段階的な変化とは何で、変化の動因は何であり、いかに可能であったかについては、ほとんど言及がない。飢餓闘争というのでもなさそうである。「災害」論への展望の抽象性が惜しまれる。

なお、同氏は、「惣荘一揆論」の終わりに、残された課題の第一として、「農民の抵抗（強訴・逃散・蜂起）と要求（年貢減免・夫役排除・代銭納要求）とを生みだす基盤を、日常生活の深みのなかから解明していくこと」を掲げていた。本章は、この「日常生活の深み」に迫る、一つの手がかりとなることを目指している。

これよりかなり早く、中世東寺文書の専門研究者でもある、黒川直則氏は、大会報告論文の冒頭に、こう書いていた（「十五・十六世紀の農民問題」『日本史研究』七一、一九六四年）。

> 一般に、中世後期については「飢饉や天災や戦乱や悪政などを問題とせざるを得ない室町時代」といわれるように、非常な暗さと、農民の不安定な生活条件が強調されている。確かに、その厳しい自然条件は、しばしば農民の生活をおびやかしたであろう。しかし、その条件を克服する生産活動が忘れられていたのではない。従来、中世後期の農民問題については、その政治的行動のみが、強調されてきたが、本報告は農民の日常的な生産活動の条件に視点をあわせ

たいという意図をもっている。

ややアンビバレントな表現ではあるが、災害や闘争よりは日常の生産活動を、という生活史風の見方が、一九六〇年代初めにあったことは注目されてよい。ただ問題は、この報告論文のなかでは、災害や戦乱の「非常な暗さ」は敬遠され、氏が一貫して展開したのは、十五世紀後半に荘園文書のなかから「百姓申状」が姿を消し、村落結合の中心となったのは土豪層(その加地子名主職の集積)であった、という論議にあった。結果として、日常的な生産と災害と戦争の現場に即した追究は「非常な暗さ」として、やはり忌避されてしまったことになる。

## おわりに

矢野荘の損亡記事と、手製の災害史年表との照合から、結論的にいえば、それぞれの損亡記事ないし損免事実の背後には、それぞれにしかるべき現実の損亡が横たわっていた、と判断できるように思われる。

そう判断する根拠の第一は、★をつけた、損亡事情がこの荘園の現地情報から確認できる、旱魃二三件・風水害二二件には、「世間」の災害情報との、かなり緊密な一致が認められるからである。一方、☆をつけた、この荘園の情報に損亡記事があっても、損亡の内実が不明なほぼ半数の事案についても、「世間」の災害情報から、かなり豊富な傍証が得られる、と判断されるからである。損亡事情が明記されなくても、損免の承認という現実が確かにあった。その背景を、「世間」から憶測しようと試みたのであった。

この判断をもとに、全九〇件の損亡の原因や理由を大まかに推測すると、旱魃が約三〇パーセント、風水害が六〇パーセント、その他一〇パーセント、という内訳が明らかになる。だが、これまで私は、中世の災害の傾向を、わけもなく西国は旱魃型、東国は冷夏型などと、憶測してきたように思う。だが、この西国の荘園の、十四世紀から十五世紀末までの災害事情をみると、およそ一年おきに、旱魃か風水害にみまわれ、とくに冷夏・水害が大きく卓越するという、かなり頻繁で過酷な気象災害の現実があったように観測される。

現地の実検システムを廃棄し、年貢定免制の採用で、年貢の安定した確保を図ったはずの荘園領主のもとには、現実にはほぼ隔年に、損亡事実が報告され、損免要求・内検要求が突きつけられていた。その事実は、先行研究によってもよく知られている。

一覧表の全九〇件の損亡情報のうちには、損免額が三〇石以上という、かなり大型の損亡は、四三件にのぼっていた。つまり全九〇件の損亡のうち四八パーセント、つまり半数ほどが、荘園領主に大きな損免＝災害控除を認めざるを得ないような、深刻な事態を伴っていたことになる。十五世紀を中心とする時代の、自然環境の過酷さをしのばせる。

この荘園の場合、大型の損亡四三件の内訳をみると、旱魃が二一件、水害が二二件と、ほぼ半数ずつを占めている。これを全九〇件の内訳（発生率＝旱魃三〇パーセント・水害六〇パーセント）とくらべると、旱魃三二件のうち、大損亡二一件（七〇パーセント）、水害五四件のうち大損亡二二件（四〇パーセント）だから、水害（六〇パーセント）よりも旱魃（三〇パーセント）のほうが、より深刻な作物災害を引き起こしがちであった、と推測される。やはり、この西国の荘園には、水害よりも旱魃のほうが、より深刻な被害をもたらしていたことになる。

なお、十五世紀のおよそ一〇〇年間だけに限ってみると、損亡年は五〇年となるから、この荘園の人びとは、ほぼ一年おきに損亡（作物の被害）にまみれていたことになる。これを少し詳しくみると、大型の損亡は三九年、超大型の損亡は二八年であるから、損亡―作物被災の七一パーセントは作物が大被害にあい、とくに四年に一回は、超大型の災害（損免額九〇石以上が一〇件、八〇石～五〇石が一〇件）にみまわれていたことになる。これはあくまでも、荘園の現地との厳しい交渉の結果、しぶしぶ荘園領主側の受け入れた数値にすぎないから、この荘園で起きていた現実の作物被災は、この数値を大きく超えていたにちがいない。

『相生市史　第二巻』通史編（二七六頁）は、十五世紀前半期の「未進年貢の推移」を分析して、その急激な増加ぶりを、グラフ1で明示し、こう述べている。「人々の要求によってくり返し損免が認められるようになっても、未納分が一向に減っていない」と。損免はきちんと認められているにもかかわらず、未進分が急増しているのは、荘官がねこばばしていたからではないか、というのである。この立論の前提には、領主側の認めた損免は、被災状況を正確に反映した合理的なものであった、という憶測があるらしい。

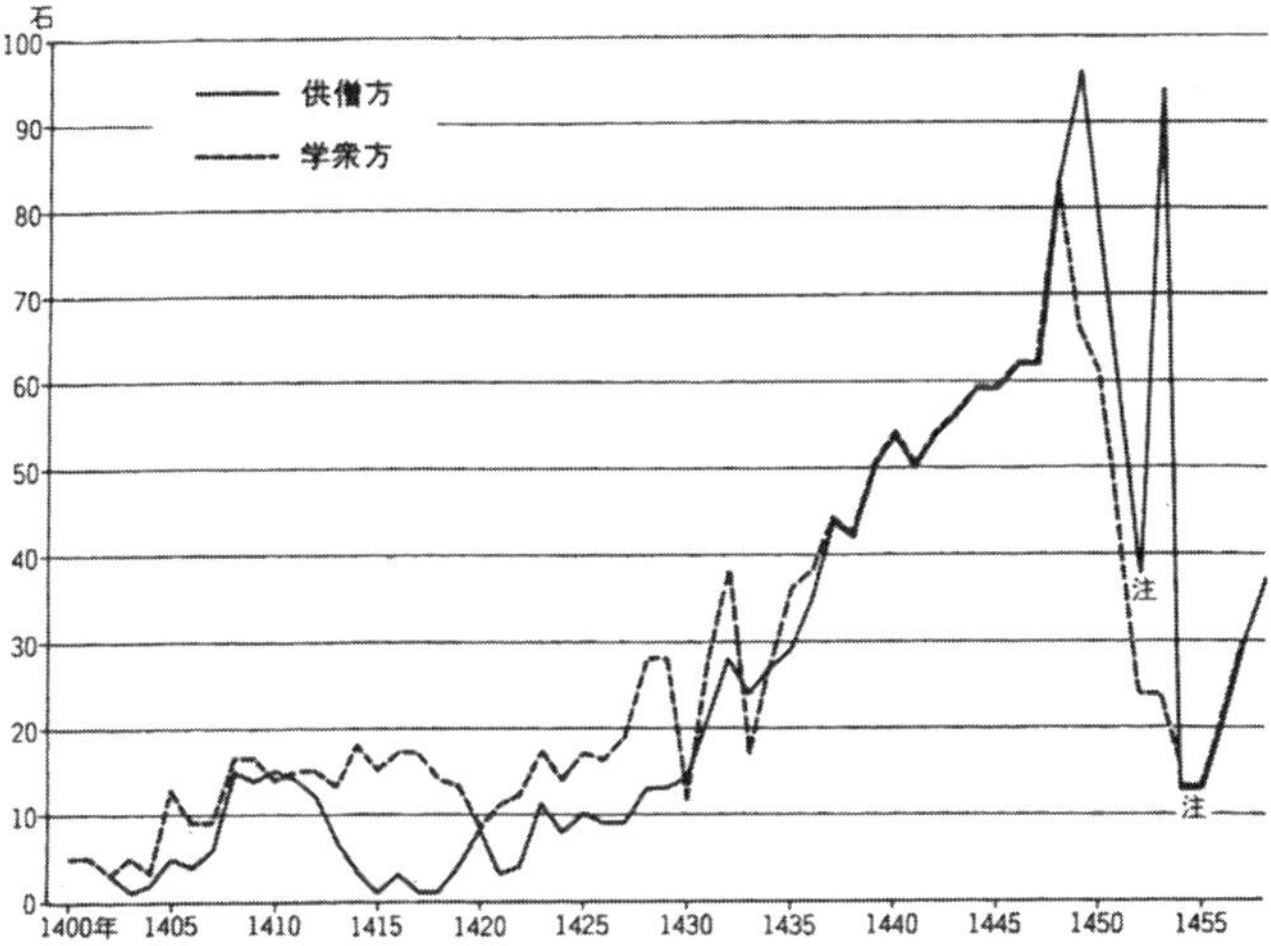


（注）単年度分の未進額である。

グラフ１　矢野荘未進年貢の推移（『相生市史』通史編より）

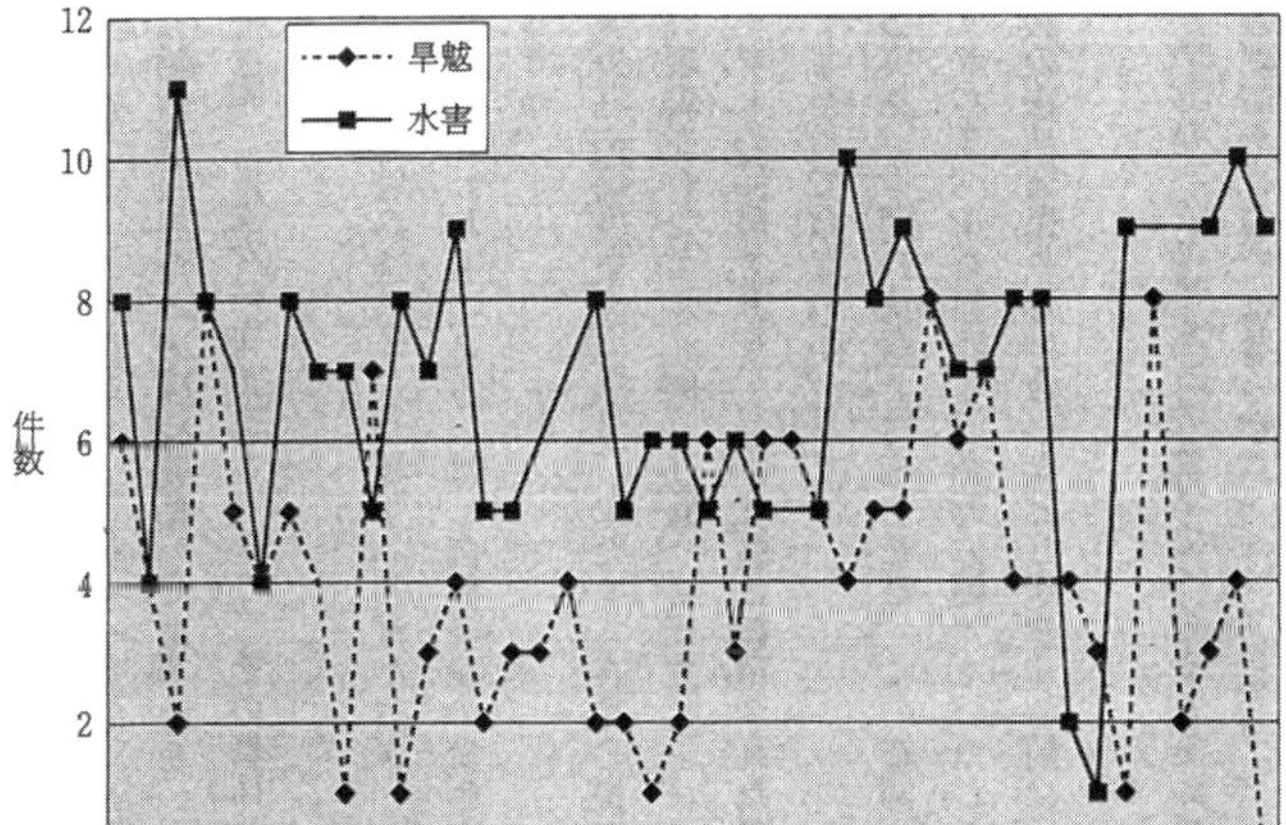


グラフ２　全国の旱魃と災害の推移（藤木編『日本中世気象災害史年表稿』より）

一般的にいえば、年貢未進というのは、現実に領主のもとに年貢が納付されなかった事実だけを示し、このグラフの数値が、そのままこの荘園の損亡や損免の有無をじかに示すわけではない。こうした未進の増加は、もっぱら在地する下級荘官であった田所一族によって、私的に政治的・人為的に引き起こされたものであった、と市史は断定している。領主の認めた損免額は合理的で、それ以上の未進＝損亡はすべて、在地の荘官のねこばば、という人災だった、というのであろうか。

未進の実情は、このグラフによれば、一四二八（応永末）年ころから右肩上がりに上昇し続け、一四五三（享徳二）年には九五石（予定収納額の七〇パーセント超）とピークに達している。こうした巨額の未進を、果たして政治的未進や在地有力者の蓄財行為だけで説明できるのであろうか。

かえりみて、十五世紀前半の損亡記事三六件のうち二八件は、かなり大型の損亡が背後にあったことを示し、その比率は、この期の損亡情報の七八パーセントに達していた。やはり大きな未進の背後には、現実に大きな損亡が起きていたことは、否定できないのではないか。

つまり「政治的な未進」や「田所の蓄財行為」を表現するとされる、市史の「未進年貢の推移」グラフは、じつは「損亡事実（災害）の推移」を示すデータとしても、読み取ることができるのではないか。この未進グラフは、手製の災害史年表に基づく、別掲の災害推移グラフ2と、じつによく似た曲線を描いてくれるからである。

この荘園の代官や田所が、在地の損亡や損免に、しばしば顔をみせるのは、彼らもまた、災害に荒れ果てた耕地や作物を前に、年貢徴収の難しさに直面し、惨禍にまみれて、立ち往生し、格闘を強いられていたからではないか。損免も損亡も、すべては代官たちの収奪の結果だったなどと、断言できるのであろうか。もし、在地の惨禍を無視して、在地を収奪し尽くすような領主がいたとしたら、いったい来年の年貢のための耕作を、どうやって在地に保障し得たというのであろうか。

なお、榎原氏は、荘園領主側には自領の荘園の豊凶実態を探るための独自の探索システムがあり、「国中平均損亡」という事実が確認されぬ限り、荘園現地側の損免要求には応じないことを原則としていた、という重要な事実を明らかにした。

しかし、すでに個別に分析した通り、この荘園の年ごとの損免額の現実は、小中規模の損免(三〇石前後~九〇石)が卓越し頻発し、一〇〇石を超える損免は数少ない。つまり、損免判定の現実からみると、「国中平均損亡」という、いわばオール・オア・ナッシングの原則が現実に強行されたとみることは、ほとんど不可能であった。領主側の構築した損免認定システムと、現地の災害事実との間には、あいつぐ過酷な被災の現実を前に、大きな隔たりが生じ、じつにきめ細かい損免対応が行われていたことを、しっかりと認めざるを得ないのではないか。

さきに黒川氏は、室町時代を「非常に暗い時代」と呼んで、その「暗い」現実に嵌まることを忌避して、百姓申状から土豪へという独自な論を提起した。一方、この荘園の先行研究の多くも、九〇件におよぶ個々の損亡の事実の程度や有無を確認する、実証的な作業を軽視し、損免要求を「剰余労働の確保のための民衆運動」であったと、あくまでも闘争だけに目を向け、その頂点だけを論じ続けてきた。「剰余労働」は論理の次元にとどまり、その具体的な検証は行われてこなかった。

つまりこの荘園の先行研究は、あいつぐ現場の災害事実と、自然環境の過酷さ、つまり「非常な暗さ」に、確かな生活史レベルの目を向けることを、忌避してきたのではないか、と疑われる。あるいは、自然環境の変動を論じるのは、年貢減免闘争論や民衆運動史のタブーでもあったのであろうか。

また、これは、あくまでも憶測にすぎないが、これまでの矢野荘の研究史の主流は、ひたすら在地の民衆を闘わせようとし、その事実だけ抜き出して、断章的に目を向け、この現場をひたすら「闘う荘園」に仕立て上げてきたのではないか。一揆や逃散や代官忌避は、この荘園の民衆のエネルギーの昂揚であり、この荘園に蓄積された豊かな富の再配分をめぐる、諸勢力の角逐の場であった、とだけみなしてきたのではないか。

しかし、現実に「損亡」＝災害事実と「損免」＝災害控除の事実を、世間の情報と対比すると、この荘園の人びとの闘いというのは、悲惨な災害のなかから、自らの生存・生き残り＝サバイバルをかけて、必死に闘っていたことを意味していた、と切実に思われてくる。生き残りの闘いを、豊かな富の在地留保や奪い合いなどと断定する前に、もっと地道な確認作業が必要であったのではないか。

笹木(福島)論文には、その貴重な先蹤がある。私たちの荘園研究は、この笹木氏の生活史へのやさしい分析の眼差しと、堅固な現地検証の作法にまで立ち戻って、仕切り直す必要があるのではないか。

〔付記〕 本章に参照・引用した図・表の作成は、櫻井彦氏と遠藤ゆり子氏による、創意と尽力によって可能となった。また、矢野荘の先行研究の検索と入手には、蔵持重裕・小林一岳両氏のていねいなご教示とご協力をいただいた。各位のご高配に厚くお礼を申し上げたい。

# 第3部　地方からの視点

# 関東公方領のアジール性

## はじめに

標題に掲げた「アジール」というのは、ここでは「避難所」のことである。

関東公方については、佐藤博信(『古河公方足利氏の研究』校倉書房、一九八九年ほか多数)・阿部能久(『戦国期関東公方の研究』思文閣出版、二〇〇六年)両氏をはじめ、とても研究史を一括しきれないほど、膨大な蓄積がある。自作には、あるいは鎌倉公方持氏・成氏期への回想かとみられる「鎌倉公方年中行事」の紹介(『戦国の村を行く』一九九七年・『戦う村の民俗を行く』二〇〇八年、ともに朝日選書所収)が、わずか二編あるにすぎない。だから私は、関東公方については、ほとんど門外漢なのである。

関東公方の性格についても、すでに、たとえば「最後の古河公方」とも評される足利義氏領については、なにやら特異性があり、不思議な性格がまとわりついていることは、近年だけに限っても、阿部能久・市村高男・黒田基樹・佐藤博信・山口博(五十音順)各氏など、多くの研究者によって、さまざまに指摘されてきた、という(公方研究史については同学の黒田基樹氏のご教示による)。その「特異性」ないし「不思議な性格」とは、いったい何であったのか。そのナゾ解きが、本章の楽しみの焦点である。先学の豊かな足跡をたどって、この関東公方領を、近世まで少し下って、訪ねてみよう。

## 1　公方領への走入り

### 公方領での横合・狼藉

ときは弘治三年(一五五七)八月六日のことである。

小田原北条氏(当主氏康)は、足利公方家(足利義氏)を監視する役目を負っていた、豊前左京亮(氏景)に充てて、興味深い三ヵ条の「禁制」を発令していた(神奈川県立文化資料館所蔵「豊前文書」〈『戦国遺文』後北条氏編五五三号〉、なお公方に関する事案の処理に当たっていた豊前氏については、萩原龍夫「豊前氏と後北条氏」〈『中世東国武士団と宗教文化』岩田書院、二〇〇七年、初出一九七一年〉に先駆的な追究がある)。

問題の三ヵ条を読みながら検討を加えてみよう。

第一条は、関東公方領である下野都賀郡の梓村・中方村(栃木県栃木市梓町・中方町、栃木県立博物館江田郁夫氏のご教示による)で起きた「横合《よこあい》・狼藉」を禁止していた。公方義氏側からの要請を受けた、公方領民への制裁措置であったにちがいない。

横合・狼藉の実情は、この条文だけではわからない。だが、次の箇条以下に、豊かな傍証が認められる。なお、「横合」の語義には、「命令に服しないで、とやかくいうこと」という意味があり、「狼藉」には、「乱暴を働くこと・無法な態度や行為をすること」などの意味があるという(『日本国語大辞典』第二版、一三巻、小学館)。

右の両村は、現在の栃木市北西部に位置する。近世には、梓村は村高二五六石余(慶安郷帳)で、明治六年(一八七三)には、戸数二八・人口一五〇であり、中方村は村高二五二石(同右)、戸数二〇・人口一〇二人という、隣り合う小さな村であった。

地形は、南に流れる永野川の東岸に位置し、もとは丘陵が迫る山村であり、境界領域でもあったという(江田郁夫氏のご教示による)。この頃の近辺の領主は皆川氏であったらしく、後段にみる第三条にその名がみえている。

その「境界領域」とみられる両村域で、「横合・狼藉」が横行して、大名禁制による制裁命令が出されるほどの、大きな問題になっていた。いったい何事が起きていたのか。

なお、武蔵長津田・子安・平塚・品川など(「小田原衆所領役帳」)、片々たる公方領の点在という事態は、じつは紛争地域=境界領域が、長い紛争に決着がつかないまま、いわば「痛み分け」の形で大名に接収されて、公方領に編入された結果であった、という可能性が大きいのではないか、と推測してみたい(市村高男「古河公方御料所についての一考察」『古河市史研究』七、一九八二年を参照)。そのあげく公方領は、一般の領主の所領とは異なる、アジール性ともいうべき、特異な性格を帯びることになったのではないか。まことに興味深い公方領論の視点というべきであろう。あるいは、結論が先走りしすぎたかも知れない。もう少し丹念に先学の軌跡をたどってゆくことにしよう。

## 公方領の土貢不納所百姓

第二条は、両村に「土貢不納所百姓」がいるが、もし何度催促しても、なお「難渋」を続けるようであれば、逮捕(「搦捕」)して、遠山(綱景)の所へ、その旨を報告せよと命じていた。古河公方は、後北条氏麾下の江戸城将遠山氏を奏者(公方の世話係)とし、かつ、その軍事的な庇護をうけつつ、小田原北条氏と結び付いていた(佐藤博信「古河公方足利義氏論ノート」『日本歴史』六四六、二〇〇二年、のち『中世東国政治史論』塙書房、二〇〇六年に収録。この点は佐藤氏のご教示を得た)。

この箇条の主題は、「土貢不納所百姓」の輩出への懸命な対応にあった。かえりみてこれまで学界では「土貢不納所」で「難渋」を招く「百姓」の動向といえば、ストレートに農民闘争とみるのが通例であった。

念のために、事態の背景を、自作のデータベース(『日本中世気象災害史年表稿』高志書院、二〇〇七年)で探ると、同年八月には肥後(九州)から会津(東北)にかけて、あたかも列島を縦断するかのように、台風情報が連続している。大規模な地震の情報もみられる。同九月半ばにも、相模西郡の下中村(小田原市)では、「風損」による年貢減免が行われていた(『戦国遺文』後北条氏編五二六、下中村の地名の現地比定については、盛本昌広氏のご教示を得た)。

こうした事態からみると、年貢滞納の背後に、台風や大地震などの災害がひそんでいる可能性を否定できないのではないか(なお、この年の災害状況については、本書「弘治年間の村々の災害」を参照)。だが、「土貢不納所」の背景は、それだけでもなかったらしい形跡である。

## 悪党・咎人が公方領に走り入る・敵方も徘徊する

小考の主な関心の焦点は、第三条にある。原文を読み下してみよう。

一、彼の両村へ、悪党或いは咎人《とがにん》、走り入り候とも、許容あるべからず。ならびに、皆川へ敵対方の者、徘徊停止せらるべき事、

この箇条は、二つの領域に対する規定から成っている。これを領域A・Bと仮称しよう。

領域A「彼の両村」というのは、さきの第一条にみえた、梓・中方という、境界領域に隣り合った「両村」のことにちがいなく、その村へ「悪党」「咎人」が「走入」るのを「許容」してはならぬ、と厳命が下されている。

この禁制は倫理規範でなく、現状の「走入」への対応が主目的である以上、現実にこれら悪党・咎人らの両村への走り入り(駆け込み)が頻発していた、と想定するのが、穏当な見方であろう。

ついで領域B「皆川」というのは、後段に述べる禁制末尾の指示にみえる「皆弾」、つまり皆川弾正の領分に相違なく、「皆川に敵対する者」についても「徘徊(両村にたむろすることヵ)を停止(制裁)せよ」というのであった。この公方領の一円で、皆川氏に対する公然たる避難・敵対の行動が、顕著に露われていたことは、明白であろう。いったい、境界領域に隣接する、梓・中方の二つの村とその周辺で、なにが起きていたのか。

## 葛西様の影

梓・中方という二つの村は、中世では木村保の内で、下野佐野氏(栃木県佐野市)との縁があった(島津家文書、江田郁夫氏による)。だが、戦国期には、皆川氏領(現在の栃木市皆川—栃木市西部を本貫とする)に境を接し、「葛西様領」(足利義氏領。豊前氏知行ヵ)となっていたらしい。北部の梓・中方両村が「皆川へ敵対の者の徘徊」という、不穏な状況を呈していたのは、このような隣接関係に由来していた。

古河公方論の大きな達成で知られる佐藤博信氏の推定によれば、「葛西様」の葛西とは下総葛西城(東京都葛飾区葛西)のことであり、江戸城将であった遠山氏の傘下ともいうべき、葛西の地に足利義氏が在城したことに由来するという(同氏前掲論文参照)。右の第二条に「遠山(綱景)の所へこの趣承り、尤もに候事」とある所以である。

もう一度、禁制の焦点にあった事態を振り返ってみよう。下野のうち梓・中方の二つの村々では、(第一条)「横合・狼藉」が起きていたし、さらに(第二条)両村の百姓たちまでが、年貢の納入を頑固に渋るという、「土貢不納所百姓」の「難渋」が、二つ目の大きな問題になり、その上、(第三条)A「悪党」や「咎人」の走り入りと、B皆川氏に敵対する者の「徘徊」が、大きな問題になっていた。つまり、葛西様(足利義氏)領は、百姓の年貢不納、悪党・咎人の走り入り、領主敵対勢力の徘徊という、あたかも解放空間(アジール)の観を呈していた様子である。

それをどう処置するかという課題が、豊前氏・遠山氏を経由して、北条氏康の朱印禁制を呼び込む、という事態を招いていた。北条氏に密着して行動するテクノクラートの豊前左京亮も、さらに近隣の在地領主(皆川城主)であった皆川氏(この時期の当主弾正は俊宗、『栃木県史』中世四、一九七九年、三八六頁、江田郁夫氏のご教示)でさえも、これらの処置に手を焼くほど、複雑で困難な事態が、広義の「公方領」の村々で起きていたのであった。北条家禁制三ヵ条は、公方領側の現地から求められた、これら三つの異変への、緊急な対応策であった。

翌永禄元年(一五五八)六月二十三日には、江戸城将の遠山隼人佐(綱景)が、昨年の大名北条氏康の上意(「此方異見」)を奉ずる形で、公方領の処置について、虎印判状をもって、こう語っていた(北条家朱印状写、「古文書」八上〈『戦国遺文』後北条氏編五八六号〉)。

あづさ(梓)・中方の儀、去年(弘治三)、此方異見について、皆川弾正(俊宗)納得せしめ、「重ねて違乱、曲なき次第に候、然る間、この度、村山に堅く申し断り候、向後の儀、聊《いささ》かも相違あるまじく候」証文を出し候。則ちこれを進す。もしこの上、首尾相違の儀これあるにおいては、この印判を先として、堅くその断りに及ばるべく候。なお（違犯脱ヵ）の族これあらば、此方へ承るべく候状、件の如し。

宛所は、北条方で公方担当のテクノクラートであった、豊前左京亮である。ここに「あづさ・中方の儀」というのが、さきにみた下野（栃木市）の「両村」を意味していることは、明白である。明らかに、北条―遠山―豊前―村山というラインが作動していた。にもかかわらず、年が明けて半年余りたってもなお、重大な問題は「曲なき次第」であり、いまだ解決にいたっていない形跡である（「豊前氏古文書抄」三号参照、江田氏のご教示による）。ただ、皆川俊宗が何をどう「納得」したのかは、まだ、よくわからない。じかに指示を受けている「村山」というのは、現地の小代官であろうという（黒田基樹氏の示唆による）。

事態の性急な評価は後にしよう。なぜ、片々たる公方領の現地で、このような厄介な事態（違乱）が、あいついで集中的に起きていたのか。それを探るには、もう少し視野を広げる必要がありそうだからである。なお、すでに山口博氏「戦国大名北条氏と古河公方」（浅野晴樹・齋藤慎一編『中世東国の世界3戦国大名北条氏』高志書院、二〇〇八年）にすぐれた分析があり、大切な導きの糸となる。

不慣れな関東公方論・豊前氏論に深入りすることは、ここでは遠慮しておきたい。

## 2　結城領への欠落人

### 公方領欠落人の人返し令

さて、右の事件の前年のことであった。

「結城氏新法度」〈弘治二年〈一五五六〉十一月二十五日、『中世政治社会思想』上〈岩波書店、一九七二年〉〉の追加に、次のような箇条があることは、よく知られている。同書の原文のままをあげよう。

一、公方領のもの、代貸《しろかし》にも、殊に失せて来るもの、又たとえ彼方に売りて候共、買候て、召仕うべからず。女・男・童、同前。自然、公方領の者と知らで買候共、聞糺し候て、人売の方へ返し、代を可取、少々、公方領の者になく候とも、召仕うべからず。

右の要旨はこうである。

古河公方家の所領の者については、貸し金のカタに人質を取っても、ことに逃亡して来た者、また、仮に公方領から売りに来た者であっても、買い取って召し使うことを禁止する。女性でも、男性でも、児童でも、同じ事である。万一、公方領の者と知らずに買っても、よく聞き糺して、人売りの方へ返して、代金をとりかえすように。もし公方領の者でなくても、召し使うことを禁止する、というのである。

ここには「公方領」との関わりで、「代貸し」・「失せて来たる者」・「公方領へ売られた男・女・

童」・「人売り」などが姿をみせている。ここでも、公方領空間の猥雑さは、先の下野両村をはるかに超える規模で、深刻な問題となっていた。

その処置を、小田原北条氏とは無関係なはずの、下総結城氏の法が定めていた。公方の関東公方たる所以であり、北条氏だけに一元的に拘束されていたわけではなかった。その史実については、市村論文(前掲)に詳しい。

この法度本文の成立は、さきにみた下野への北条家禁制とあい前後して近接していることによく留意して、検討してみよう。

## 3 足利義氏徳政と公方領—永禄三年徳政法度令にみる公方領の人返特約—

以上の二つの例から、二〜三年後のことである。

永禄三年(一五六〇)三月二十六日付、足利義氏朱印徳政法度(『神奈川県史』資料編中世3、一九七五年、黒田基樹氏のご教示による)に、武蔵国橘樹郡子安郷(神奈川県横浜市)百姓ならびに代官宛てに、次のように明記されている。

今度之徳政法度、子安より他所へ買い候下人等の事は、則ち取り返すべし。他所より子安へ買い取り候下人の事は、返すべからざるものなり。よって件のごとし。

このたび、北条氏康によって「徳政法度」が発令された。飢饉さなかのことであった(前掲『日

本中世気象災害史年表稿』参照)。それに連動して広域の徳政が行われるが、公方(足利義氏)領である子安郷については、

①この公方領から「他所」(領外)へ売った「下人等」は、徳政の趣旨に添って、ただちに取り返せ。

②「他所」から子安へ買い取った下人は、返す必要がない。

というのであった。黒田基樹氏はこれを徳政令違反とみている(『中世東国の社会構造』岩田書院、二〇〇七年所収論文)。

足利義氏自身の印文「大和」の朱印状による、公方自身の直接の指令であった。つまり、北条氏徳政令を公方領子安郷に発動して、

①この公方領の村が他所へ売った下人らを取り返すのは、当然の権利である。

②だが、公方領側が他所から買い取った下人については、徳政令の適用は除外される。

という宣言であった。やはり「公方領におけるアジール宣言」といわざるを得ない。

## 4　最後の足利公方義氏の葬儀の難題

「最後の古河公方」といわれた足利義氏は、天正十年(一五八二)閏十二月二十日に没した。法名を香雲院殿長山周善といい、墓所は古河公方の別館のあった鴻巣《こうのす》御所の地(茨城県古河市鴻巣)であ

った(池永二郎「あしかがよしうじ」『国史大辞典』一、吉川弘文館、一九七九年)。

だが、それはあくまでも結果であり、義氏の葬儀場をどこにするかをめぐっては、「意外」ともいうべき、深刻なトラブル(駆け引き)が起きていたのであった(翌年正月八日付、北条氏照書状、喜連川文書、『戦国遺文』後北条氏編二四八一、黒田基樹氏のご教示による)。

その微妙な雰囲気を、北条方の北関東支配を委ねられていた北条氏照(武蔵滝山・八王子城主)の、古河公方宿老衆六名宛書状が明かす(芳春院=松嶺昌寿・一色氏久・町野某・小笠原氏長・簗田助實・徳蔭軒=三伯昌伊宛て)。原文の一部を、読み下しで抄録してみよう。以下の①〜③がそれである。

①古河の儀は、境目のこと、外聞・実儀、然るべからず候。御先代御菩提所、天下その隠れなき地に候の条、御先例のごとく、久喜において御執行せられ、然るべきの由、仰せ届けらるるのところ、おのおの一同に、その地に定めらるるの由、仰せを蒙るのあいだ、もっとも御存分に任せられ候。

②申す迄もこれなく候といえども、かようの時は、方々より徒者《いたずらもの》、馳せ集まる儀に候条、その御覚悟、肝要に候。ひっきょう、他より来る者を、一途に停めらるべき事、然るべく存じ候。ただし、各の御分別に過ぐべからず候。

③御葬礼の刻、如何様にも祇候せしめ、万端、走り廻りたく存じ候といえども、虎口手前の義に候の条よんどころなく候。如何様にも御中陰の内、参上せしめ、御焼香申し上げたき念願までに候。

大意はこうである。

①古河の地は敵方との境界領域で、とても危険だから、葬儀の場所としてはふさわしくない。先代の公方様（足利晴氏、永仙院系山道統）御菩提所はよくない。関宿町宗英寺（池永二郎、前掲項目）という先例もあるのだから、久喜（埼玉県久喜市、第二代公方足利政氏の墓所、黒田基樹氏による）の地において葬儀を執行すべきである。その旨、北条家の意向を伝えたところ、久喜の地で葬儀を行うことに決した由、北条家でも承知された。葬儀の執行のことは各位にお任せしよう。

②ただ、いうまでもないことだが、このような非日常の事態の折には、方々から「徒者《いたずらもの》」が押しかけるだろう。その覚悟（対策）が必要だ。他所から来る者は、一切禁止するようにせよ。ただし、細かいことは各位の判断に委ねよう。

③ご葬儀には、自分も祗候し、準備の手伝いもしたいところだが、戦争を目前にしていて、動けない。だが、四十九日（御中陰）までには参上して、ご焼香をしたい、と思っている。

どうやら北条氏照は、戦場を口実にして、厄介な公方の葬儀への参列を、体よく回避したらしい。さて問題の焦点は、②である。念のため、その個所の原文をあげてみよう。

加様之時者、従方々、徒者馳集儀候条、其御覚悟肝要候、

というのであった。

公方の葬儀の場に「方々から徒者が馳せ集まる」というのは、いったいなにを意味しているので

あろうか。この「徒者」の史実に特化した、先行研究はないらしい(阿部能久・黒田基樹・佐藤博信各氏のご示唆による)。そうであれば、私のような門外漢が、だれでも考えつくような、ごく常識のレベルで、①〜③のような憶測をめぐらすほかはない。

①葬儀によせられた多数・多量・珍奇な供物・布施の、配分・略奪を目当てに、人びと(ことに貧しい人びと)が蝟集《いしゅう》する。

②公方の遺徳を慕う人びとが蝟集し、葬儀を支えようとする。

③各地に散在する小さな公方領群を拠点・避難所とする、悪党・咎人、横合狼藉の輩、年貢不納の百姓たちなど、物騒な公方領の連中が押しかける。

これら①〜③をみると、どれもが妥当しそうである。だが、語感に少しこだわって、私の本文を読み直すと、①や②は、厳しく警戒すべき「徒者」という語感とは、ややズレがあるようにも思われる。

かりにここでは少し①や②を留保して、③をみると、これまで本文の公方領のシーンでみてきた、公方領で「横合・狼藉」を事とする者たち、「走入候者共」・「咎人」、「敵対方……徘徊」する者たち、などの像との間に、かなり緊密な親近性があるように思われる。

だから、ここでは、常識の範囲に収まる①・②も排除せずに、葬礼の民俗への課題として留意し、③を優先順位の先頭に位置づける、という苦肉の案を提示して、この節を閉じることにしたい。

## 5　近世末期、喜連川領への駆入り

最後に、公方家の末裔といわれる、喜連川《きつれがわ》家の縁切り性に鋭く着目した、阿部能久「喜連川家と縁切寺東慶寺」を紹介し、私のこのエッセイに連なりそうな、遥かなる後世の興味深い傍証として、位置づけてみたい（『栃木県立文書館研究紀要』一二、二〇〇八年）。

近世の喜連川家というのは、下野国塩谷郡喜連川（栃木県さくら市）を領した、中世後期の関東公方家の末裔（小弓公方足利義明の孫国朝が、秀吉により再興され、徳川幕府にも安堵された家。後掲齋藤論文による）であり、阿部氏によれば、「極めて特異な立場の家」であった、という。すなわち、禄高は五〇〇〇石ほどで、参勤交代も諸役もみな免れて、田舎住まいを許された、いわば唯一無二の存在であったという。

そのアジール性の一断面にふれてみよう。それは江戸時代も終わり近い、天保十二年（一八四一）の晩春、下野国都賀郡川中子村（栃木県下野市川中子）での出来事であったという。

若い女性の失踪事件が同国壬生藩の代官所に提訴された。その願書は、同村の百姓吉五郎夫婦の離縁騒動が主題である。妊娠中の若妻がとつぜん失踪し、近くの村にある親戚の百姓の家に身を寄せていた。夫側からの重ねての復縁交渉もまとまらず、年を越した。

やがて若妻は、強い離縁の意思を貫くために、「喜連川様御家中、浅沼友右衛門様方え欠入」という行動に出た。喜連川側の浅沼氏からは繰り返し、他領の夫側に離縁の承認を迫る交渉を行い、夫が離縁状を書くよう強く求めた。吉五郎側としては、喜連川家の「御威光」を笠に着た「筋違いの御掛け合い」だと、壬生藩を通して抗議し、復縁を迫った。喜連川方は、壬生藩とはまったく無縁の存在であった。「欠入り」は「駆け入り」のことである。

この史実に注目した阿部能久氏は、この喜連川家の「余りにも奇異」な史実から、鎌倉山之内の東慶寺のような、「縁切り寺」の性格を見いだし、同寺に伝わる戦国期の東慶寺文書のていねいな分析を試みたのであった。だが、そのことは、もはや、室町・戦国期の「関東公方領のアジール性」論という、私の関心の外であるから、ここで「東慶寺―縁切り寺」論については、省略に従うことにしよう。ご海容をいただきたい。

ここまで書き進めてきたところへ、同学の齋藤悦正《よしまさ》氏から「駆込み慣行の構造と地域社会」(『共立女子大学文芸学部紀要』五五、二〇〇九年)という力作が届いた。右の喜連川家のアジール論にじかに関わる内容であった。喜連川家への駆け込みといっても、男女・火元・酒狂口論など、駆け込みの原因はじつに多彩であり、しかも、寺入り(入寺慣行)だけでなく、武家地への駆け込みなど、実態はもっと多様であった、というのである。喜連川家の性格を、より広くとらえてみようとする、小考への大きな応援である。

なお、この齋藤論文に少し間をおいて、泉正人「領主的『権威』と地域―近世喜連川家を素材に―」(『国士館大学教養論集』六五、二〇〇九年)が恵与された。ここでも喜連川家の地域的な権威の核心は、縁切り・駆け込みにおかれている。だが、むしろ鎌倉東慶寺との関係が断絶しても、駆け込み機能は持続されることに注目している点が重要である。さきの阿部説は、齋藤・泉説とは対立していることになる。喜連川家と東慶寺との由緒の濃密さは際だっている（泉論文表1）。しかしそれだけで、以上でみたような、喜連川家の特異な性格をすべて説明するのには、無理があるのではないか。議論の深化を期待しよう。

なお、駆け込みの習俗については、振り返れば、近年だけでも、阿部善雄『駈入り農民史』（至文堂日本歴史新書、一九六五年）いらい、佐藤孝之『駆込寺と村社会』（吉川弘文館、二〇〇六年）を経て、前掲の阿部・齋藤両氏にいたる、多くの蓄積があり、鎌倉東慶寺と関係があるわけではない。紙幅の制約から、それらの研究史は小考の外におくことを、お許しいただきたい。

## おわりに

公方領のアジール性といえば、心に残る指摘が想い出される（清水克行氏のご教示による）。『大山村史』史料編五六〇号から導き出された、笠松宏至氏の次のような文章がそれである（同氏著『中世人との対話』東京大学出版会、一九九七年）。

喜阿弥が左近太郎のかくし場所として、「西御所御料所」を選んだことは、ただ遠隔の所縁地という理由だけであろうか。御料所に一種のアジール的要素を考える必要はないだろうか。論証の可能性きわめて希薄と言ってしまえばそれまでだが……。

なお、笠松氏によれば、「喜阿弥」は室町将軍家の同朋衆の一人らしく、「西御所」は将軍足利義満の側室(愛妾)の頂点にいた高橋殿であろう、という(太字は私案)。

この珠玉の一文を、断章的に私の「関東公方のアジール性」論の結びとするのは、不遜な逸脱であろうか。つまり私の結論は、右の笠松説の後追いにすぎないことになる。識者のご叱正とご助言が楽しみである。

# 領域勧農の記憶——南奥の「白川家年中行事」断章——

## はじめに

本章の副題に「白川家年中行事」というのは、「永禄五年壬戌(一五六二)十二月大吉日」という戦国期の紀年をもつ、中世には南奥のうち白河庄(福島県白河市)一帯の領主(小峯城主)であった、白川家の年中行事の断簡群である。

いまは「東北大学文学部国史研究室保管文書」の一部として伝来し、同大学におられた羽下《はが》徳彦氏による厳密な校訂をへた翻刻がある[羽下 一九九二・一九九三、以下、羽下A・Bと注記]。さきに羽下氏のご高配を得て、私がこの断簡群(羽下A)を拝観し、その復原を試みたのは、一九九一年秋のことであった。しかし、完全に復原するにはいたらず、拙い私案を羽下氏に報告するにとどまった。

その後、今泉徹氏[今泉 一九九六]によって、この断簡群に詳細な分析が加えられ、小林清治氏監修の『白河市史』通史編1(二〇〇四年)にも引用されるなど、活用の道が大きく拓かれることになった。本章の標題は、右の今泉論文の視点を借りたものであり、その閲読には、窪田涼子さんのご高配をいただいた。

なお、今泉論文が出される前の一九九四年四月、私は六浦文化研究所の主催する講演会で、「鎌倉公方の春」と題して、「鎌倉年中行事」の分析を主題とし、「白川家年中行事」との比較を試みたことがあった。二つの年中行事に類似点が多いことに驚いたからであった。のちに、この報告は公表されたが［藤木 一九九七a］、その折、私はまだ今泉論文の存在も知らず、参照するにいたらなかったことが悔やまれる。

「白川家年中行事」というのは、『白河市史』通史編1によれば、結城晴綱から隆綱(義親)へ家督が移る段階で、白河結城の本宗家(隠居晴綱)が、中枢家臣団に、家中の役割分担・序列と、同家の財政収支を中心に示した、一種の家中法であったとされる。

しかし、ここで私は、この「白川家年中行事」を、もっぱら戦国の民俗誌という関心から、鎌倉公方(相模)・山科東庄(山城)［藤木 一九九七b］・色部領(越後)［藤木 一九八七］など、これまで私の検討してきた、いくつかの中世年中行事と対比し、さらに、今泉氏(前掲)や『白河市史』(通史編1・民俗編)にも深く学びながら、あくまでも領内の民俗誌だけに限った「断章」として、読み直してみたい。

# 1　白川家の春

白川家の正月迎えは、次のような行事から始まる。

一、十二月みそかより、正月十六日まで、毎年、水くミ二人つゝ、はんのさわより、さしおき候、

いつも大晦日になると、番沢《ばんざわ》(表郷村、現在の白河市表郷、社川沿いの集落)から、白川家の領主館へ、二人の男がやって来て、正月から小正月(十五日)の終わった、翌正月十六日まで、滞在して「水くみ」をつとめる習わしであった、という。

これとよく似た行事が、鎌倉公方館の正月一日条にも、次のようにみえている。

足利より、御歳男まいり、御手水を御 楾《はんぞう》 盥に入て、御楊子を御手懸に置て、……

はるばる下野の足利(栃木県足利市)から来ていた「御歳男《としおとこ》」が、新年の夜明けとともに、手水を盥に入れ、歯磨きの楊子をそえて、公方のもとへ持参する、という。これは正月迎えの最初に行われる、民俗の「若水《わかみず》」の行事にちがいない。初春に汲む水は、常世から通じるいのちの水で、それを飲み、浴びることによって、若返ることができるのだという。

その若水を足利公方のために汲む歳男として、足利家発祥の地足利から、一人の男が「歳男」としてやって来ていたというところに、遠い故郷の記憶にも通じている、若水の神秘が感じられて、

心ひかれる。

白川家の水汲みの男は、「十二月みそかより、正月十六日まで」領主館に滞在するとあったが、鎌倉の公方館でも、手水の儀は「二日・三日・七日・十五日同前也」とあって、正月三箇日と七日正月と小正月の朝にも行われていた。白川家でも同じ日ごとの務めであったにちがいない。現代の白河の民俗では、元旦の早朝に家の長男が若水を汲むといい、田島地区では年男が若水汲みをする定めであるという(『白河市史』民俗編)。

なお、白川家には、その務めを終えた歳男をもてなす、特別の定めがみえている。

一、年おとこに、正月十六日ニ罷帰候とき、うへにて、三こんくミの肴ニて、御酒一こん、殿さまより、五百文、上さまより、五百文、被下候、

この「年おとこ」というのは、正月十六日に里へ帰るとあるから、先にみえていた「水くみ」と同じ人物にちがいない。小正月も終えて、番沢の里へ帰る水汲みの年男に、上様じきじきに三献の肴と一献の酒が振る舞われ、さらに殿様と上様から、合わせて一貫文の銭が下賜される定めである、という。

「うへにて」というのは、殿上で、ということでもあろうか。この水汲みの年男は、卑しい下男とは思えない厚遇を、殿様と上様の双方から受けていることになる。なお今泉氏は、永禄五年という年次から、この「殿様」を白川隆綱(義親)に、「上様」をその父晴綱に比定している。

年男の里「はんのさわ」(番沢)というのは、白川家にとって、鎌倉公方の故郷であった足利のよ

うな、なにか特別の地位を占めていたのであろうか。

なお、同家の年中行事断簡（羽下B）には、「はんの沢所務之事」として、年貢・木・炭・打麦などの上納のほかに、「毎月廿二日より廿三日迄、とのいと」という役務の定めがみえている。つまり「番沢」より「とのいと（宿直人）」に出るという役が、一月から十二月まで、決まって二十二日から二十三日にかけて、十二か月にわたってみえている。行事（羽下A）には「とのいとのことハ、ちき《（直）》に申付候」とも、「夫五人・馬四疋、用所次第ニ申付候」ともみえているから、番沢は領主館の警護役（宿直人）にも、あたかも京の禁裏警護にあたった山城の山科郷のような、特異な地位を占めていたのであろうか。

今泉氏によれば、番沢の地は、社《やしろ》（社の郷、表郷村の内、現在の白河市）と呼ばれた白川氏直轄領から分かれた村であるという。なお、『白河市史』（資料編2、二八二、康永二年十一月二十八日「結城親朝譲状案」）に、「上社・下社」がみえているのは、その徴証であろう（佐川庄司氏のご教示による）。

また、この番沢の原地区には、峰全院という曹洞宗の寺（開山州安宗彭禅師、延徳二年遷化）があって、「奥州白川荘小峰集雲山峰全院　応仁元年丁亥八月吉日　大工弥次郎」という銘のある雲板（福島県指定文化財）があり、寺はもと白川小峯城清水門の辺にあったが、天正十年（一五八二）にこの地に移った、と伝えている。番沢と白川氏の深いつながりが、ここからもうかがわれる。

なお、まったくの憶測にすぎないが、「番沢」という地名にも、社村から分村を立てるにあたって、村名に「宿直人（番）を出す村」という意味が込められていたのであろうか。

ついで正月三箇日は、「わうはん(椀飯)の事」が行われる。まず一日は、斑目左衛門・舟田安芸という直臣二人が「三こんのさかなにて、へいし一双」、二日には芳賀左衛門が「三こんの肴にて、へいし一具」、三日には芳賀備中が「五こんの肴にて、瓶子五具」を白川氏に献げる。ただし、いまは領中が敵地になってしまったので「只今は祝義迄ニ被上候」と、厳しい戦時下なので、形ばかりになっているが、領地を回復したら、以前のとおりに「申付」けよう、ともいっている。

なお、四日にも、中村将監が「三こんのさかな、へいし一く」、五日にも、斑目信濃が「三こん肴、瓶子一く」、六日にも、斑目三郎が「三こん肴、へいし一く」、七日にも、和知十郎が「さかな二、おんとり五、へいし二くか三く」を上納する例であった。

今泉氏もこの椀飯の儀のありようを評して、「椀飯本来の古い形を残していた」としている。鎌倉公方家では、正月一日の朝は内々の「朝の御祝」で、午後からは「面(表)の御祝」と呼ばれ、足利一族や評定衆などが参礼して、椀飯奉行が取り仕切る、公式の「御椀飯」が始まる定めであった。夜は「内の椀飯始」で、公方家大奥の女性たちが客となり、男性の「奉公中」たちが料理の奉仕をすることになっていた。

本来椀飯というのは、重臣たちが交替で、椀に盛り付けた飯に、海月《くらげ》・打鮑《うちあわび》・梅干の三種と、塩・酢をそえ、折敷にすえて公方に献上し、それを肴に一同で酒をくみ、主従共食(一味同心)の宴とされ、武家の世界では、鎌倉期以来とくに重んじられた儀礼であった。初日の公方への椀飯献上は、管領上杉氏の務めと決まっており、二日目は相模と安房の守護が、三日目は常陸と下総の守護が、それぞれ交替で献上する例になっていた。

これを参照すれば、白川家の椀飯も、大切な主従の共同飲食であるとともに、公方家のような厳しい家格の序列に従って行われていたに相違ない。

①斑目・舟田――②芳賀――③芳賀――④中村――⑤斑目――⑥斑目――⑦和知

という、五家・八名（前掲）からなる順序は、白川家中の最上の序列を確認し合う、重要な主従儀礼とされていたにちがいない。

今泉氏によれば、これら五家は、南北朝期からみえる白川氏の根本の宿老であったという。天文十三年（一五四四）正月吉日付けの「白河家中歴名覚」（羽下B）には、「家老」として、和知美濃守・同左馬之助・斑目左衛門太夫・芳賀越後守・舟田右衛門尉の五名がみえ、「大名分」にも、芳賀・和知・斑目・中村・舟田らの一族が名を連ねている。

なお、佐川庄司氏によれば、斑目・舟田・芳賀・中村・和知は、いまも白河市内外に地名や家名が数多く遺っているという。よって右の諸氏の在地性は濃厚である。たとえば市域の舟田の「入道淵」は、その昔、舟田入道が佐竹氏と戦い、舟田が戦場となったとき、敗れて阿武隈川に身を投げたところと伝える（『白河市史』民俗編）。

ついで、正月三箇日が明けた、四日朝の白川家では、御行始《おなりはじめ》とみられる行事が行われていた。

一、正月四日、和知十郎所にて、かれいにて、もてなし候、かりの候時は、朝めし計、是も弓矢故、近年やミ候、静ニなり候ハヽ、如前々尤候、この日は、白川家の殿様が、朝から直臣和知十郎の家に出かけて、朝飯に「かれい」(かれいい、乾飯)のもてなしを受け、ときには狩に興じる習わしになっていたという。乾飯と狩といえば、もとは、あたかも出陣初めのような、戦闘儀礼でもあったかとも想像されて、興味をひかれる。なお、正月二日には、白川氏による庶子家への参礼が行われているが、これは領主家内の私的な行事であろう。

鎌倉公方の場合は、正月五日の晩に、輿に乗って新年に初めて外出し、管領上杉氏の屋敷に出かける例になっており、これを「御行始」といったのとてもよく似ている。白川家でも、椀飯⑦位の和知十郎が献上物も多く、「御行始」の出先に選ばれるなど、白川氏と特別に親しい関係にあったことをうかがわせる。

ただし、それも近年(永禄初年頃)は、「弓矢」つまり戦争状態によって中断されているという。椀飯の項でもみたが、あいつぐ戦争によって、伝統ある儀礼が危機に瀕していたのであった。白川氏にとって、この「白川家年中行事」の成立というのは、そうした伝統の危機(弓矢)の産物でもあったことになる。この点は「おわりに」でも確かめよう。

さて、正月三箇日が終わると、社寺との挨拶が始まる。まず四日には、山神社(山のかミ、未詳)へは、代官芳賀左衛門による披露をうけて、河東田・太田和・芳賀・和知の四氏によって、毎年交替で行われる定めであった。

この「山の神」は、今泉氏によれば、山仕事を生業とする人びとの神で、人びとが山入りして木の根本に食物を供えて拝む民俗の行事として、いまは正月六日に行われているという。こうした民俗の「山の口明け」の習俗は、山城の山科東庄でも「山口もちい《（餅）》」と呼ばれて、室町の世にも年ごとに正月四日に大切に行われ、近代でも「ヨッカヤマ（四日山）」と呼ばれて続けられてきた〔藤木 一九九七b〕。

「山入り」「山神祭り」は、近世の「陸奥国白川領風俗問状答」（『白河市史』民俗編）にも、村方の正月行事としてみえており、供え餅・田づくり・コンブなどを持って山へ行き、山神（樹木）に供え、薪や柴を刈り取ってくる。現代でも、正月六日が山入りで、これ以降、自由に山へ行くことができるという（『白河市史』民俗編）。

正月六日には、白川氏による関川寺（市内少し西寄りの愛宕町、小峯城の近く、曹洞宗、白川家の菩提寺、開基直朝、「白川義親礼式帳」で同寺は筆頭を占める）への礼参りがあり、七日には、勢光寺（大徳山清光寺、市内東寄りの田島黒谷、曹洞宗、開基清光殿結城広堯、中興開基白川政朝、白川家菩提寺）・松林寺（もと双石坊ノ入、現在の市内大、曹洞宗、白川直朝開基）への礼参りが、供の衆を五、六騎ほど連れて行われた。また正月の松過ぎには、勢光寺が登城（寺年始）し、白川氏の「もてなし」が行われる定めであった。

マチの民俗では、正月四日が寺年始で、檀那寺の僧が檀家を訪れ、お札・暦・絵馬など、年始の贈り物をする、「お坊さんだけがマチを歩く日」とされているという（『白河市史』民俗編）。

ついで十日には、鹿島社（白河市大）に「はとう」（初穂、今泉氏）が献げられ、さらに年末にも、

一、毎年つこもりに、かしまにさんろういたし候、やとのことハ、へつたう・かんぬし、うちかへ〳〵いたし候、つこもりにかきらす、れいしきのさんろうにも、やとの事ハ、斑目さへもん・和知十郎所へ、ことハり候へハ、両人所より、被申付候、

とあるから、年ごとの大晦日には、白川氏による鹿島社への終夜参籠《おこもり》が行われた。その宿所には、白川氏の搦目《からめ》城から阿武隈川を隔てた真向かいに当たる、鹿島社の別当（神宮寺＝最勝寺、真言宗、廃仏毀釈で廃絶、もとは鹿嶋社の境内の向かって右隣にあった。いまは観音堂・弥勒堂だけが遺る）家と神主家とを、交互に指定することになっていた。

領主の年越しの場に選ばれるという鹿島社は、領域の諸社のなかでも白河を代表する古社とされ、白川氏にとって特別な地位を占めていた。白川氏の起請文にも「殊者、当社鹿嶋大明神」とみえるほどである。しかも、この鹿島社は月ごとの「例式の参籠」も行われ、その夜の宿の差配は、斑目・和知（現在の宮司も和知氏）らの重臣に委ねられていた。

正月十一日は、白川家の吉書《きっしょ》始めであった。

一、正月十一日ニ吉書初、十日ニ衆中へ使遣候、しんるいちうハ、不被出候、各座へ被罷出候へハ、先、茶をいたし候、其後、吉書はしめ、誰ニても、衆中間ニ、物かゝれ候かた、かゝれ候、其以後、三こんくミの肴ニて、酒三こん、……座奉行おとなしきもの申付候、

吉書の前日になると、通知の使い（触れ）が出され、殿様の一族は除いて、主な家来たち（衆中）が領主館に集まり、座敷に顔ぶれが揃うと、その中の長老（おとなしきもの）が選ばれて、進行役（座奉

行)をつとめ、まずお茶だけが出され、ついで一座のうちの筆達者の者が選ばれて、吉書をしたため、そのあとは酒宴にうつる、という定めであった。吉書はお茶だけでという、荘厳な雰囲気のなかで執行されていた。

白川家の吉書の文面は不明である。同じ戦国の、北越後の色部家では、正月三日の夜半に、「本百姓のおとな」や「百姓衆」も参加する、三か条の吉書始めが行われ、その文面の一は「(みんなが)神社・仏寺をうやまうこと」、その二は「(領主は)溝・池・堤を築き固めること」、その三は「(百姓は)年貢以下を不納しないこと」が明記され、誓い合われることになっていた。吉書の座は、領主の勧農と百姓の貢納が、共同で確認される場であった。

鎌倉公方の吉書も、一に「神社を修理し、祭祀を専らにすべきこと」、二に「農桑のこと」、三に「乃貢のこと」と書かれる定めであった。このように領主も公方も、吉書はほぼ共通した内容であったから、白川家のそれも似たような定まった内容であった、と推定してもよいであろう。

なお、和泉の日根庄(大阪府泉佐野市)で、十六世紀初めの正月に行われていた吉書始めでは、村ごとに日時を定めて、領主の方から、村の役所(政所屋)に出向いて、その村の僧を仲立ちにして、吉書が行われ、ある村では、百姓たちが五〇余人も詰めかけ、領主は百姓たちに酒を振る舞い、扇の引き出物まで出していた［藤木 一九九七b］。

この「吉書始め」は、近世の白河にも、武家・町人・農民のあいだに、それぞれに行われており、町在(マチ・ムラ)では、鎮守や天満宮へ書を納めていたという(「陸奥国白川領風俗問状答」)。小正月のサイノカミ(ドント)祭りに、雪深い野づらで、書き初めを焚いて囃した、自身の幼時が思い出される。

正月十七日条の、山王寺(もと市内久田野山王坂、白川搦目城＝白川城の鬼門鎮護の寺、天台宗、現存せず)が年始の祈念(寺年始)にやってくる定めについで、次のような興味深い記事がある。

一、四せつのきねんに、おこなひ三日さしをき申候、ふせ三百文、むしろの代廿文、あふら、あなたよりもたせられ候へハ、廿文進申候、百文御はんのひしりニいたし候、あした、かゆ、ひるは、めんす、ときひし、さうよふせん、なかひへ卅五文つゝおろし候、ふろせん十五文、おけ・たらひハ、まけしのかたへ申付候、これハ、代ハいたさす候、かハらけも同前、らうそく三ちやう、さつし五てう、くるミ三十、此ふんいり候、

四節の祈念に、「おこなひ」がそれぞれ三日のあいだ行われ、「御判の聖」(「はん」を判とするのは、今泉氏による)がそれを執行する。その「おこなひ」の執行のために、あらかじめ領主は、三日間・三回の食事を用意し、風呂、桶・盥などを曲師《まげし》に新調させ、合わせて、かわらけ・雑紙・胡桃などを用意する、という。じつに丁重な行事であったらしい様子である。

四節というのは、三月三日(上巳)・五月五日(端午)・七月七日(七夕)・九月九日(重陽、ハックニチ)の四つの節供(「行事」は「節句」と書いている)を指し、これらの節供の日に「おこなひ」の祈念が、それぞれ三日のあいだ行われることになっていた。

「おこなひ」は「行い」と書かれ、神事の一種とされるが、もとは「農事祈願の神事であったが、

仏教の感化を受けて修正会や修二会の行法に似たものが行われている。寺や堂、または村人が当屋《とうや》組織でおこなう」(『日本国語大辞典』第二版、小学館)とされる。

これに注目した今泉氏は、「おこないは村落の年頭の祭りと仏教の法会が習合した、新年や春等に行う農事祈願の祭りであり、大般若経等を読誦する。この場合は、……白川氏主催の領国の勧農の行事であった」と説いている。

この農事祈願(おこなひ)への注目は重要である。領主の主催する勧農行事の新たな発見、というべきであろう。白川氏は聖(未詳)を招いて、まさに年ごとの農耕の始季(三月三日)から、収穫季(九月九日、ハックニチ)にわたる、四つの節供ごとに、それぞれ三日間にわたって、四回も重ねて、領国勧農の行事をていねいに主催していたことになり、「行事」のなかでもことに注目される。

とすれば、正月五日に行われる「在郷之者共出仕」という年ごとの行事も、正月十一日に行われる吉書も、「色部氏年中行事」への百姓たちの深い関わり[藤木 一九八七]とならんで、軽視できない緊密な領主の在地掌握をうかがわせるものとして、にわかに新鮮な意味を帯びて迫ってくるからである。

ついで、三月十七日条をみよう。

一、三月十七日、正たんしやう日ニ候、皇徳寺・大統寺より、両人わたられ候、三こんくミのさかなニて、さけ三こん候、初こんハ、殿様御はしめ候、二こんめ、くわうとくしよりの御たいくわん、三こんめ、たいとうしよりの御たいくわん、はしめられ候、ひきて物に、さつし一そくつゝ進候、其後、山王寺御出候て、御経あそはし候、いかにもしたてけつこういたし、めしもてなし申候、其上にて、三こんくミのさかなにて、酒一こん申候、ひきて物ニ、さつし一そく、あふき一ほん、はんのひしりに、なにゝてもいたし候、

三月十七日は白川の殿様の正誕生日であった。今泉氏はこの殿様を白川隆綱(義親)に比定している。

この日、地元の臨済宗の皇徳寺(白河市大工町、小峯城の近く、太白山大恩皇徳寺、白川晴綱の使役かという。日光山を開いた勝道の開基という。「白河風土記」)、白川親朝ゆかりの大統寺(同市馬町、永享年中、平川国師開山、臨済宗。「白河風土記」)から、それぞれ代官がやってきて、殿様についで、この順に酒肴三献の饗応と、引き出物に雑紙一束を受ける。なお「年中行事」(羽下B)にも、「たんしやうの代」として、「せきのわくより五貫文」が納められ、その内から、右の二寺に、それぞれ五〇〇文ずつ与えられる定めであった。

その後に山王寺(前掲)の僧が参上して、読経を行い、ほぼ同様な饗応を受け、さらに「はんのひしり」(判の聖か、今泉氏)もやって来て、何がしかの心付けを受ける、という。右の「おこなひ」に登場していた、あの聖の姿がここにもみえるから、白川領内のどこかに定住していたのであろうか。

なお、「陸奥国白川領風俗問状答」には、「町・在共に、誕生日には、神酒を供へ、小豆飯に、通例の煮しめなどいたし、祝ひ候までに御座候」という、近世の民間習俗を伝えている。

鎌倉公方家でも、三月晦日が大御所の「正御誕生日」であった。公方家の誕生日の祝いは、毎月のこの日（晦日）にも行われ、とくに三月晦日の正誕生日には、鎌倉の五山・十刹以下の寺々から、使いの僧（維那）の手で、祈禱札が届けられ、「終日御酒」の祝宴が行われる習わしであった。

白川の殿様の正誕生日にやってくる、臨済宗の寺々の代官や、天台宗の僧や、在地の聖も、祈禱札などを持参する習わしであったのかもしれない。諸寺に酒肴が振る舞われるのも、公方家とよく似ているが、月ごとの誕生日の行事については記載がない。

なお、和泉の日根庄（大阪府泉佐野市）の山間で暮らしていた、元関白の九条政基は、その日記「旅引付」の文亀元年（一五〇一）五月七日条に、

　晴、今日、誕生の日によつて、朝の間に精進せしめ、心経百巻・観世音経三十三巻を、真読せしめおわんぬ、

と記していた［藤木 一九九七b］。ここでは、寂しい山間に暮らす公家の姿がみえるが、誕生日の祝いを独り精進して迎え、自らひたすら読経するというのも（九条家）、寺僧がにぎやかに関与するというのも（白川家）、趣旨はほぼ同じことで、戦国社会の誕生日の祝いの広がりを示唆している。

## 2　白川家の秋

夏の終わりから秋へ、わずかながら年中行事の光景がみられる。

一、十二月みそか・六月みそかに、物申、はらひたちにきたり候、はとう百文・かミ一てうそへて、いたし候、

大晦日と夏の終わりの六月晦日には「物申《ものもう》」が「はらひたち」にやって来るので、祝儀に、銭一〇〇文と紙一帖を与える例になっていた。これら夏の末と冬の末の晦日の大祓いは、広く知られている。

この物申を、今泉氏は熊野信仰(先達)で知られる「八槻社の物申」としている。「ものもうす」の語には「神仏などに願い事を奏上する。祝詞・願文などを奏する」という意味が、『枕草子』の古くから知られている(『日本国語大辞典』前掲)。

このはらひたち(祓い立ちヵ)の実体は不明だが、鎌倉公方館の六月晦日は「夏越《なごし》の祓い」が行われ、陰陽師が茅輪《ちのわ》を公方館に持参し、公方一家でその輪をくぐって、厄を祓う「茅輪くぐり」が行われていたから[藤木二〇〇八]、この「はらひたち」も、同じような「夏越の祓い」の習俗であったと推定しておきたい。

「陸奥国白川領風俗問状答」(前掲)には、六月の「晦日祓い」に、村ごとに厄除といって、人形《ひとがた》を作り、あるいは、大きな藁の輪を作り、これらを村堺に持ち出して、厄病除けとしていた、とみえている。鎌倉公方の年中行事にもみえていた、中世の撫物《なでもの》や茅輪の習俗が、近世の白河にも遺っていたことが知られる。

なお、今泉氏の推定した八槻社というのは、白河市からほど近い、中世には「南郷」と呼び習

わされた、東白河郡棚倉町にあった。もと近津大明神とか近津宮と呼ばれ、「陸奥国一宮」と称した、都都古別《つつこわけ》神社（いまは近津社と馬場社が並立、馬場社は中世には棚倉城の所にあったという）のことで、六月晦日と十二月大晦日に「大祓祭」が、いまも行われている。

白川氏と八槻氏との関係は早くから深く、少なくとも応安三年（一三七〇）の「熊野御檀那名字事」（八槻文書）に斑目・芳賀・和知らの白川重臣が「熊野先達近津別当二所引導」とみえるのにさかのぼり、応永二十五年（一四一八）には、「奥州白河一家、同家風・地下人等、熊野並二所参詣先達職」と呼ばれ（八槻文書）、白川氏を大旦那とし、八槻大善院を先達職とする「白河一家」という修験組織に組み込まれて、戦国期にいたっていた〔奥野 一九八〇〕。年中行事でも、斑目氏の名で、八槻別当宛てに、近津・八槻十日市場などの地が神領として安堵されている（羽下Ａ一三）。

この近津神社は、近世には、白河領の農家がこぞって出かけたところで、作神様とか百姓の神様として、広い範囲から参詣があったという（『白河市史』民俗編）。ただ、八槻神社の「物申」の伝承については、現地では確かめることができなかった。

ついで、白川家の初秋、七月七日には、

一、七夕にも、朝、めんす候、ほとけへも、くうし申候、

という行事が行われていた。「めんす」は麺子で、うどん・そうめんなど、めん類をいう（『日本国語大辞典』めんす）。

足利公方家の七夕でも、公方が梶の葉の紋のついた単物を着て素麺を食べる「御素麺参る、其の

外、御祝、常のごとし」という記事がみえている。素麵を梶の葉に盛って食べるという、広い民俗のことが連想される。公方家でも、白川家でも、七夕には素麵を食べる習わしであった。それを白川家では、仏前にも供えるのだという。

なお、正月の白川家でも、

一、正月一日ニハ、朝、めんす候、四百文計のめんす入候朝めし仕立、御たいにハ、汁二ツ・まハり九ツ、小汁ニ鯉、せんはんニ鳫、是ハさたまり候、

とあって、正月祝いに、朝は素麵を主食に、二汁・九菜のほか、小汁仕立ての鯉や、煎盤で調理した雁など、馳走を食べる例になっていた。素麵は正月や七夕のときの、節会の祝いの食事であった様子が明らかである。

なお、七月十日には、城下の鹿島神社へ「はとう」(初穂、今泉氏)が献げられる。そろそろ新米が収穫期を迎える頃であった。

「九月中の九日」条には、「かまのこより、もちゐ卅三まい、あかり候」とある。「中の九日」というのは、おそらく民俗の九月十九日のナカクニチの習俗を意味し(後述)、秋の取れたての新米で作られた餅三三枚(鏡餅か)が、釜の子(東村大字釜子、白河の東南の山間)から、領主館に上納される定めであった。秋の収穫祝いに、領域のはずれに近い釜子の村が、とくに新餅上納の役をになっていた。

ついで九月二十九日には、秋の収穫を終えて、稲荷の神事が行われた。

一、九月廿九日、上山いなり神事、くらもとにてまつり候、はとう三百文・さつし五てうつゝ、
　おろし候、

というのがそれである。
九月九日はハツクニチ、十九日はナカクニチ、二十九日はシマイノクニチといい、東北地方では収穫祭に当たるという。市域でも、本沼の日枝神社は九月二十九日が祭日である（「大沼村郷土誌」『白河市史』民俗編）。

稲荷社といえば、市域の搦目地区にも小社があり、清光寺（前掲）のすぐ北隣にある借宿の稲荷神社は、もとは泉崎村の烏峠の稲荷神社が鎮まっていたところであったが、「白河風土記」によれば、いつの頃か、烏の大群がこの稲荷社の幣束をついばみ、真北に当たる烏峠へ飛び去ってしまった、と伝える。

上山稲荷というのは、上山という名称からみて、白河市の東隣の泉崎村の独立丘の山頂（標高四八四・九メートル）にある、この「烏峠稲荷神社」（烏ヶ嶺社―烏峠社―とうげさま）のことに相違なく、市内にある借宿の稲荷神社の右の伝承からみて、もともと白河とは深い因縁のあったことがうかがわれる。

その烏峠稲荷神社を訪ねると、長い参道を登った山上の社殿の建築は、山門も拝殿も本殿も、じつに大きく堂々としている。その山門を入った石段の両側に立つ狐の石彫（慶応三年銘）の台座には、白川桜町・年貢町・中町・天神町など、白河市内の町の名がいくつも刻まれていて、近世にも、市

内の町々の信仰が厚かった様子がうかがわれる。なお、この「とうげさま」は、近年まで、白河市内の小学校児童の遠足地として、子どもたちにも親しまれていたという(佐川庄司氏による)。『白河市史』民俗編によれば、「八朔祭り《はっさく》」というのがあって、旧暦の八日一口、稲が台風にやられないように、稲荷神社に祈願した、という。なお、九番町の権兵衛稲荷神社は、本殿に明治の頃に奉納された、四季農耕の彫刻があることで有名である。稲荷社はかなり農耕神的な性格をもっていたことがうかがわれる。

もともと民俗の稲荷の神事は、田の神の信仰であり、「春の耕作のはじめにこの神を迎え、秋の収穫の終わりにこの神を送る」〔柳田 一九五二〕とされる。なお、「くらもと」は特定できなかった。

## 3 白川家の冬

十二月二十七日の条には、次のような記事がみえている。

一、十二月廿七日、舟田安芸所より、風呂たてられ候、風呂かへりに、於安芸所に、夕めし候、一汁三菜のしたてニて候、めしの上に、三こんくミのさかなにて、さけ一こん候、近年ハ、弓矢故、あひやめ候、境中本意に候者、前々のことく、可月出候、

年末も迫ったこの日には、白川の殿様が重臣舟田氏の屋敷の風呂に出かけ、湯上がりには、一汁三菜の夕食を馳走され、さらに、肴三献を添えて酒一献まで振る舞われる例であったという。「入

道淵」の伝承(前掲)をもつ舟田の集落は、阿武隈川を南に越えた氾濫原に、遠く離れているから、舟田氏は城下にも屋敷を持っていたのかもしれない。

こうした「もらい風呂」の習俗は、鎌倉公方の場合、正月四日に「御湯始」として行われていた。

　御湯始これあり、御覚悟の岩堀の御湯殿に参る、

というのがそれである。「御覚悟」というのが難解であるが、もし「格護」の意であれば、家来の湯殿であったかもしれない。これは、民俗のワカユ(若湯)・ユイワイ(湯祝い)に当たるのであろう。

室町将軍家でも、「風呂の御成」といって、将軍がよく重臣の風呂に出かけていたことが、明らかにされているから[二木　一九八五]、京の「もらい風呂」の習俗の広がりは、白川氏にも及んでいたことになる。

京風の広がりといえば、十二月晦日の行事も見逃せない。

　一、十二月みそかに、せきのはくより、まりの庭へ、すなをおき候、是ハ、いわゐ之事候間、毎年無失念、可申付候、

十二月晦日に、関和久《せきわぐ》(西白河郡泉崎村、白川領の東端寄り)から、白川館の鞠の庭へ、砂を置く定めであった。蹴鞠は新年の大切な祝いごとであるから、忘れずに指示せよ、とも付記してある。関和久の集落は、阿武隈川の氾濫原の近くに立地しているから、「すな」というのは、阿武隈川の砂であったにちがいない。

この関和久については、結城朝常譲状(『白河市史』資料編2、三六二)に「せきのわく」が、小峯

政常譲状(同、三八二)に「せきのかうせきのわく」がみえるから、白川氏の直轄領であったことが知られる。なお、この関和久の地には、国指定の古代史跡(泉崎横穴・上町遺跡・官衙遺跡)が集中している。

蹴鞠の庭は、四本懸といって、四本の木を三間ないし四間を隔てて方形に立てるのを規定とし、その庭は、小石を除いて、塩・砂を入れて平らにするもので、摂関期以来、和様化して、次第に広まったという(『国史大辞典』しゅうきく 蹴鞠の項)。白川隆綱(義親)は、京の飛鳥井雅綱から蹴鞠の免許状二通を伝授されていた(『白河市史』資料編2、八六九・一〇九〇、九月五日「飛鳥井雅綱免状」・弘治二年「飛鳥井雅綱蹴鞠家説伝授状」)。

これまで筆者のみた、鎌倉公方や越後色部氏や山城の山科東庄でも、蹴鞠の年中行事はみられなかった。だから、館の内に蹴鞠の庭をもち、その競技を新年の祝儀の定式とする、白川氏の文化の豊かさが、あらためてしのばれる。

なお、十二月二十七日条には、さきの「もらい風呂」の定めのほかにも、

① 衆中より、三こんのさかなにて、節酒のはとう、あけられ候、和知十郎所よりハ、めんす・ゑんそまてそへ、あけられ候、

② 毎年、馬舟六郎左衛門かたより、まないた二まいあけ候、鳥一番いわゐニいたし候、

③ うなかミ新九郎、うかのはらひたち候、百文ニ、かミ五てうそへて、いたし候、

というような記事が集中する。

①は衆中＝家中による節酒の初穂、つまり年越しのための新酒の上納であり、和知氏については、別に「正月のしたく、和知十郎所より被納分」がみえている（羽下B）。②では、曲師の集団を組織しているらしい馬舟六郎左衛門から、俎板二枚に、鳥も添えて上納される。「家中歴名覚」（前掲）にも、真船越前守・同六郎左衛門がみえている。馬舟氏は、白河市のはるか北西の山間にある、西郷村にある真船の集落（おそらく曲師集落）の名を負う、筆頭の人物にちがいない。③うなみ新九郎からは、「うか」の祓いが行われ、返礼として一〇〇文に紙五帖が与えられる。「うか」の神というのは、いまは東白河郡棚倉町花園（赤館城の向かい）にある「宇迦神社」（掲額による）にちがいない。同社の伝承によれば、もともと同町の福井地区に農民たちが祀ったことに始まり、足利末期に現在地に遷されたという（大改修記念碑）。

民俗の宇賀の神は、福禄をつかさどるとか、穀物の神とされるが、この宇迦神社も宇賀神社にちがいなく、同社の伝承も、やはり「宇迦」が農民たちの神であったことを示唆している。なお、「うなかみ」は、おそらく海上で、泉崎村にこの姓が多いという（佐川庄司氏による）。

ついで晦日には、殿様の鹿島社への終夜参籠（前掲）によって、白川領は新年を迎えることになるのであった。

なお、「正月いわゐの事ハ、万々、大串所ニて、したくいたし候」とか「たい所・くら……是も大串役ニて候」とあるから、正月祝いの台所方は、すべて大串（左馬丞カ）という者に任されていた様子である。この大串氏は、ほかの四節供の祝いも、すべて取り仕切ることになっていたから、白川家の料理頭を統べる存在でもあったのかもしれない。なお、「家中歴名覚」にも、大串左馬之丞・同治部少輔の名がみえている。

## おわりに

本章では、政治や軍事や外交、課役のことはすべて棚上げにして、この「白川家年中行事」を、もっぱら戦国の白川家と領内の民俗誌として、これまで筆者の調べたほかの中世民俗誌（鎌倉・山城・越後）とみくらべながら、読み解いてみようとした。「断章」と副題で限定したのは、そのためである。なお、「断章」の語には、年中行事そのものが断簡群として伝存している、という意味も込めている。

ただ、本文中でも少し述べたが、この白川家年中行事は、随所に厳しい弓矢（常陸佐竹氏の南郷侵攻など）によって、行事が十分には行えない苦衷をのぞかせていた。

次の①〜④などが、それである。

① 弓矢故、近年やミ候、静ニなり候ハヽ、如前々、尤候、

② 領中敵地成候間、只今ハ、祝義迄ニ被上候、後日ニ手に入候ハヽ、如前々、可申付候、

③ 世上静ニ成候者、（永禄六年）……如前々、取成候て、可目出候、

④ 来年、亥のとしの秋中より、静ニ候者、前々のことく、……

これらによれば、白川家の年中行事は、厳しい領内侵攻によって、大きな危機にさらされていたのであった。もともと、中世の年中行事書というのは、多くの場合、そうした家の危機の所産であったかもしれないと思われる。その意味では、この年中行事は、軍事や外交の側面からも、より積極的に読み解かれる必要があることは疑いない。しかし、そのことは、もう若い研究者の手に委ねたいと思う。

本章では、今泉氏の分析に示唆されることが多かった。ことに「おこなひ」という農事祈願の民俗を、「領国の勧農」という視点から論じられていたのは、まことに印象的であった。勧農の民俗は、吉書だけに表現されるものではないことを、あらためて深く学ぶことができたからである。学恩に厚く感謝したい。

その目でみれば、正月の吉書や山の神参り（山の口明け）に始まり、三月の農耕の始期から、九月の終期にわたる、四節の祈念をへて、収穫を終えた後の九月末のシマイクニチの「上山いなり神事」や、本章3節の③にあげた、年末に穀物神をまつるという「うかのはらひたち（宇賀の祓い立ち）」に至る、初春から年末にわたる、一連の濃厚な勧農の行事なども、もっと新鮮な在地領主の勧農の目で、豊かに見直すことができるであろう。

この「白川家年中行事」の世界は、鹿嶋社を中枢において、東は宇賀社・八槻社、西は真船、南は番沢、北は上山稲荷社というように、ほとんど領域の周縁地帯ばかりに、重要な拠点をおいて、大きく広がりをみせていたことが明らかになった。

年中行事というのは、さきに色部領でも述べたが、白川氏の領域の心意統治の手だてそのものであった、というべきではあるまいか。「領域勧農」という本章の標題に、私はこのような意味を込めたいと思う。

なお、標題に「記憶」と付記したのは、白川氏が激しい戦乱のなかでこの「年中行事」を記した永禄五年（一五六二）十二月から、わずか一八年後の天正十八年（一五九〇）に、豊臣秀吉の奥羽仕置によって、はかなく白河の領主の地位を追われ、やがて伊達氏や佐竹氏に従属し、この豊かな白川家の年中行事も、記憶の彼方に遠のいてしまうからである。

その白川氏の改易は、伊達政宗の密かな画策であったともいわれる。その間の経緯については、小林清治氏畢生の二大著『奥羽仕置と豊臣政権』『奥羽仕置の構造』〔二〇〇三a／b〕に、詳細な追究がある。これら小林氏の奥羽仕置論の集大成の魅力の一端については、藤木〔二〇〇八〕をも、ご参照いただければ幸いである。

### 参考文献

今泉　徹　一九九六「『白川結城氏年中行事』の基礎的考察」『國學院大学大学院紀要　文学研究科』二七
奥野中彦　一九八〇「白河結城氏と修験組織」『地方史研究』一六五
小林清治　二〇〇三a『奥羽仕置と豊臣政権』吉川弘文館
小林清治　二〇〇三b『奥羽仕置の構造』同右
羽下徳彦　一九九二「東北大学国史研究室保管文書」『日本文化研究所研究報告別巻』二九
羽下徳彦　一九九三「東北大学国史研究室保管文書（承前、結）」同右研究報告別巻三〇

藤木久志　一九八七『戦国の作法』平凡社選書、講談社学術文庫版で補訂、二〇〇八年

藤木久志　一九九七ａ「鎌倉公方の春―中世民俗誌としての「鎌倉年中行事」―」『六浦文化研究』七（藤木『戦う村の民俗を行く』朝日選書、二〇〇八年所収）

藤木久志　一九九七ｂ『戦国の村を行く』朝日選書

藤木久志　二〇〇八「小林清治氏『奥羽仕置』論の視座」東北学院大学中世史研究会編『六軒丁中世史研究』一三（藤木『戦う村の民俗を行く』前掲所収）

二木謙一　一九八五『中世武家儀礼の研究』吉川弘文館

柳田國男監修　一九五一『民俗学辞典』東京堂出版

〔付記〕　二〇〇七年秋、白河領内外の現地踏査では、さきに『白河市史』で白川氏の年中行事を執筆されていた佐川庄司氏にとくにお願いして、終日、まことに快く、懇切なお世話とご指導をいただいた。文中でもご教示の一端を個別に付記したが、あらためて厚くお礼を申し上げたい。また、同行して聞き書きや撮影に協力された、戦国の奥羽に詳しい、同学の遠藤ゆり子さんからも貴重なご示唆をいただいた。

# 上杉謙信の印象

上杉謙信という戦国武将の人物像を、文献史料に頼らず、さまざまな遺物・遺品類によって、もっとじかに豊かに描くことはできないだろうか。いまわたくしも、『新潟県史』中世編の新しい調査の成果などにより、名前・花押・印章・画像などを手がかりとして、謙信という人物の印象をまとめてみよう。

## 名前の変化

手がかりの一つは、謙信の名前のめまぐるしい変わりようである。彼は越後下克上の覇者といわれた長尾為景の末子として、享禄三年(一五三〇)に春日山城(新潟県上越市)で生まれ、干支の庚寅にちなんで虎千代と名付けられた、という。天文十二年(一五四三)ころ元服して平三景虎といい、越後の統一を実現した同二十二年に上洛の際、二四歳でとつぜん出家して宗心と号し、やがて引退しようとまでするが、すぐに還俗して長尾景虎にもどる。永禄四年(一五六一)には、亡命してきた関東管領の上杉憲政から、管領職と上杉の家、名前の「政」の一字を継いで上杉政虎と称し、その年末頃、今度は将軍足利義輝から「輝」の一字をもらって輝虎と改名し、元亀元年（一五七〇）ころ法名を不識庵謙信と号し、天正二年（一五七五）末には髪を剃って僧体となり、やがて法印大和尚の位をうけた。天正六年（一五七八）に四九歳で虫気（脳溢血ヵ）で倒れて世を去るまで、ふつうの人よりじつに三、四回も多く名前を変えたことになる。

はじめの景虎の「景」は長尾家で代々うけつぐ通字であり、「虎」は生年の寅歳にちなむという。宗心と号した青年時代の突然の引退騒ぎは、どうやら自分に背きがちな家臣団の引き締めのために打った大芝居であったらしい。長尾景虎から上杉政虎・輝虎への改名は、彼の抱いた関八州への果てしない野望、そして上洛への大きな夢を象徴するが、また、彼が管領・将軍など旧体制にすっかりよりかかる、意外に古風な思想の持主であったことをも示唆している。

謙信となった晩年の出家は、ちょうど厄年にあたっていたし、また旧敵北条家と反武田の軍事同盟を結んで養子（北条氏秀＝上杉景虎）を迎え、いわば上杉王朝の基礎を固めた時期にあたってもいた。めまぐるしいほどの謙信の名前の変化は、このように、彼の一生の変転の激しさをじかに反映しているのである。

## 花押と花押判

二つ目の手がかりは、謙信の用いた花押（サイン）や印章である。戦国大名の手紙や命令書・証書は、ふつう祐筆（秘書）が書いたものに、大名が花押をサインしたり、朱印や黒印を押すなどして発行された。だから大名自身の表象ともいえる花押や印章には、形や図柄や印文に、しばしば大名たちの祈りや願い、また夢や理想が込められ、それが年とともに変化したりすることから、大名の人物像や内面の信仰や思想などを探るうえにも、大切な手がかりとされる。

A

B

C

D

E

F

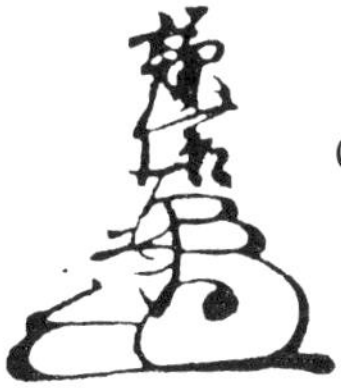
G

謙信の花押の型は、偽文書らしいものを別にすれば、はじめ長尾姓のころに三種類ほど、のち上杉姓になってから五種類ほどの使用例が知られ、また、それらの木判＝花押判の現物も数多く上杉博物館（山形県米沢市）に伝えられている。花押は手書きされるのがふつうであるが、花押判の使いかたは、用例からみると、判に墨をつけて押した上をさらに筆でなぞっているものが多い。

A～Cは景虎期の花押である。

Aは景虎の初期から晩年の謙信期まで使われる花押の基本型である。底部に形象化された「久」の字がみえるが、「B」という字のような形は、中世後期にはやった足利様の花押の特徴である。Bも同じ特徴をもつが、「久」の字は中央に組み込まれているようにみえる。これは景虎の二期に現われる。Cは宗心期と景虎の三期から政虎期まで使われた。これは「長久」という二文字の草体（「長」は裏返し）が組み合わされたもので、足利様の基本型とはまったくちがう、彼独自の形である。同型の木判も伝えられている。

D～Fは上杉輝虎期の花押である。Dは基本となる型はAと同じであるが、左端にCの「長久」の二文字の草体を小さく形象化して加えているのが特徴で（佐藤進一氏による）、もっともよく使われた。べつに同型の木判三種類のほか、次のEにも似た直線型変形の木判が四種類も伝えられ現存している。EはAを直線的に単純化した変形で、その木判も伝えられている。Fは「真久」という二字の草体を少し形象化したもので、Cの「長久」ともよく似た、謙信独自の形である。これは、輝虎期にみえ、後にもっと抽象化されて養子景勝の花押型の一つにうけつがれていく。

Gは謙信期のものである。いわば最晩年の花押であるが、Dとほとんど同型といってもよい。

以上のように、謙信の花押の全体のデザインは、戦国時代に広く流行した足利氏の花押の様式をうけた伝統的な形であるが、CとD以降の基本型にも織り込まれて長く使われた「長久」、それにFの「真久」の花押は謙信独自のもので、二つの文字は彼自身の思想や武運長久への深い祈りをよく表わしている。

## 上杉家の印章

戦国上杉家の印章は、いまも上杉博物館に伝わっている現物が一三種類もあり、用例が古文書にみえていて現存しないものを加えると、全部で二〇種類近くにものぼる。いずれも木判で、印面の大きさは直径三センチ程度から九センチという超大型のものまであり、その型も円形・楕円型・方型・長方型、鼎型、そしてそれらの変形と、じつに多彩である。

これらのうち謙信が実際に使ったとみられるものは一〇種類ほどで、あとは養子景勝のもので、まだ使用例の知られないものもある。個人の使った印章の種類の多さという点で、謙信の印章の多彩さはほかに例をみないほどであるが、それらをどの文書に使用するかは、時期によっておおよそは決められていた(『相田二郎著作集』2参照)。

謙信の印章でとくによく知られるのは、①横に伏した獅子像の下に「地・帝・妙」(地蔵・帝釈天・妙見)の三文字を刻んだ角印、②獅子頭の下に「円量」もしくは「量円」の二文字を刻んだ方型印と鼎型の印、③「宝在心」と刻んだ方型印、④「立願・勝軍地蔵・摩利支天・飯縄明神」と刻んだ突起のある円形印、⑤「摩利支天・月天子・勝軍地蔵」と刻んだ、上部に鍵状の突起のある円形印、⑥「阿弥陀・日天・弁財天」と刻んだ鼎型の印などである。そのほかにも⑦鼎に「梅」の字を刻んだ楕円型の印、⑧羽を広げた鶏のような鳥(鳳凰カ)を刻んだ円形印、⑨「封」の一字を刻んだ小さな長方型の印などがある。

以上の多くは朱印として使われているが、黒印の例もある。これらのうち、景虎期には①の

①

④

⑦

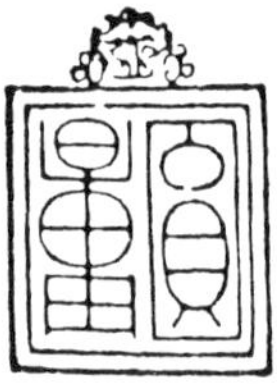
②

⑤

⑧

③

⑥

⑨

「地・帝・妙」朱印が、謙信期には⑤「摩利支天・月天子・勝軍地蔵」朱印が使われ、そのほかはいずれも政虎・輝虎期に使用されており、とくに④・⑤・⑥は養子景勝まで二代にわたって使われ、家印のような性格をおびた。

①や②の獅子の飾りは、彼の競争相手であった北条氏が上部に虎をのせた方形の印を、武田氏がまんなかに龍を描いた円形の印を家印として使っていたことを思うと、まるで猛獣と霊獣の対抗のような趣きがあって興味深い。なお、謙信も突撃の旗とされる軍旗には、懸り乱れ龍

といわれる「龍」の一字を掲げている。

謙信の印章のもっとも目立った特徴は、その印文に数多くの神仏(仏教の守護神)の名や「宝在心」「円量」など経典の文言を刻み込んでいることである。北条氏がその家印に「禄寿応穏」、氏康の個人の印に「武栄」「厳」「機」などの印文を選び、武田信玄がただ「晴信」と自分の名前だけを刻んでいるのと比較しても、英雄とうたわれた同時代の武将のなかで、謙信ひとりが神仏に異常なまでの信心を寄せていたことがわかる。

かつて謙信は、ついに結婚しなかった「一生不犯の聖将」などと美化されたりしたが、それもじつは、④の印文にもみえる飯縄明神(長野市外の飯綱権現)の天狗信仰に凝り固まっていたためではないか、といわれるほどである。彼が自分の肖像を、御雲昇天というまるで空を飛ぶ仙人のような超現実的な図柄で描かせたというのも(後述)、その証拠なのであろうか。
④・⑤の印に刻まれる勝軍地蔵は、軍神として念ずる地蔵であり、摩利支天は護身・得財・勝利をもたらすと信じられ、武士の枕本尊とされる。こうして行政文書に押す印章にまで、民治の安定よりは武運の祈りを込めていた謙信は、民政向きの政治家というよりは、根っからの軍人・武将であったというべきであろうか。
また陣頭に掲げる隊旗とされる「毘」の字の軍旗は、「刀八毘沙門の旗」といわれる通り、謙信が城内に堂をまつってあつい信仰をよせた、毘沙門(多聞天)を表わしているが、「はるかに王城を守る北方の武神」とされるこの仏教神に、謙信は北国にあって京都(天皇・将軍)の守護者を自任す

る、自分自身の姿を重ね合わせていたのではなかろうか。

以上のような事実もまた、激動する乱世の武将にしては、謙信が意外に古風な思想の持主で、むしろ典型的な中世人であった、という印象をいっそう深くさせるのである。

## 画像三種

手がかりの四は、謙信の画像である。いまに謙信画像を伝えるのは、ⓐ山形県米沢市の上杉神社（もともと上杉家に伝来の三種のうち）をはじめ、春日山城下にあたる新潟県上越市のⓑ林泉寺・ⓒ小林家、謙信ゆかりのⓓ新潟県栃尾市の常安寺などで、そのほかⓔ東京大学、ⓕ大阪城天守閣などに

Ⅰⓐ

Ⅱⓑ

III ⓓ

も、数種の模写が伝えられているが、これらは大きく三つの系統に分けられそうである。いずれも僧形で描かれているのは、出家して法印大和尚となった晩年の姿を表わしたものとみられている。

Iの系統は、謙信が急逝する一ヵ月ほど前に、側近の蔵田五郎左衛門に命じて、京都の画工を呼んで描かせた寿像（生前の姿）といわれるものである。のち、その画像は遺言によって謙信が師と仰いだ高野山無量光院主の清胤に贈られ秘蔵されたが、明治二十一年の火災によって焼失した、という（布施秀治『上杉謙信伝』）。ⓐにはその寿像とそっくりといわれる上杉家伝来の画像があり、ⓔにも同じ系統の模写があるが、よくみると法衣の裾などにちがいがある。

Ⅱの系統は、上越市に伝わるⓑ・ⓒと、ほかに米沢常安寺所蔵と裏書きのある上杉神社所蔵の別の画像がある。三つともじつによく似ているが、やはり微妙なちがいがある。上杉神社所蔵のものには、もと新潟県栃尾市の常安寺に伝来した、謙信四二、三歳ころの自画像である、という伝承がある。ⓑを伝える林泉寺は謙信が幼時に修行した長尾家の菩提寺であり、ⓒは謙信側近の蔵田五郎左衛門の家に伝来したものといわれるから、ともに由緒ある伝来といえるが、どれがより古いのか、決めるのはむずかしい。

Ⅲの系統はⓓである。これをいまに伝える栃尾市の常安寺もまた、謙信の母の実家の重要拠点であり、彼自身も少年時代を過ごしたという由緒を伝え、その画像は慶長以前の優作とみられて、新潟県の指定文化財となっている。

もし、Ⅰが謙信の注文をうけて眼前で描かれた寿像であり、Ⅱも謙信の自画像で、Ⅲは死後の画像であるとすると、Ⅰは最晩年の謙信の実像にもっとも近く、Ⅱはそれより若い時期のもの、ということになる。しかし、自画像説にはほかに確かな裏づけがなく、またⅠの焼けた原画の構図は「雲に御し（乗っ）て天に昇るの図」という、まるで仙人か天狗の飛行を描くような、超現実的な図柄であったというから、その肖像そのものも、謙信自身の理想や注文を反映して、理想化され美化されている可能性もあるわけである。

御雲昇天の寿像によく似ているというⅠについては、「その風貌、世に伝うるがごとき、疳癖強き荒武者とは見えず、むしろ温雅和順の相を伝えたり」という評もあるが（『上杉謙信伝』）、面長で下ぶくれの髭づらや、珠数を左手に軍扇を右手にもち、小刀を腰に大刀を左脇に置いた、堂々たる武人の法体から、軍陣の威容は見る人を圧倒したと伝えられる、威厳ある古武士の風格をしのぶこともできる。

これに対してⅡは、構図上はⅠとほとんど同じ法体の武人像であるが、ふっくらとした丸みのある温顔に、右手でふつうの扇を持ち、軍扇を腰にそえた小柄な姿は、乱世の英雄武将像というよりは、むしろ悟りをえた穏やかな仏僧とみる方がふさわしい。これは、自らの理想とする風姿を描かせた生前の寿像と、近侍の側近がなき主君をなつかしみ供養のために描かせた没後の像とのちがい、というべきであろうか。

Ⅲの画像の構図は、同じ法体でもⅠ・Ⅱとはまったくちがい、真言宗祖師像という肖像形式による仏画の構成にならったもの、といわれる。謙信と伝えられる人物は、画面の上部に、剃髪した頭を露わし、左手に珠数、右手に扇をもった、まったくの僧形に描かれており、その前(画面の下部)に侍して刀と銚子・盃を捧げもつ二人の武士が描かれていなければ、ふつうの僧侶像とかわるところはない。

この像は、Ⅰ・Ⅱとくらべて、その顔立ちが青年のように若々しく主従三人の間には平和な祝いの気分が満ちている。もしこの主人公が謙信であるとすれば、晩年の法印大和尚の像というよりは、青年のころに出家した僧宗心＝景虎の像とみるのがふさわしいほどである。このような図柄について、高僧を描いた仏画というよりは、むしろ、武家の主従儀礼の核心ともいえる正月の椀飯《おうばん》の儀式と、その中心にあって上杉家中を統轄し君臨する活気にみちた謙信の地位を象徴したもの、とみる魅力ある新しい解釈も出されている(中野豈任氏『越佐研究』四一)。

こうして、三系統の画像はそれぞれに、上杉謙信という戦国武将の人間像の真実を描き出しているとみてよいであろう。ただ、名前や花押・印文などから、わたくしが受ける謙信の印象は、やはり、寿像系といわれるⅠの威厳ある髭づらの法体武将像にもっとも近いように思われるが、いかがであろうか。

なお、花押・印章・画像については、新潟県史編さん室の阿部洋輔氏から多くの示教を得た。

# 北奥から見た豊臣政権

## 1　戦国百年の北奥は陸の孤島であったか

戦国百年の北奥の歴史を北奥の立場からどうみるかを主題としてお話するわけであるが、このなかでとくに天正十八年（一五九〇）は後で詳細を述べるが、豊臣秀吉の奥羽出兵の年であり、ここ北奥の南部氏に対して南部七郡の支配を命じた年でもある。北奥と上方《かみがた》とのぶつかりあいである。それが北奥の土着の人びとの立場からみたとき、どのような意味をもつものであったかを中心にして考えてみたい。

さて、話は天正十八年をさかのぼり、戦国の南部が都との結びつきをどのような形でいつごろからもっていたかということからお話してみたい。

## 南部氏と都との結びつき

南部が都の記録に表われる最初は、応仁の乱（一四六七）の前年一四六六年、室町将軍家のいわば官房長官であった蜷川親元の日記で「南部（青森）と小野寺（秋田）が争いをしていて、将軍に献上を命じた馬がなかなか集まらないと、庄内（山形）の大宝寺が連絡してきた」というものである。さらに日記の続きに「将軍家にとって馬が届かないことは困るので、南部の馬が届くように大いに協力することを大宝寺に命じた」とか、南部家の中心人物らしい南部（右馬助）に対しても「通路の安全と警護を大宝寺に命じたから、急いで太くて長い馬を差し出すよう」命じたと書いてある。

これは単に都に知られた奥羽名産の馬のことだけでなく、南部氏をはじめ東北地方の諸大名が室町幕府と深い関わり合いを結んでいたことを示すものとして注目できよう。さらに都への交通や情報の窓口がいまとちがって、日本海沿いに開かれ西回りルートであったのも興味ふかいことである。

戦国時代の初め頃、『余目旧記』の中に「奥州探題を勤めていた大崎氏の下で南部氏・葛西氏・伊達氏が奥州では高い格式を持っている。」とある。

同じ中頃になると、蜷川親俊の日記の一五三九年六月二十四日のところに「奥州南部の商人佐藤某が将軍に会うための御礼金を持参した。」とあり、都と北奥を結ぶ南部の商人の活躍が知られ、さらに七月十五日、今度は将軍家の相談役の地位にあった大館常興の日記の中に「奥州の南部彦三郎が上洛をし将軍に挨拶をした。そして将軍義晴の名前の一字を拝領したいと申し出、将軍直筆の許可証をもらって帰った。」と記録されている。この「晴」の字をもらった南部の当主彦三郎というのは、系図でみると晴政であることがわかる。

このような将軍との結びつきは、たとえば伊達晴宗・黒川晴氏・大宝寺晴氏と東北地方だけでも多くみられる。とくに伊達家の場合は代々そうであって、当主は全部将軍から一字をもらっている。

ところで、大館常興は日記の中で、この南部彦三郎のことを「南部のこと、もともとより承り及びたる者、随分の者にて」とか「御馬など進上候て一段の輩」というように書いているから、南部氏が京都政界で早くから知られ、かなりの評価を受けていたことが理解される。

戦国の終わり頃、一五六三年になって幕府が全国諸大名の格付をした『諸役人附』という記録によると、たとえば上杉謙信・武田信玄・毛利元就などは大名衆と呼ばれ、東北地方では伊達と蘆名(会津)が、あとは関東衆と呼ばれ、北奥では九戸《くのへ》と南部の二つの家がこの格で出てくる。

このようにみてみると、南部は戦国の世にあって、戦国乱世というイメージとはうらはらに、京都あるいは室町幕府と意外に開かれた関係を結び、そのルートも今日とはちがって、秋田から庄内を通っての北国海運・北国街道をとっていたのであり、戦国の北奥は決して陸の孤島ではなかったと推測されるのである。

## 2　南部氏は豊臣政権をどのような姿勢で迎えたか

### 西回りルートの意義

やがて来る豊臣政権と南部氏との出会いも完全にこのルートに乗っていたし、天正十八年の豊臣政権の「奥羽仕置」の結果、日本海岸沿いの秋田、山形の両県には取り潰された大名はほとんどいないのに対して、太平洋岸では南部氏と福島県の岩城・相馬氏を除いてすべて潰されてしまったという大きなちがいも、都へのルートが日本海ルートで、奥羽と都との結びつきは太平洋側と比較して深かったことに密接な関係があったのではないかと思われる。

### 南部と豊臣政権との出会い

ところで豊臣政権と南部氏との出会いは意外に早く、天正十四年とみられるが、当時南部は信直の時代で、日本海ルートで豊臣の重臣加賀の前田利家と通じていた。

この古文書は前田家より南部家への返書として現在「南部家文書」に残されている。宛名は「三戸《さんのへ》殿」であり、内容は「御内存の趣、上聞に達し候」とある。ところが天正十五年になると前田利家から信直へ今度は「南部大膳太夫殿」といういかめしい名前で呼び、しかも利家は花押の上に血判までして「関白様の御下知を守る限り前田は南部を見離さない。ただし上意に背けばこの誓約は無いものとする」と誓ったのである。この時代の慣習として、起請文と呼ばれるこの種の誓約書は双方で取り交わすものであり、信直も同じ形式の誓約書を差し出して秀吉への服従を誓っていることは間違いない。

私たちはふつう天正十八年を奥州と秀吉の出会いの年と考えているが、おそらくほかの奥羽大名に先がけて信直が豊臣政権に従属するという政策を決定していたことは確かである。

そして翌天正十六年には秀吉の上使金山氏が奥州に来て、一切の戦争の停止命令を伝えた。豊臣政権は天正十八年の四、五年前から出羽にも露骨な干渉をはじめていたことがうかがわれる。

天正十七年に南部家は上洛する計画をたてていた。これは南部家には記録が残っていないが、前田家に秀吉からの命令として「南部が上洛するので道筋の警護をするように」と伝えた古文書が残っている。この命令をみても、たとえば南部は船で行けば庄内から能登へ、あるいは越後を通って北国街道を行くコースを考えていたと思われる。

これから天正十八年にとつぜん秀吉が奥州に現われるのではなく、もっと早い時期から奥羽に対する統制を深めていたと考えてよい。やがて天正十八年秀吉が大軍団を率いて「小田原征伐」を開始し、前田利家は群馬県・埼玉県方面から北条氏に対する攻撃を受け持っているのだが、南部信直はこの軍事動員に応じ、前田氏の後を追っかけるようにして関東に赴いて前田利家と会い、息子に利家の一字をもらい利正と命名している。この利正は後の利直である。南部家がどれほど前田家を頼りにしていたかが、ここでもわかるように思われる。

このように、秀吉と連絡を取ろうとする動きは東北各地の大名にみられることであり、この上洛レースとでもいうか、そのレースには日本海側の大名は決定的に有利な条件を持っていたらしい。この小田原攻めの動員令で秀吉と直接連絡を取らなかった大名は取り潰しの運命にあうのである。こうして奥羽は激動の時代を迎える。

## 豊臣政権への従属の意味するもの

天正十八年七月に小田原の北条氏が滅亡し秀吉は会津まで進駐してくる。このときに秀吉は南部家に「南部七郡安堵状」なるものを出し、南部七郡の保証を与える。その安堵状の内容つまり秀吉が要求した従属の内容は第一の条件として信直の妻子を京都へ出すこと（人質）、第二は領内の検地をすること、第三に三戸の城（青森県三戸郡三戸町）を残してすべての城を壊す（城割り）ことがあげられている。その城には、たとえば八戸市域の根城南部や櫛引城なども対象になっていたはずである。この城割り令の意味はじつは北奥の世界に独立勢力を持っていた領主たちの城を潰すこと、さらにいえば北奥に秀吉の代理としての南部信直を中心とした三戸南部氏の中央集権を創り出すことにあった。このことをもっともよく示しているのは、その命令の中で「家中（家来）の妻子は三戸に集めよ」というところである。江戸時代に大名が妻子を江戸屋敷に置くように命令されることの原型と考えればわかりやすい。

これらが信直に南部七郡を治めさせ保証する交換条件であった。この条件を実現するために、信直は家来の妻子を掌握し領内の手強い城を潰していかねばならなかった。それらを信直一人ではとうてい不可能であった。信直自身が妻子を京都に取られるという中央集権化を背景にして、じつはもう一つの三戸集権というものを存在させたのである。つまり地方分権を強化していくことが豊臣政権の集権強化であったのである。三戸城は南部の中心であるばかりでなく中央の豊臣政権にとっては重要な拠点に生まれ変わることになった。これが命令書の焦点になると思われる。

実際に南部領内四〇いくつかの城のうち、三〇以上が潰されていると記録され、根城もまたその犠牲になったのである。しかし、このような豊臣政権の強制は奥羽の人びとの激しい抵抗にあわなければならなかった。天正十八年末から十九年秋にわたる「九戸の乱」がそれである。

## 3 「九戸の乱」に見る北奥の人びとの苦悩

### 九戸政実と南部信直の対立

「九戸の乱」における九戸政実と信直の対立というのは、じつは豊臣政権が南部に強制して創り出した対立というのが本質でなかったかと考えられる。つまり九戸政実は南部家に従う限りその居城を壊さなければならないし、さらに妻子を三戸に出すことを義務づけられる。南部政権は豊臣政権の代理であり、政実はその家来という関係になる。九戸城跡(岩手県二戸市)はいまも三戸城跡と比較にならない規模を誇っている。専門家によれば、当時日本では二番を下らなかっただろうとさえいわれている。信直自身もまた豊臣に従うことにより、このような自己の数倍の力を持つ政実を従えなければならないという難題を背負ったことになる。

九戸にとって従属か徹底抗戦、この二つしか道は残っていない。従えば強力な者が小さい者に屈服することであり、抵抗すればそれ自体が豊臣政権に対する挑戦でもあった。ここに九戸の抵抗に対する中央軍隊派遣の最大の理由がある。つまり、二人の対立はお家騒動ではなく、豊臣政権の北奥支配の危機にほかならなかったといえる。

ここで私はこの争いを単に政実と信直の対立と考えてきたが、別の資料をみたい。天正十九年二月の手紙である。

「当郡の侍衆が逆心を起こし糠部《ぬかのぶ》中が錯乱している。南部殿が天下（豊臣）にご奉公していることと、糠部の人びとが京儀を嫌っていることからである。」――つまり二人の対立はじつは糠部の人たちが京儀を嫌っているからである。そして信直が京儀に従ったため、それを嫌った人びととの矢面に立たされている。ここにも九戸の乱の性格を知る重要な鍵がある。

その一か月後に、信直自身も「郡中悉く京儀を嫌い申し候心底に候」といい、早く中央の軍団が来ない限り南部の滅亡はさけがたいと、その苦悩を述べている。

## 京儀を嫌い申すこと

糠部ないし南部七郡の人びとをとらえていた「京儀を嫌い申す」という心情や抵抗はなによりも

上方というものを頭から認めない意識・文化・伝統などに根ざし、さらに政実には結集された土着の経済力・軍事力をもとにした自信から京儀を嫌っていたものもあった。とすれば、政実の行動は京儀を嫌った糠部の人びとの心を代表した決起であると考えられてくる。

そうした周囲のなかにあって、信直の心境は軍事的にも精神的にも孤立したものであった。信直自身もまた政治的には上方に従ったが、心の底では糠部の人びとと同じく京儀を嫌い、しかし、その気持ちを抑えながら中央に屈服せざるを得なかった。

一方、政実にとっては、政治的に天下に対する反抗は自分の滅亡を招くことぐらいは充分承知のはずであった。しかし、承知のうえで、糠部の人びとの気持ちを結集し京儀を嫌い申す戦いを挑んだのである。こうしてみると全体としては、この対立という情勢を作り出したのは南部と九戸ではなく、天下とか上意と呼ばれる豊臣政権であったと私は考える。

そして信直に代表される気持ち、政実に代表される気持ちを押し切るような、苦悩や異質の文化のぶつかり合いを押し潰しながら天下統一は実現されていくのである。大下統一ということは、たんに天下が平和になることではなく、上方の一方的な勢力が、そういう複雑な心情や文化の伝統をローラーにかける形で進められていったのである。地方文化を認めない中央集権の力、ここに無視できない統一の重要な意味があったと思う。

## 乱ということ

　さきほど、「九戸の乱」に「　」を付けて述べたが、「乱」というのは上方からみた表現であって、支配秩序を乱すという意味である。もしも自分の土地に根ざして歴史を考える立場に立ったとき、もしも「九戸の乱」・「九戸征伐」という言葉をそのまま受けとめるとすれば、広く北奥や糠部の人びとの心の底を流れていた「京儀を嫌い申す」という独自の文化・価値観に基づく抵抗の精神を踏みにじってしまう危険がある。ましてこの戦いを信直と政実の遺恨試合だとみては先の資料が説明できなくなるし、相続争いに発した戦いとみた古い書物の考え方もまた一面的なものである。

　ところで、この戦いで政実は圧倒的な豊臣軍に包囲されて敗れ命を絶つのであるが、いま九戸城跡には政実さいごの地とされる三迫《さんのはざま》(宮城県栗原市)から仮宮が移され政実の霊が祀られている。土地の人びとの気持ちというものはそういうものだろうと思う。政実の霊を弔うことは、「京儀を嫌い申す」と果敢に抵抗した糠部の人びとの霊を弔うことにもなろう。

　このときに政実の降伏をうけた豊臣方の軍監であった浅野長吉の家の系図の中に「政実は、信直の身分を京が保証するなら降伏しても良い、と言った。だから政実の降伏を認め、南部家の地位を保証することができた。」とある。

　これを説明すれば、南部信直がおさえきれない北奥の抵抗をおさえるため、豊臣の軍が出動してくることになった以上、これは信直の失政ということになり、信直はただではすまなくなる。自分の領地も治められないという理由で取り潰しにあうことは諸国の例からみて必至であった。こうなることを政実は自分の命・降伏と引き換えに防いだというのである。

天正十九年九月に戦争が終わると、中央の軍隊は南部の城の大々的な修理を行い京に引きあげていく。これによって天正十九年は豊臣政権からみて天下統一の画期となった。

## 4　北奥大名にとって朝鮮出兵は何であったか

### 上衆のなぶり心

九戸が鎮圧されたその月に秀吉は朝鮮出兵の大動員令を発する。信直は息つく間もなくはるばる佐賀県名護屋まで出かける。その地に滞在する何百日という間、信直はその地に動員された全国の豊臣大名たちのなかで現実に上方とのちがいを厭というほど味わう。それは豊臣政権に従属したことの実感であった。その想いを国もとの留守に残した九戸南部の直栄や娘千代に手紙でたびたび書き送り、「上方衆はとかく遠国をなぶり心で扱う。外へ出る度に恥をかかされるので、月に一度前田の陣に挨拶に行くほかはこもりっきりである。津軽氏は頑固に物を言って恥をかかされ、いまでは黙っている」などと述べたのである。

「京儀を嫌い申す」という北奥の心をおさえながら、政治的に従わなければならないという傷ついた心で豊臣政権の権力争いの渦中に巻き込まれていく心境であろう。また「日本のつきあいに恥をかき候えば、家の不足に候」とも語ったが、この試錬に耐えぬかなければ、豊臣大名としての地位を保てないという、きびしい緊張が信直を包みこんでいた。もはや独立の北奥領主ではない。それが天下統一の実感であった。

## 朝鮮出兵の国内的実情

この動員のなかで全国の大名が集まってくるのだが、たとえば琉球王に対して島津に従って出兵させ、松前はアイヌを連れ参陣している。こういう形で朝鮮に対外的戦争を行う強い軍事的緊張を改めて作り出しながら、全国統一を仕上げ、松前のアイヌ支配、島津の琉球支配を公認している。そうした背景をもたせながら軍事的緊張のなかで統一ということを名実ともに仕上げていくのである。

日本の中世を通して、日本人は戸籍というものを持たなかった。しかし、この動員令のもとで江戸時代の戸籍の先がけになる日本全国の人掃帳(徴兵台帳)の作成が命令され、日本中の検地がピークに達する。

朝鮮出兵ということは日本統一の余勢をかってのものだといわれるが、じつは日本統一のために軍事的緊張が必要であったという方が真実に近いように思う。南部家の記録によると朝鮮出兵の年が城割りの年であったともいわれている。極度の軍事的緊張をつくり出すことで、初めて領内の城を叩き潰すことができたのであろう。そんな状勢も全体としてみられるのである。

山形の大名であった最上氏はおなじ陣中から国元へ送った手紙のなかで、「頭を丸めて大名なんかやめてしまい、どこの山奥でもいいからそこで命の限り生きたい。そして命のあるうちにいまいちど最上の土を踏み、最上の水を一杯飲みたい」と切々と訴えている。さらに朝鮮まで動員された伊達政宗は「十人に九人はあい果てる」という惨状のなかで、「あわれ此ぶんにて、いのちつづき、一たびおがみ申たき」と、国もとに便りしていた。このような緊張のなかに多くの大名がさらされていたということが朝鮮出兵の国内的実情であったと思う。

## 5　「朝鮮征伐」と歴史の見方

この出兵を日本では長く「征伐」といい、朝鮮の人びとは「倭乱」と呼んでいる。「朝鮮征伐」と呼ぶことが朝鮮の人びとにどんな気持ちを与えるだろうか。これは「九戸征伐」、「九戸の乱」について述べたことで理解できると思う。

日本中世の歴史のとらえ方を大ざっぱに教科書的にみると「建武の中興」を中にしてあとは「変」と「乱」の連続である。これはあくまでも中央的モデルからのもので、大皇制が栄えた時期のほかは全部、「変」と「乱」という考え方をしているわけである。

私どもは、自分の身近な歴史をじっくりと読みとりながら、自分の土地に根ざした歴史の見方から教科書的な見方を検討し直す考え方が当然あるべきだし自由にやっていけると思う。「九戸の乱」を北奥の人びとの立場から考え、そのことを通して日本歴史全体を自前のとらえ方で生きいきと理解し直すことができるのではないかと考えている。

# 和知の山論

## はじめに

和知《わち》(京都府船井郡旧和知町)は、総面積の九〇パーセント以上を林野が占める山村であるが、林業経営はごくわずかであり、林野のほとんどが、草山による自給肥料や燃料の採取や焼畑として、利用されてきた。しかし、その用益の拡大が、狭い小村相互の間に山論(山の紛争)を、日常化させ深刻化させることになった。

『和知町誌　第一巻　通史編』(和知町役場、一九九五年)では、山論に関連する論考は、「多発する山論」の節に大きく集約されて、天正・文禄・慶長期から安政年中まで、およそ二七件あまりにも及んでいる。個々の史料は『和知町誌　史料集』(一)(二)(三)の全三巻(和知町役場、一九八七～九〇年)に翻刻されて、所蔵別に選択して収められ、全蒐集史料は写真帳にまとめられ保存されている。

この『和知町誌』の要約によれば、山論の歴史的な推移の特徴は、近世初期では、多くの村々をふくむ入会《いりあい》林野の境界相論が多いが、中期以降は小村ごとの林野の用益権の相論に転化し、また前期には、藩による裁許が多いが、後期になると、地元周辺の有力村民による調停・内済《ないさい》(示談)、という方法をとる場合が多くなる、と指摘されている。

ここでは、戦国末期から十七世紀末への移行期への関心と、紙幅の制約から、この時期に関わる山論八件だけを、全二七件あまりの中から選んで、『和知町誌』(以下、『町誌』)の貴重な示唆にそって、山論ごとに、ほぼ年次順にまとめて、その概要を紹介することにする。十八世紀以降の相論ははるかに多数あるが、ここでは、十七世紀の相論と関連する山論事件だけを摘記するにとどめる。なお分析の焦点は、相論の実力行使の実態、提訴の形態、内済の実情などに、限定して紹介することとする。

## 1 上野山相論

和知を貫流する由良川の左岸升谷《ますたに》村と大迫《おおさこ》村の境にある、上野山《かみのやま》をめぐる相論は、少なくとも中世末の天正十三年(一五八五)にさかのぼり、長い紛争のあげく、享保六年(一七二一)の園部藩の裁許によって、ようやく落着したとみられる。

天正十三年に大迫村の嶋介(庄屋ほり七ヱ門連署)から、「升谷村惣中」に宛てて、次のような個人の詫状が出されていた。これは、その写である。近世以前の和知の村文書としては、もっとも古い、戦国末の山論文書ということになる（升谷村と大坂〈迫〉村の境村論落着状写、野間桝太郎家文書1、『町誌　史料集(一)』―一六九頁。以下、(一)―○○頁）。

鱒《（升）》谷村と大坂《（迫）》村とのさかいめの事
なかれをの尾すしをきり、かミ《（上）》ハぬたのたわ、下ハてあいのはなおきりにて御座候に、大さこ村嶋介と申者、いわれさる儀を申かけ候処ニ、御代官きこしめされ、即、野間九介殿を御奉行として、御からめ取、御せいはいニおよひ、めいわく仕候処ニ、粟野村大田三河殿・得元たくミ殿・しの原村之おかさきの孫左ヱ門殿、御両三人を頼、御わひ事申上候へハ、命御ゆるし被成、忝奉存候、加様之儀、重而申候ハヽ、其時、御せいはい可被成候、為其、後日之状、如件、

天正十三年十月廿日　　大さこ村
嶋介
庄屋　ほり七ヱ門
筆者　中市三郎
右在判有

池田久左衛門様御内
山下弥次兵衛殿
ぬしや　野間九介殿
舛谷村惣中参

太郎兵衛殿

この詫状によれば、大迫村の嶋介が、隣りの升谷村分の境の山で、生命にかかわるほどの非法（いわれざる儀）を働いたのが、升谷村から代官の耳に入り、升谷の土豪であった野間九介を奉行として、大迫村の嶋介が逮捕され、成敗されそうになり、迷惑していた。ところが、近隣の栗野村大田三河殿・得元たくミ殿・しの原村之おかさきの孫左衛門殿、の三人を頼んで詫言《わびごと》をし、その扱い《あつか》（調停）によって身命を助けられた。そのため、大迫村の嶋介が「升谷村から身命を許され、有り難いことである。もしも重ねてこのような事件を起こせば、そのときは用捨せず成敗されてもかまわない」と、謝罪・誓約したのが、この詫状の趣旨である。

上野山といわれる両村の境は、「ながれをの尾筋を限、上は、ぬたのたわ、下は、出会の端《はな》」を限り、といっている。上の「ぬたのたわ」とある「たわ」というのは、山の尾根の鞍部（山の尾根などのくぼんで低くなった所。『日本国語大辞典』8）で、下の「出会の端」は、由良川と上和知川の合流点の突出部であり、現在の両村（区）の境も、その通りとなっている、という（『町誌　第一巻』五〇五頁）。この大迫村の敗訴を示す嶋介の詫状が、のちの大迫・升谷の上野山論に大きな影響を及ぼすことになる。

なお、この詫状の後補の裏書によれば、「享保六年丑十一月山論落着」という表題の下に、「此表書之通本証文、御公儀様へ差上、御留置、戻り不申候、享保六年丑十一月九日、山論舛谷奥村利潤落着」とある。享保六年に再発したこの山論のとき、この詫証文は、写をとって、原本は公儀に提出したまま、返されなかった。この大迫村の詫証文のおかげで、升谷村の勝訴となった、というのである。この升谷の野間家に詫状が写で伝えられてきたのは、原本が公儀に納められ、写がとられたためであったらしい。

山論は大迫村の相論相手であった升谷村の村内でも、大きな問題となっていた。のちの慶長十七年(一六一二)十一月五日付の、升谷村の村掟＝山掟(野間桝太郎家文書16、㈠―一九七頁)がそれである。この日、升谷「惣中」は、村中二三名の連署・連判(省略)で、次のような掟を惣中として主体的に定めていた。

　鱒(升)谷村山の内より、材木・たき木きり、他所へ売申事、かたくとめ申候、若、右そむく者候ハ、、亀山夫五度、上可申候、其時一ごん申物候ハ、、さう(惣)として、可申付候、百ぎり山にて、きりこり、たけこり申事、仕間敷候、為其、各々はんきよ(判形)仕候、以上、

升谷村内では、共同の村山の材木や薪を、村人が個人で勝手に商品として村外に売却する、という事態が頻発し、また桐や竹の伐採が続いていたので、それを固く禁止しよう、というのがこの村掟の趣旨である。もしこの山掟に違反した者は、ペナルティーとして、亀山への人夫を五度務めることとし、もし従わない者には、惣として罰を与えることを申し合わせ、誓約の連判を行ったのであった。

この「村山の内より、材木・たき木きり、他所へ売申事」というような、村内での商業的な山林利用が、積極的に拡大することが、村々や村内での山論の原動力となっていたらしい様子が、この

「掟」からよくしのばれる。

元禄七年（一六九四）には、升谷奥村の惣百姓が、大迫村などを相手どって、またも「升谷村と大迫村之境め之事」について、山河にわたる「なかれ尾の尾すし、上はぬたのたわ、下は出あい之はな」であることを主張して、再び奉行宛てに山論を起こしていた（野間桝太郎家文書34、㈠—二〇八頁）。「升谷村と大迫村の境目の事」とあるから、天正の相論以来の山論の再発であったことになる。ただし、この相論の結果は知られない。

最終的にこの上野山論が決着したのは、享保六年七月二十四日であった。この相論からみると、さきの天正の大迫村嶋介の詫状が重要な証拠となって、大迫側の敗訴となっていた、と推察される。同年七月二十四日、升谷奥村のうち立屋・林に関係する、組頭甚兵衛以下一〇名が、同村庄屋野間平右衛門ら村役人に、「口上書」という頼み証文を提出している（野間桝太郎家文書57、㈠—二二五頁）。

上野山之儀、古来より奥村分ニ而、慥成御帳面、畑、茶畑数多御座候所、弐拾六年以前、大迫村より出入申掛、不埒ニ付、其以後、取分奥村内、立屋・林、何共可立様ニも無御座候而、御公儀様へも、年々御すくいを願申上候而、段々迷惑仕候ニ付、古来之通、奥村分ニ被為仰付被下候様ニ、

と、出訴を村役人に頼んだ、というのである。さらに、この畑・茶畑の訴訟について、いかほどの費用や労力がかかっても負担する、と申し添えている。村論ではなく、升谷奥村の一部の百姓が主

体であったらしい。

庄屋を頼んで行われたこの訴訟に対して、園部藩はこれを受理し、実地検分のため、元締役並川覚右衛門と郡奉行鈴木八郎兵衛・代官岡崎五右衛門・同荻野三左衛門の四人を派遣し、家来一一人が同行した。本格的な検分態勢であることが注目される。

十月十二日、検使一行は和知に入り、翌十三日午後、実地検分をしている。なお、代官は升谷・奥・大迫の三ヵ村の役人に、

①入用（経費）は升谷・奥・大迫の三ヵ村で負担すること、
②馳走（供応）がましいことは一切しないこと、
③一行に対して、事前の供応はしないこと、

を命じている（野間桝太郎家文書59、㈠―二二六頁）。

この上野山相論は、同年十一月、升谷村・奥村の勝訴、大迫村の敗訴で落着した。裁許状によると（野間桝太郎家文書63、㈠―二三〇頁）、証拠調べの結果は、「大迫村ゟ申旨、証拠不相立、奥村ゟ差出ス越後林之子細証文、判形在之、（中略）分明ニ相聞へ候」といい、升谷・奥村に有利な証拠があること、検分役人は惣山の境目を吟味し、さらに水帳《みずちょう》（検地帳）と古荒（荒廃地）の田畑を照合したところ、奥村側は正確であるが、大迫側は場所が明確でないこと、山の尾通りの水の流れは、「奥村より申す趣」に相違ないこと、この三点を裁定の理由として、升谷村・奥村の境杭をその通りに申し付け、絵図面に判決文を書いて、三ヵ村に交付した。藩が公式に直接に村々の山論に関与したのは、

この例が最後であったらしい。この裁許以後、上野山の山論は再発していない。

## 2　松山谷の切畑相論

慶長二年（一五九七）三月八日に、和知のうち由良川をはさんで小畑《おばた》村（東）と本庄《ほんじょ》村（西）の間で相論となり、決着した、松山谷の切畑《きりばた》（山の焼畑）相論の内容が、本庄村惣中側から、小畑村惣百姓中に交付された、内済状①②の二通の形で、「小畑区有文書」として伝存している。

相論は慶長以前（中世）から行われていて、この慶長二年三月八日に、ようやく落着をみたものらしく、その一通（小畑区有文書1、㈡―四五〇頁）には、「今度、山之義ニ付而、少申分候印ニ、松山谷畑切西へハ、双方立相ニ御扱被成、相済申事」と標題され、本文では、「ヽ、立相之内ニ、少シ之切畑之義ハ、一切仕間敷候、若、西（本庄村）より、ひがし（小畑村）へ参り候者、科銭御取可被成候、依而、為後日、済状如件」と明記されていた。この山論の紛争は、本庄村から小畑村への干渉が元であったらしい。

双方の松山谷の相論の結果は「双方立相《たちあい》に御扱」とあるから、第三者（②の「長太郎御嗳」カ）の調停（御扱い）によって、「双方立相」つまり入会（共同利用）とする、という形で決着がつき、双方ともに了承し、以後は「少しの切畑（焼畑による開墾）」もしないこと、もし西（本庄村）から東（小畑村）側へ侵入したら、「科銭《かせん》」（罰金）をとられてもいい、というのである。本庄村から小畑村の村山への侵入が、相論の主題であったことが知られる。

もう一通（小畑区有文書2、㈡―四五一頁）もほぼ同文であるが、扱い人は長太郎（未詳）であること、もし東（小畑）に侵入して「きり畠」をしたら「理（ことわり、抗議）」を入れる、と明記していた。

これによれば、山論の主題は、本庄村側から、由良川を越えて、小畑村側の山間へ、「切畑」つまり焼畑による開墾を企てたことから、相論となったが、公儀への提訴には至らず、扱い人として長太郎を立てて、問題の山間を「双方立相」「入相《いりあい》」（入会地）とすることとし、ただし、もしも以後、本庄村側がこの入会地に焼畑による開墾を企てた場合は、本庄側が科銭を支払い、あらためて告発されても構わない、というものであった。

本庄村はもともと和知谷の中心部にあり、その名の示す通り、中世仁和寺領和知荘の中心地であったとみられ、『元禄郷帳』では一〇三三石余で、和知では大村に属していたという。ただ、耕地に比して肥草山《こえくさ》（肥料用の青草採取地）が狭いため、他村との肥草山の紛争が絶えなかった、という（本庄区有文書解説、㈡―二七三頁）。

なお、後年にも山論が起きていた。天明二年（一七八二）七月の返答書に「本庄村之義、御高三百石之所に、草山以之外無く御座候故、隣村ニ而、柴・草等刈り申し候儀、耕作の為に仕故、大目に見遁し被恐候」とあるのは、もともと本庄村には柴山や肥草山が乏しく、近隣の村の肥草山にいやおうなく越境してでも、依存せざるをえない実情を、率直に語ったものとみることができる（本庄区有文書4、㈡―二七九頁）。

## 3　鐘打山相論

鐘打山《かねうちやま》というのは、丹波船井郡旧和知町と旧瑞穂町の町境をなす、三峠《みとけ》山(六六七・八メートル)を中心とする、山地五五〇町歩ほどの広大な一帯を指す(安栖里区有文書解説、㈡―四二九頁)。この相論は、十七世紀前半に始まる、近世最大の山論であったという(『町誌　第一巻』四九七頁)。

和知側の訴状によれば(安栖里区有文書1、㈡―四三〇頁)、この山の用益をめぐって、和知(中世の和知荘―九条家領、近世には園部藩領)側の安栖里《あせり》村・中山村・小畑村の「和知三ケ村」と、山を越えた「近郷」の瑞穂町(中世の質美《しつみ》荘―石清水八幡宮領、近世には幕府代官所領)側の質美(そのうち行仏村・下村・庄村・北窪村四ヵ村)の間で、古くから相論が行われてきたらしい。中世いらい領主違いの村であった。

万治三年(一六六〇)十月、安栖里村・中山村・小畑村の和知三ヵ村の主張(乍恐言上仕儀、御奉行様宛)によれば、もともとから「近郷質美村より押領を企而、悉ク切返し、わがまゝ仕」ったので、領主違いであるため、公儀(幕府)へ言上し、たびたび裁許が行われたという。「切返し」というのは、切換畑ともいい、焼畑を行ったというのであろう。

「押領・切返・わがまま」などの提訴文言をみると、和知・質美の双方の間に、実力による当知行の保全のために、激しい実力行使が繰り返された様子がうかがわれるが、ここでは切返(焼畑)の当否をめぐる民事訴訟が、論点として明記されているだけであり、武力紛争には、まったく触れていない。

それまでの経過をみると、古くから相論が繰り返し行われた後、ようやく慶安三年（一六五〇）八月十一日に、京都町奉行所の検使の立会いによって、「山内品々」（山の植生）の検分（見分）が行われ、その後、承応二年（一六五三）に召喚状（「御召状」）が下され、双方が京都の奉行所に出頭してこれを受けて、「落着」にいたった、というのであった（安栖里区有文書1、㈡―四三〇頁）。

和知側は園部藩領であるのに対して、質美村側は幕府代官所と、支配が分かれていたため、地域での内済には及ばず、訴訟は京都所司代扱いとなったものとみられる。

なお、野間桝太郎家文書4㈠―一七一頁）には、文禄三年（一五九四）二月一日付「和知之内かねうち山すミ御畑帳写」が伝来する。本文は、しつみ（質美）村の新介ら八名の連署で、和知之内桝谷村九助・安栖里村甚助宛てとなっている。その原本は、「慶安弐年七月廿日ニ御代官横江安左衛門様江相渡申候覚」とあるから、慶安二年に山論の証拠書類として、質美村側から、代官宛てに提出されたものらしい。その裏書には、「覚」として、「昔文禄三年、質美村より野間九助取置候、右証、怜中助代に、慶安弐年、質美村・和知三ヶ村と、山論之節、安栖里村ニ渡シ置候ニ付」とある。

「和知之内かねうち山すミ御畑帳写」という表題は、この畑帳が、塩瀬村の文禄五年の太閤検地帳に、一町八反の切畑（焼畑）が登録されていたのを想起させ、質美村の八人の百姓が、中世に鐘打山内に一三筆の畑（焼畑）を持って、登録されていたことの証拠として提出され、慶安三年の検分に活用されたものとみられる。

その後、またこの度、質美村側から「広大成押領」をしかけられたため、和知側からも、ふたたび提訴することになった。

万治三年十月七日付で、和知側の提訴した、訴状主文の一によれば（安栖里区有文書1、㈡—四三〇頁）、質美村側の非法は、

①八年前に定められた「御留山《おとめやま》」に、質美村側から「莫大成海道（街道）」を造って、

②その「御留山」を「切荒し、盗申」したばかりか、

③「御留山之内ばんじやう谷と申」す所に、「新畑、大分ひらき申」した。

④そのほか、はるか奥山にも「新畑」を作り、「中々、強盗同前之仕方横道」を造った、という。

そこで、和知側は、いくども確かな使者を立てて抗議を試みたが、効果がなかった、という。

この訴状によれば、山論地内には、さきの訴訟の結果、いわば双方の緩衝地帯として「御留山」（立ち入り禁止の幕府直轄領）が新たに設定されたらしい形跡がある。ところが、その「御留山」の村々による用益が相論の対象になっていたらしい事情がうかがわれる。

和知側の提訴の主文の二によれば、さきの承応二年五月の落着にもかかわらず、質美村側からは「切返」（焼畑）を止めなかったが、和知側からは「公儀様より重而御意下り申候迄ハ」ということで、「御掟《ごじょう》（命令）を相守り」この留山には手をださず、自己規制して、そのままに荒らしておいた、と主張する。

また「山すこしの所」は、公儀の「御指図」によって、「質美村と入相に仕候へと御諚」があり、入会とするよう命じられた。この入会地とされた地所は、もともとは和知側の「領分」であったのであり、和知側の村々としてはこの裁許に「迷惑」したが、やむなく「御諚」を厳守して「入相」として用益してきた。

ところが、質美側はここに「度々、押領・強盗仕懸」けて、和知側に「迷惑」をかけて、和知側は困っている。どうか相手方の質美村の庄屋・年寄を召し出して、このような「押領」をしないよう、処置していただきたい、というのが主訴である。「押領・強盗」という厳しい提訴の文言からみると、相論の現場では、御留山も無視した、かなり激しい実力による山論が行われていたと推察される。

以上の経緯からみると、承応二年の「落着」というのは、論地《ろんち》(係争地)を、和知・質美入会分と御留山という、二つに区分するというものであったらしく、両村の論地の中間に緩衝地帯として、新たに御留山が設定された形跡がうかがわれる。訴状によれば、その御留山の質美村による事実上の用益が、新しい相論の焦点となっていたのであった。

最終的に寛文十年(一六七〇)六月二十一日、京都所司代(板倉内膳正重矩)および東(宮崎若狭守重成)・西(雨宮対馬守正種)両町奉行の連署によって、山絵図を添えた裁許状が、和知三ヵ村(園部藩小出信濃守領分)と質美四ヵ村(鈴木伊兵衛代官所)宛に、それぞれ下された。

裁許状の概要は、「和知庄三ヶ村与質美庄四ヶ村山論裁許状」によれば、およそ次のようなものであった（安栖里区有文書2、㈡―四三一頁）。

和知側の主張によれば、字かね打谷は、もともと和知荘の領内であり、古来より南の峯を牓示《ぼうじ》（境界標識）として用益してきた。ところが、質美荘からは、みだりにその牓示を越えて立ち入り、草を刈り取り、田畑を切り荒らし、あまつさえ、字むかふ山かうへ谷の桑木（養蚕を意味するカ）までも伐採する、などの狼籍をした、という。この地域は、以前にも相論が起こり、一八年前の承応二年に、小野長左衛門・小川藤左衛門が現地を見分し、五味備前守が吟味を行い、「先規」の通り、和知領に「落着」したのであった。しかし、それ以後も質美側からは「数度の我儘《わがまま》・難儀」を仕掛けてきた、という。

一方、質美側の主張によれば、「かね打谷猿かたわより、みとけ（三峠）迄、北之峰通限て、両庄之堺目」であったという。牓示の認識に、両荘間で大きなくいちがいがあったことになる。和知荘と質美荘との間で、中世以来、荘境相論が繰り返されてきた形跡が濃厚である。その後、検分使が現地を検分した結果、論地の山内を三つに分けて、一所は和知領、一所は和知・質美の立ち会い（入会）、一所は留山にする、ということで落着して、いまに至った。ところが、この度、和知側から「新儀」を主張し、入会・留山の両所の内には「新開」の畑を開くことに「難儀」を主張した。これが質美側の主張であった。

以上の双方の主張につき、この度、御検使長谷川久兵衛・小林七右衛門・高橋清右衛門を派遣して、検分したところ、質美荘よりの主張は証跡が確かではなく、和知荘の主張は「証拠分明」であったため、以下のように落着することになった。

「かね打谷南之山、字まふがはな・ひてりかたけ・三石・みとけ迄、順之峰通」を堺に、南は質美領、北は和知領に決定するというのである。そして、質美四ヵ村の者については、謀訴を企て、数度にわたって非分を申しかけ、桑木を大量に伐採した科《とが》により、「籠舎」（入牢）のうえ「過料」（罰金）を申し付ける、という処分が決定した。以上の「後鑑」（後の証拠）のために、合わせて絵図面に領堺を墨書し、印判を加えて双方に下す、という処置がとられた。

この最終的な裁許をうけて、同日、和知三ヵ村では、「和知庄小出信濃守様御領分、中山村大槻吉兵衛（印）・小畑村樋口長左衛門（印）・あせり村森甚介（印）」の三名連署で、次のような「質美庄四ケ村論所之記録」を書き残していた（安栖里区有文書2、(二)―四三二頁）。

五味備前守殿御支配の節、一八年以前（承応二年）に、質美荘行仏村・下村・庄村・北窪村と相論が行われた。このとき、小野長左衛門・小川藤左衛門が検使として現地に出張したが、此方（和知三ヵ村）の訴訟が分明であったため、理運（勝訴）として落着した。

しかし、その後、質美の「四ケ村之衆中」が数回にわたって「謀動」を企て、桑木（養蚕か）を大量に伐採し、「むかひ山かうへ谷之桑木を大分伐採」した上に、「古来之牓示」を踏み越して、理不尽に柴草を刈り取り、そのうえさらに、「田畑切荒」を働いたので、京都町奉行雨宮対馬守へ訴訟に及び、双方ともに数か度対決・吟味を繰り返したうえ、「一枚絵図」を作成することになり、絵師を雇って論所の委細を書き写し、奉行所へ提出して検分するよう指示され、代官長谷川久兵衛、所司代板倉内膳正方から小林七右衛門・高橋清右衛門の二名が、「論所御検分」を行い、寛文十年六月二十一日に、双方とも、京都町奉行雨宮対馬守に召喚され、次のように申し渡された（安栖里区有文書2、㈡―四三一頁）。

和知三ヵ村の訴訟には誤りがないため、「先規」の通りに和知の「利運」（勝訴）とし、もふがはな―ひでりが嶽―三ツ石―三峠山の稜線を両荘の境界とする。一方、質美荘の者共は、「度々謀訴之科」により、「籠舎」のうえ「為首銭過料」（首の代わりに罰金を支払うこと）を命じられた。以後、双方とも違失ないように、「御絵図一枚宛」を下された、というのである。この相論は、和知側の勝訴で落着したことになる。

ちなみに、この相論に粉骨した安栖里村の森甚介は、後に義民として扱われ、論地の周縁と中心に墓碑と記念碑が建てられて、いまに伝存していることが、この相論の激しさを伝えている（『町誌第一巻』五〇一頁）。

なお、延宝二年（一六七四）三月十四日には、「追加」として、京都東町奉行前田安芸守直勝・京都西町奉行能勢日向守頼宗・京都所司代永井伊賀守尚庸の連署によって、次のような追加処置がとられていた（安栖里区有文書2、㈡―四三三頁）。

去る寛文十年に検使を遣わして糺明を行い、「字みとけ（三峠）の嶺・三石順の嶺・ひてりか嶽・もふかはな」を両荘の山境に決定して墨引きをした。ところが墨引きの一部が、誤って白土村分へかかり、それを質美荘の領分だとして支配しようとして強訴したが、認められないので「もふかはなより橋際」までかかっていた墨引きを、双方の所持する絵図から削除する、というのが追加の趣旨であった。山論絵図の作成の困難さがうかがわれる。

## 鐘打立会山相論

十七世紀の鐘打山相論は、あらまし以上の通りであるが、十八世紀に入ると、鐘打山論は質美側とだけ交わされたのではなく、かつて共同して質美と相論した「和知三ケ村」（安栖里・中山・小畑）相互の間でも、互いに激しく交わされるようになっていった。山野の用益事情が困難を極めていく様子がうかがわれる。十七世紀の山論と比較するために、十八世紀の事情の一端もみておきたい。

「明和六年（一七六九）鐘打山にて乱暴一件　対中山村」と題した、包み紙に包まれた訴訟文書二通がそれである（小畑区有文書5・6、㈡―四五二～三頁）。

その一通は「済状一札之事」と題した竪紙である。それによれば、このたび小畑村と中山村の間で、鐘打立会山（入会山）をめぐって出入り（相論）が起こり、互いに願書を差し出した。しかし、ともに願い下げとし、在地の三人の「御取扱」（調停）ということで、「古来之通ニ御済シ被成」ること、つまり先例通り、ということで決着をみた。互いに証文を取り交わすうえは、少しも申し分はなく、「出入《でいり》」（訴訟）に及ぶことはない、というのである。ごく近隣の村どうしで入会山をめぐる山論が発生し、在地の「御取扱」（内済）で解決するというのは、十八世紀の相論の特徴であろうか。

署名しているのは小畑村庄屋等五名で、宛所は近隣の中村の喜兵衛・尾長野《おながの》村の喜右衛門・安栖里村の嘉左衛門宛となっている。これは相論相手ではなく、調停者(扱い人)宛に誓約しているのが特徴である。いったん公儀へ提訴したのを撤回し、在地の宛所の三名が調停して、「古来之通」という形で落着したことになる。

もう一通は、同じ明和六年の「鐘打立会山論覚書」という端裏書をもつ、中山村から小畑村惣百姓中の役人衆中宛て、近隣の村同士の「内済証文」八ヵ条である。これも同じ鐘打山論の一環であったことになる。はじめに事件の経緯を詳細に書き留めた後に、「惣村中」として、庄屋・年寄・惣代が連署した後に、惣百姓衆八九名もの個々の連署印判が加えられている。この証文を「内済証文ニ致印形、世人中方江相渡シ申者也」といっているのは、この事実を指している。

事件の経緯は、わかりにくいところが多いが、およそ以下のような事情であった。しゅうずが谷に、中山村が切畑にタバコを栽培しているところへ、小畑村の者が肥料を崩したところ、中山村の作人に肥料を差し押さえられた。その切畑のタバコに、その後もまた、七、八人が行って肥料を崩してきた。肥料を崩すというのは、難解だが、タバコ生産の妨害行為を意味しているのであろうか。そこで、わき谷で、中山村の者の牛の鞍を二背、差し押さえて持ち返ってきた。そのため、中山村より目安を上げ、小畑村よりも返答書を差し出した。ところが、御上の下知によって、在地の世話人に調停(扱い)させることにし、両村の願書は撤回され、在地の世話人中の取り計らいにより、村人八九人連署による「内済証文」が作成された、というのであった。「上《か》みよりの下知」によって、内済となっている点が、ことに注目される。

「内済本紙証文」は三ヵ村を代表する安栖里村に、封印して納められた。この「内済本紙証文」は、役人中が承知したら、印形をして、世話人中方へ渡すことになる。以上の次第を村中末々まで残らず納得したので、ここに「内済」は成立したこととする、というのである。

## 鐘打山立会山につき願書

同じ明和六年の七月、小畑村・中山村・安栖里村三ヵ村の庄屋・年寄は連署して、近隣の本庄村を相手どって、園部藩の奉行宛に願書を提出した(小畑区有文書7、(二)—四五五頁)。

中山・小畑・安栖里三ヵ村立会の鐘打山へ、先月二十四日に、本庄村から、五、六人ばかりで牛を追い入れ、肥・柴を刈り取っているのを、安栖里村の柴刈り百姓たちが見つけ、抗議をして、牛の鞍二背と鎌二枚を差し押さえて村へ帰った。同じ鐘打山論といっても、村々の権益は村ごとに小さく複雑に入り組んでいた様子が明らかである。

ところが翌二十五日には、本庄村から、およそ三〇人ばかりで牛を追って山に入り、おびただしい肥料・柴を刈り取っていた。それを見つけた安栖里村の村人も、相手が大勢なので手に負えず、村に戻って報告したので、村の役人どもが寄合い評議した。

その後、二十九日早朝に、安栖里村から、山番を兼ねて、八、九人ばかりがその山へ入って、柴刈りをしていたところ、またも本庄村から、三〇人ばかりが牛を追って山に入ってきて、おびただしく刈り取りを行った。燃料の柴や牛の飼料や肥料の草の確保であろうか。

安栖里村の山番の者どもがこれを見つけて非難し、本庄村惣中から、鎌二〇枚を差し押さえようとしたところ、互いに口論となって、ようやく鎌四、五枚を渡すという話になった。ところが、本庄村からは、ついに鎌一枚も渡されなかった。安栖里村側は昼食の用意もなく無勢であったが、本庄村は多勢であったので、残念ながらやむをえず引き揚げてきた。

現場が安栖里側であったため、小畑・中山はその事情を知らずにいたが、知らせを聞いて両村ともに現場の検分に行って驚いた。三ヵ村の力では対処できないので、やむなく訴訟を申し上げる。どうか本庄村を召喚して、今後は、三ヵ村立会山へ立ち入らないよう命じていただきたい、というのである。

以上が提訴のあらましであり、近隣の村同士の山論の厳しさをしのばせるが、この結果がどうなったかは明らかではない。「鎌を取る」という、山論の古俗が遺っていることに、注目しておきたい。

## 4　元和四年、役谷山相論

天和三年(一六八三)十一月八日付で、細谷《ほそたに》村は園部藩奉行所宛てに、提訴した。細谷領のうち役《やく》谷《だに》山は、川井村(上粟野村)と共同で、新畑を開発せよという奉行の命令が出た。しかし、役谷山はもともと細谷村の領内であるので、この指令はとうてい請けられないとして、細谷村は以下のような事情を上申した（もと細谷出身の吉田守男家文書1、㈢―九一～二頁）。

永谷・役谷山は、もともと元和四年（一六一八）までは共同利用の「立相山」であったが、天和三年、川井村側から、細谷村の者を永谷山へ入れることはできない、という「新儀」の申し立てがあったため、「出入」になった。この相論の調停に、当時の大庄屋であった、本庄村の目口久蔵・安栖里村の岡七郎兵衛が「扱」に入って、永谷山は川井村の支配、役谷山は細谷村の支配にせよと、配分図を作り、証文を交わした。したがって、役谷山を川井村と共同で開発するというのは筋違いであり、役谷山はすべて細谷村の領分と、あらためて認めていただきたい、というのである。

なお、元和四年に扱人の作成した証文は、細谷村に一通、川井村にも一通あるので、検分をして、奉行所にその通り認めていただきたい、というのであるから、この山論の発端も、元和以前であったことになる。ほとんどの山論が、中世末か近世のごく初期から、繰り返されていたらしいことが注目される。

## 5　立木山相論

寛永七年（一六三〇）六月に、広野村の源左衛門・出野村小左衛門・同次兵衛の三名から、小畑村の次左衛門・升谷村の忠助宛てに、次のような請書が提出された（野間桝太郎家文書18、㈠―一九八頁）。

この度、和知の内広野・出野両村の内の立木山へ、稲次村から「惣中おしこミ」の実力行使があったので、藩に目安《めやす》（訴状）を差し上げた。しかし訴訟にいたらず、扱い衆（小畑村の次左衛門・升谷村の忠助）が乗り出して、稲次村に対して、立木山には、ふだん定めの牛三疋のほかに二疋、合わせて五疋だけを入れるのを認めることとし、これだけは毎日通しても文句はいわず、ただし葛わらびの時分は、広野・出野両村から稲次山へも入ってもいいという、いわば交換条件で、内済が成立した。

なお、寛永年中（推測）、坂原村と安栖里村の「山之出入」が起きたときには、園部藩の役人二人が、在地の本庄村・小畑村・升谷村・角村・中村・稲次村の六ヵ村を藩に召集して、解決策を図っている（野間桝太郎家文書21、（一）―一九九頁）。はじめから内済に委ねた様子はなく、訴訟を起こした村々の提訴をうけて、じかに藩が乗り出している形跡がみえてくる。このほうが初期の訴訟の原型であったのであろう。

## 6　大谷山相論

和知の中村（字中）は、坂原《さかばら》村の西で、ともに由良川の北岸にあり、南北に細長い村である（三）―四一三頁解説）。北に標高五〇〇～六〇〇メートルの山が連なり、左岸の坂原の対岸には、坂原の分村の須川《すがわ》がある(『町誌　第一巻』五〇八頁)。この中村・坂原・須川三ヵ村の山論が大谷山相論である。大谷山は最終的に安永九年(一七八〇)の園部藩の裁許によって、中村に所属するものと決定された(片山庫治家文書13、㈢—四二五頁)。これには古い歴史があった。

中村・坂原相論のこれよりはるかに古い一通は、延宝二年(一六七四)三月十日、園部藩代官吉田勘八から、中村・坂原村宛の、山出入り「申渡覚」である(片山庫治家文書1、㈢—四一四頁)。

その内容は以下のとおりである。中村・坂原両村の山出入りについては、繰り返し吟味を遂げてきたが、「先規より入相」(もとからの入会)に紛れないことが判明した。それに、さきの奉行も、大谷・長谷両谷ともに、明らかに「入相」だとしている。なお少し入会の指定範囲からもれた区画もあるが、それは追って糺明して申し渡す。この旨を守るようにせよ。小百姓までも、異儀を申し立てないよう、この書きつけをよく守るようにせよ。

藩による裁定の原則が、一貫して「先規」(先例主義)であり「入相」(共同利用主義)であったことが明らかになる。それはまた、山論のたびに村ごとの山の厳密な区画を決定するのは、困難を極めた、ということでもあった。

その二は、延宝三年四月九日付で、やはり隣どうしの中村と坂原村からの、山出入りについての指出である(片山庫治家文書2、㈢—四一五頁)。中村では、大谷・長谷・粟野谷・安栖里船谷・おひら谷、この五谷を、これまで「入相」としてきた、と主張した。坂原村では、長谷・大谷ばかりを「入相」としており、そのほかの谷に入り込んだ先例はない、と主張した。

問題は、その山役銭（藩に支払う入山料）であった。中村よりは、これだけの「入相」山の広さに応じて、山役銭八貫四二文を差し上げてきたが、坂原よりは、山役銭をわずか四貫七三四文を差し上げているだけである。山役銭に大きなちがいがあるのは、中村の山が広大である証拠である。しかし、長谷・大谷の南山は、末代まで「入相」にして、そのほかは、安栖里船谷・おひら谷・粟野谷を、まず坂原村の「内山」（村山）としていただきたい、というのである。

なお、山役銭の上納を明記しているのは、この件だけであり、全村での慣行であったかどうかは、断定できない。延宝の大谷山相論は、両村の入会ということで落着した。この村の検分は、奉行衆のほか、在地の安栖里村も扱人として関与していた。

ついで、のちの安永八年六月に、中村の書いた「山論誷書」（片山庫治家文書13、㈢—四二五頁）によれば、その頃、中村分の大谷山へ須川からさかんに肥草刈りに入り、これを見つけた中村の若者どもから村役人を通じて、坂原村の庄屋に抗議し、今後は須川から立ち入らないことで話がついた。しかし須川の草刈りはやまず、三ヵ村から藩の代官に訴え出て、証拠の絵図を提出したが、坂原は絵図に印形を押すことを拒否した。ついに奉行御前での対決となったが、中村は先例のないことを主張し、須川は山不自由という困窮の実情だけを懸命に上申し、坂原はお叱りをうけて退出した。

その後、安栖里村・小畑村に「内済之取持」を命じたが、坂原の反対で実現しなかった。そこでついに、三ヵ村の願いにより、藩による山検分ということになり、四月三日から、山をのこらず帳面につけ、三ヵ村の印形をとり、山役銭相応に山分けする、ということになった（片山庫治家文書15、

㈢―四三〇頁）。

その裁許状によれば、坂原村・須川村は、大谷山・長谷山とも、三ヵ村の入会山であるといい、中村は大谷山は中村の内山であるといい、対立しているので、大谷山は中村の内山とし、坂原村・須川村の立ち入り禁止とし、長谷山は中村の立ち入り禁止とする、などと裁決され、同十月に境杭を打った、という（片山庫治家文書13、㈢―四二八頁）。

ついで、安永九年四月二十七日、大谷山裁許請書（片山庫治家文書16、㈢―四三一頁）が、その後の経緯を記録している。このとき、相論の裁許が奉行所より下ったのに対して、関係する坂原村須川分・和知中村・坂原村本郷の三ヵ村が提出した請書である。「裁許之事」と表題され、三ヵ村それぞれの主張を記載し、裁許を下した文書に、三ヵ村の村役人が連判した承諾書である。

興味深いのは、証拠として、坂原本郷が「寛永弐拾年之書キ物」を提出したのに対して、中村は「延宝二年之書き物」を提出して争ったことである。ところが、奉行所は「寛永年中より以後」という先例主義を排して、この証拠を却下し、新しい延宝二年の証拠を採用したらしく、裁定は、大谷山は向後は中村の内山と相定め、坂原村より立ち入るまじきという、完全な中村側の勝訴に終わった。

安永九年十月には、大谷山について、三ヵ村の相論に対して、藩の奉行所は「内済之取持」を提案したが、当事者はこれを拒否したため、奉行所による実地検分ということになり、厳しい裁定が下されることになった（片山庫治家文書13、㈢―四二七頁）。

それは中村の勝訴であったが、それを決定したのは、「大谷山は先々より中村内山に候」という中村の主張であったか、中村が「山役銭相応に山御分け」を主張し、中村が山役銭を八貫四二文を差し上げているのに対して、坂原は山役銭をその半分ほどの四貫七三四文を差し上げており、山役に大きなちがいがあるのは、中村の山である証拠だ、という点であったのか、判然としない。

## 7　ゆり山相論

ゆり山は、由良川の支流高屋川の右岸にあり、升谷村と中山村の中間の一帯の山地であり、升谷の野間株の株山とされていた。延宝四年(一六七六)十一月六日、この地について、両村の間で、ゆり山相論が起きた。

藩の平井善兵衛より、当事者である升谷奥村の忠助と中山村宛てに、さきに検分した山論につき、出頭命令が出された(野間桝太郎家文書28、㈠―二〇五頁)。この対決の内容は明らかではないが、翌延宝五年二月十日、升谷奥村の忠助と中山村惣百姓中のゆり山相論が落着した(野間桝太郎家文書29、㈠―二〇五頁)。

升谷奥村の忠助が主張するには、順之峯より橋を見通して境目とし、代々、私の支配の山であり、確かな証文も所持している、という。これに対して、中山村が主張するには、中山の村山に間違いない。忠助が主張する範囲には、三〇年前(慶安元年〈一六四八〉)の内検のときに、中山村の水帳(検地帳)に載っている畑が二ヵ所もある、という。

これによれば、山は忠助の山に紛れない。三〇年前の水帳にのっていたという、順の峯より二枚畑の北のはずれ見通しに、畑を中山村に含めた形で、境目を定めることにする。これを絵図に描き印判を押し、忠助方へ渡す。以後は、双方ともにこれを守り、違反すれば曲事にする、という。

この山論から三〇年ほどたった宝永三年(一七〇六)二月、「中山村より、この山へ、大勢催し押し入り、山大分伐荒し」たので、ただちに公儀へ上申し、中山村惣中・升谷村・奥村の村役人が園部の会所へ召喚されるという、ゆり山相論が再発した(野間桝太郎家文書42、㈠―二一二頁)。升谷の野間株から「慥成絵図・証文」を提出して争ったが、「先年(延宝四年)御さはき《(裁)》之通」という裁定が下され、「向後、此ゆり山ニ違乱申者於有之ハ、急度曲事」という申し渡しで落着した。先例通りというのが、裁定の趣旨であったことになる。

## 8　桑迫山論

小畑村は、東は北流する高屋川、北は北西流する由良川に限られる、由良川沿いの斜面に点在する、『元禄郷帳』では七九石余の山村である(小畑区有文書解説、㈡―四四九頁)。相論の起きた本庄村は、由良川を隔てた対岸にある。

元禄四年(一六九一)四月八日、小畑村と本庄村の間に、山論が起きて、本庄村から小畑村宛に、次のような極書を交付した（小畑区有文書3、㈡―四五一頁）。

両村の入会地であった、桑迫というところに、本庄村の理左衛門が新林を開いたので、小畑村惣中として抗議し、その立木を切り払ったところ、理左衛門が異儀を申し立てたので、本庄村と小畑村の庄屋・年寄が寄合い、牓示を立て、西びらい境は、かうか中切むろの木限り、東びらいは、栗の木中切、同ぐみの木切に境とする。それ以外は「小畑村・本庄村惣山」とする、というのである。山野の乏しい本庄村側にとっては、小畑村の入会地は生活に不可欠の山野であった。

なお、小畑村に伝存する、この極書の裏書には、「古来之通、当所山内江一切立合申間敷候様、被為仰付被下候者、難有可奉存候」という趣旨の裏書が書きつけられているのをみると、この相論は、村同士で決着したにもかかわらず、これを機に「当所山内江一切立合申間敷候様」に、奉行所宛に提訴する構えであったらしい形跡である。

## おわりに

和知の相論は、提訴文言には露骨には記されないが、近世の初期以来、現地では、事実上の実力行使によって行われていた形跡が濃厚であり、提訴にいたるのは、その帰結にすぎなかった。「鎌を取る」という行為に象徴される、中世以来の村落間の山論にみられた自力救済の作法は、近世に入っても確実に生きていたのであった。

その実力行使の実情を、以上の相論文言から抜き出してみると、以下のようになる。「いわれざる儀を申かけ」「材木・たき木きり、他所へ売申」「切返(焼畑)」「少しの切畑」「押領を企而、悉ク切返し、わがまゝ仕」「莫大なる海道(街道)を作る」、「御留山」を「切り荒らし、盗み申」し、「新畑、大分ひらき申」した。はるか奥山にも「新畑」を作り、「中々、強盗同前の仕方の横道」を造った。「むかひ山かうへ谷之桑木を大分伐採」した上に、「古来の牓示」を踏み越して、理不尽に柴・草を刈り取り、そのうえさらに、「田畑切荒」を働いた。「肥料を差し押さえられた」「牛の鞍を二背取り持ち帰ってきた」「牛の鞍二背と鎌二枚を差し押さえて村へ帰った」「鎌二〇枚を差し押さえようとしたところ、互いに口論となって、ようやく鎌四、五枚を渡すという話になったところが、本庄村からは、鎌一枚も渡さなかった」「この山へ、大勢催し押し入り、山大分伐荒した」などの村の露骨な暴力が浮かびあがってくる。ただし、刀・脇指・弓・鑓・鉄砲などの武器を行使した山論の形跡は、史料の文言上からは、まったく認められないが、山論の暴力を否定することはできないであろう。

ついで、園部藩や京都所司代に提訴し、奉行所役人による実地検分が行われることもあった。初期には「御からめ取、御せいばい」というような厳しい成敗もみられたが、ほとんどは奉行人による現地踏査によって解決が図られるのが通例であった。

しかし、やがては、概して領主側は、在地における「内済」による解決を原則とするようになり、在地の有力百姓二、三名を「扱人」として、話し合いで解決することを追求した。しかし、「内済」

によって、暴力行使が収まったわけではなかった。

肥料用や牛の飼料用の草刈りの例が数多く認められるが、材木や薪・桐・竹などの伐採と商品化、桑の木の伐採（養蚕カ）や入会山の焼畑の開発などの経済的な拡大が、時代とともに山論を激しくさせる原動力であったことが推測される。

# 市の立つ日

すべては、遠い少年の日の、私の淡い記憶です。

戦後も間もないころ、私の育った中蒲原郡須田村（現在の新潟県加茂市と新潟市南区の一部）のうち、前須田《まえすだ》・後須田《うらすだ》には、集落のなかを道路がまっすぐに通り、その道に沿って、豊かに澄んだ小川が流れて、メダカも群れていました。大人たちは、ふだんの洗い物もここですませていましたし、風呂の水汲みは、子どもたちの夕べの仕事でした。

その村なかの小川のほとりが、晩春から秋にかけて、月ごとに三と八のつく日の夕方になると、きまって急ににぎやかになるのでした。それは加茂の市日の前の日だったのです。

大人たちは、さまざまな手づくりの作物を、小川の両側のへりに積み上げ、競うように川水で泥を洗い落としては、手際よくリヤカーに積みあげていくのでした。ことにまるく太ったカブの白さは、少年の目を引いたものでした。カブは須田の名産でした。

この活気に満ちた、月に六回の夕方の小川べりの光景が、私は好きでした。夏になると、桃や梨がリヤカーに積まれていきました。信濃川の大きな砂丘(自然堤防)が育んだ、これも須田の特産でした。村の奥に広がる新田も、もとは、この大河の砂丘の裏に水のたまった、深田(後背湿地)だったのです。

つぎの朝早く、村びとたちは、青果を積み込んだリヤカーをひいて、信濃川にかかる五反田の大橋を渡って、六キロほど離れた加茂の町へ向かいました。四と九のつく日は、町で市が立つからです。これがいまも続く「四・九の市」(しくのいち)です。月に六回の市ですから、六斎市と呼ばれて、全国でも広く行われています。

信濃川に橋のないころは、関正平さんによれば、前須田に渡し場があって、対岸に張り出した山島(砂州)の村に、小舟で荷を渡したのだそうです。その渡し場は、ほそぼそと、昭和四十年代まではあったはずだといいます。

加茂の町に着くと、須田の人びとは、長くのびる古い町の両側に、店先などを借りて、横並びに市店を出していました。市はいつも活気に満ちていましたし、たまに知った顔に出会うのも嬉しいことでした。町中の市店の並び順などは、自ずから決まっていたのでしょう。

やがて須田を出て、中世の歴史に興味をもつようになったとき、戦国時代の各地に、六斎市がたくさんできているのを知って、感動しました。そのたびに私は、少年の日の「四・九の市」前日の須田の川辺の出荷風景を思い出していたのです。各地の六斎市も、きっとまわりの多くの村々に支えられていたのだ。そう「村から町をみる目」をもてたのも、須田育ちのおかげでした。

この「四・九の市」は、いつ始まったのでしょうか。そもそも加茂の町は、歴史のなかに、いつ素顔をみせてくれるのでしょうか。その破片なら、ありそうです。これも昔、加茂の出身で職場の史学科の同僚でもあった、浅見恵さんといっしょに、古川信三さんのていねいなお世話で、もと加茂の豪商であった「浅野家文書」を拝観したことがありました。なかでも私は、さきごろ『かも市史だより』（No.16）にも、写真入りで紹介された、一通の古文書に注目したのでした。〔補注〕

文面からみて、慶長五年（一六〇〇）末と推定できる、新発田藩主溝口一族が、領分の加茂に出した特許状でした。「加茂町人」平野屋五郎右衛門尉に、「上方《かみがた》の衆」でもあるから、とくに武装を許す、という内容でした。

溝口氏が越後に入ったのは、戦国大名の上杉氏が会津へ去った直後（慶長三年）のことですが、このとき、すでに「加茂町人」浅野氏は、堂々たる武装商人で、加茂の町を束ねるほどの実力をもっている、とみられていたのです。

「上方の衆」で「平野屋」といえば、戦国時代に豪商をたくさん出したことで有名な、大坂の平《ひら》野《の》（大阪市平野区）の出身にちがいなく、その著名な出身地を屋号に名乗るのも、大きなブランド力を感じさせたはずです。

まだ新入りの大名だった、新発田藩主の溝口氏は、ここ藩領の南辺を占める加茂の、超ブランド「平野屋」（武装商人）を大いに利用して、まだ戦国の気風の抜けきらない、加茂の町人衆をおさえこもう、とした形跡が濃厚です。戦国の世には、武装した加茂町人たちの町ができていた、と私はみるのです。

だとすれば、同じ新発田藩領でもあった、須田などの村々を広く包み込んだ、「四・九の市」のような六斎市のネットワークが、藩領をまとめるシステムとして、意外に早くできていた、と想像してみるのも、歴史の楽しみでしょう。

〔補注〕（慶長五年）十二月二十六日付溝口相模より平野屋宛刀・武具所持の許可状（『加茂市史　資料編2 近世』一三号、本町古川洸氏所蔵浅野家文書）。

# 初出一覧

## 序

「比較史の魅力」(藤木久志監修、服部良久・蔵持重裕編『紛争史の現在:日本とヨーロッパ』高志書院、二〇一〇年)

## 第1部　民衆と戦場の現実

「刀狩り—兵と農の分かれた社会へ」(『見る・読む・わかる日本の歴史3　近世』朝日新聞社、一九九二年)

「廃刀令の通説を疑う」(『図書』七〇七号、二〇〇八年)

「戦国民衆像の虚実」(『UP』二六—六、一九九七年)

「村に戦争が来た」(『本』三三—一一、二〇〇八年)

「戦場の村のメンテナンス・システム」(『歴史読本』二〇一〇年五月号)

「中世戦場の略奪と傭兵—「応仁の乱」の戦場から—」(国立歴史民俗博物館監修、藤井忠俊・新井勝紘編『人類にとって戦いとは3　戦いと民衆』東洋書林、二〇〇二年)

「雑兵たちのサバイバル・システム」(『歴史読本』二〇〇八年八月号)

「秀吉の朝鮮侵略と名護屋」(名護屋城博物館特別展図録『唐入り—秀吉の朝鮮侵略』一九九五年)

## 第2部　飢饉の実態

「弘治年間の村々の災害」（『戦国史研究』五九号、二〇一〇年）

「永禄三年徳政の背景―歴史のなかの危機にどう迫るか―」（『戦国史研究』三一号、一九九六年）

「戦国甲斐の凶作情報を読む」（『戦国遺文武田氏編第2巻月報』東京堂出版、二〇〇二年）

「飢餓と戦争の鎌倉社会」（藤木久志編『京郊圏の中世社会』高志書院、二〇一一年）

「ある荘園の損免と災害―東寺領播磨国矢野荘の場合―」（蔵持重裕編『中世の紛争と地域社会』岩田書院、二〇〇九年）

## 第3部　地方からの視点

「関東公方領のアジール性」（『日本歴史』七四三号、二〇一〇年）

「領域勧農の記憶―南奥の「白川家年中行事」断章―」（藤木久志・伊藤喜良編『奥羽から中世をみる』吉川弘文館、二〇〇九年）

「上杉謙信の印象」（三河武士のやかた家康館特別展図録『北国の雄 上杉謙信』一九八五年）

「北奥から見た豊臣政権」（八戸市教育委員会編『伝統と未来 '77八戸市民大学講座講演集』一九七八年）

「和知の山論」（藤木久志・小林一岳編『山間荘園の地頭と村落―丹波国和知荘を歩く』岩田書院、二〇〇七年）

「市の立つ日」（『かも市史だより』一八号、二〇〇八年）

# 解説　藤木史学 そのスケールと成り立ち

稲葉継陽

## 民衆像の虚と実

藤木久志氏（以下著者）の一七冊目の単著である本書の編集に、かつて同じ研究室で著者の教えを受けた清水克行氏（明治大学教授）とともに携わることになった。既刊の単著には収録されていない論稿の中から二〇編を選び、著者自身の研究発想法を率直に語った「比較史の魅力」を序として、全体を三部構成とした。

一般向けの小品から、やや学界向けの実証論文まで、収録論稿はバラエティに富むが、本書は、藤木史学のエッセンスが凝縮された一冊になった。

読者はまず、書名にもなった第1部の「戦国民衆像の虚実」における次の指摘に、衝撃を受けるに違いない。

日本人の共同幻想ともいうべき、「丸腰の民衆像」という刀狩りの通念は、あけすけに百姓の武装解除をうたった、秀吉の刀狩り令書、つまり一片の法令を、わけもなく政策の貫徹と読み替え、歴史の実像に目をつぶることで、成り立っていた。だが政策と現実の間には、意外な距離があった。

長期専制の徳川国家の基盤には、刀狩令によって抵抗の物理的手段を剝奪された百姓たちがいたという歴史認識の虚構性をあばき、武器を所有しながらもその使用を長く凍結した百姓の実像を呈示する著者。この刀狩り論は、まず一九八五年の『豊臣平和令と戦国社会』で発表されるや学界に衝撃を与え、二〇〇五年には、さらなる実証成果に基づく新書『刀狩り』が上梓され、著者の刀狩りの「虚実」論は一般読書界にも共有されることになった。著者によれば、明治の「廃刀令」でさえ武装解除令ではなかったことが明らかである。いまや、「武力を独占した秀吉は、民衆から一揆を起こす手段を剝奪し、そのおかげで、徳川の治世は二五〇年間以上も続きました」といった説明は成り立たなくなったはずである。

しかし、高等学校で現在使用されている日本史教科書の「太閤検地と刀狩」の項には、いまだに次のように説明されている。

秀吉はまた、武器をもつ百姓が抵抗することを警戒し、一五八八(天正一六)年、刀狩令を出して百姓から武器をとりあげて耕作に専念させ、百姓の身分とは何かをはっきりさせた。(『高校日本史 改訂版』山川出版社、二〇一七年文科省検定済)

この記述には、著者のいう「政策と現実の間の距離」への配慮はまったくみられない。刀狩令の発令は、すなわち百姓武装解除の実現だ、と教えるばかりか、百姓は豊臣政権によって「耕作に専念させ」られることで、身分として確定されたと明記している。ここには、「『専業農民の成熟』を問題とする、『農民の側からの目』」による「兵農分離」論(本書七頁)や、武器の使用を長期凍結した百姓の自律性については、関心のかけらも見出すことはできない。

著者のいう「日本人の共同幻想」は、いまもこうして教育現場で生徒たちに刷り込まれ続けているのだから、根は深い。国による教科書検定制度を通じた教育内容の統御は、新しい学説を容易には認めない硬直性を特色とする。近代日本国家の正統性(由緒来歴の正しさ)を重視する近代歴史学の価値観が、現在の教科書にも引き継がれているのであり、その根拠は第一に天皇制、第二に、専制支配と鎖国による抑圧・後進の江戸時代を「明治維新」が全否定し、アジアで唯一の「近代化」を成し遂げたとする点に求められている。だから、否定される対象としての江戸時代の支配体制は、百姓を無抵抗・没主体の無力な人民に落とす権力として出発するものでなければ、「明治維新」との整合性がとれなくなる。これが日本史教科書の硬直した枠組みの正体ではないか。

こうした近代日本国家の自画像(イデオロギー)の枠組みは、それに合致しない事実を教育内容から排除しつつ、「日本人の共同幻想」を再生産させている。豊富な具象に基づく「歴史の実像」の著者による粘り強い発信は、こうしたスキームを揺さぶり続ける力としても、大きな意義をもつのである。

## 戦場論の展開―長期平和の前提―

本書第1部の戦場論の展開への画期となった研究は、やはり『豊臣平和令と戦国社会』であった。

著者は、戦国動乱を規定していた紛争として、㈠全国の戦国大名どうしが自力による領土維持・獲得という政治目的のために繰り返す「国郡境目相論」、㈡百姓の自治組織としての村落が自身の領域を自力で保持するために、村どうしが引き起こす「村落間相論」に着目し、㈠に対応する「惣無事令」と、㈡に対応する「喧嘩停止令」という豊臣政権の「平和令」を発見した。さらに刀狩令に身分法令としての新たな位置を与えることで、「天下統一」の政治過程と歴史的意味を、根本から検討し直したのであった。「平和令」の本質は、大名・村落を対象とした中世的実力行使、すなわち武器・成敗権の行使を伴う私戦の禁圧と、領土・領域裁判による秩序確定、それに百姓武装権の制限(身分政策であって武装解除ではない)であり、それが十二世紀西欧の帝国平和令(ラント・フリーデ)や農民武装権の研究に着想を得たものであることは、本書の序で述べられている(一五〜一八頁)とおりである。

著者の「平和令」論は学界に大きな影響を与え、「惣無事令」の名称と内容は前引の日本史教科書にも掲載されている。しかし著者は立ち止まらず、次なる課題に挑んだ。『戦国史をみる目』に収録された論稿「民衆はいつも被害者か」(初出一九八七年)の末尾にある次の文章が、それを示す(〇数字は稲葉による)。

豊臣方が「現には刀ゆへ闘争に及び、身命あひ果つるを助けんがため」と、刀狩りに民衆の合意を求めていた…やはり、刀狩りの政策(百姓武装権の身分的制限—稲葉注)を構造的に規定したのは、中世民衆のあいだに主体的に形成されつつあった、①安穏=平和の願望と、②武器についての自己規制の慣行＝自検断（紛争解決―同前）の作法であり、民衆は闘いをつうじて「豊臣の平和」にいやおうなしにコミットしていた、と考えざるをえないのです。

豊臣政権の「平和令」が日本史上のいかに大きな画期であったとしても、それだけで世界史にも稀な長期平和（江戸時代の「天下泰平」）が実現された謎が解けるわけではない。徳川専制国家論によりかかった説明を徹底的に排する著者は、「天下泰平」の実体を戦国～近世の民衆による平和令への「合意」（本書四一頁）という観点から把握しようとしたのである。

著者はまず②について、「ふだんに積み重ねられた、共同の意思や秩序や先例」（本書四二頁）、すなわち村の「作法」「習俗」の発掘に精力的に取り組んだ。中世民衆が武器行使を規制しながら取り組む紛争解決の具象を分析した一九八七年の『戦国の作法』、そして一九九七年に『村と領主の戦国世界』にまとめられた一連の「村の習俗」論が、その成果である。そこでは、戦国期の百姓らが自治団体である村落を基盤に蓄積した紛争解決の事実と力量が、近世の社会秩序を維持する力へと連続する事実が明確に把握され、中世・近世移行期の歴史像を塗り替えた。

そして、①の「民衆の主体的な平和願望」を追究する方法として著者がとったのが、中世戦場論であった。それは本書の序にもあるように、西欧中世の傭兵略奪論とも呼応しながら展開され、その成果は一九九五年の『雑兵たちの戦場』へと結実し、本書第1部の「村に戦争が来た」以下の五つの論稿にも集約されている。

耕しても食えない戦国の村人は、ことに半年ほどの農閑期には、戦国大名の戦争プロジェクト

に雇われ、雑兵となって戦場へいった。彼らのターゲットは、戦場の人さらいと物の略奪であった。(本書四三頁)

まさに「民衆はいつも被害者」なわけではなかった。大名の軍隊に雑兵として入り込み、「濫妨人」などと呼ばれて敵地での略奪(「乱取り」)に手を染めた無数の民衆たち。私たちの意表を衝くもう一つの「民衆の実像」がここにある。大名らは大量の兵卒を集めて領土紛争を有利に展開するために、雑兵たちの敵地での略奪・放火を許容した。こうした戦争のあり方は、すでに応仁の乱にも顕著にみられ、十六世紀後期には略取された女性や子供が人買い商人を介して南蛮商人に大規模に売却されるまでになっていた。

しかし、戦場の村の民衆たちが略奪されるがままに甘んじたわけではない。彼らは村・地域ぐるみで地下室や自前の城をつくり、財産と人身を保全し、ついには領主の拠点城郭を避難所として開放させ、城を活用する代償としてそのメンテナンスを村々が請負う、というシステムが機能するようになった。それればかりか、戦場の村々が両大名と契約して年貢等を半分ずつ納め、中立地帯をつくり出す「半手」と呼ばれる習俗さえ生まれていた。

同じ民族どうしであるにもかかわらず、大名が領土紛争を始めてしまえば、国境(現在の都道府県境)を挟んで破壊や略奪が猛威を振るい、普段は善良な民衆たちが略奪者へと変貌し、そして被害者となって遠く海外にまで連れ去られる。本書や『雑兵たちの戦場』には、かくも苛烈で長期継続した内戦状況が克明に描かれている。そこからの解放が、戦国期の民衆一般の願望として豊臣「平和令」を呼び込み、戦国の内戦に二度と戻してはならないという民衆的な強い意思が、武器行使を自己抑制して徳川の平和を長期継続させる社会的な力となったのではないか。これが、著者の戦場論が切りひらいた地平である。

ただし、民衆が「いやおうなしにコミット」して実現した豊臣の「平和」のもとで、雑兵による乱取りは対外戦争遂行の基本システムとして朝鮮の戦場に持ち出されてしまう。「日本の平和は、侵略と引きかえに、朝鮮の犠牲の上に辛うじて実現された」という著者の言葉(本書一〇〇頁)は、歴史を主体的に捉えようとするすべての者の胸に刺さるだろう。戦争と平和のいたちごっこ、一国史観のぶつかり合いに終始する「歴史認識」論争など、著者の提起を踏まえて考えるべき現代的課題は、じつに大きく、重いのである。

## 飢饉論へ—気象災害史データの集積と歴史叙述—

本書第1部の末尾で著者は、「〈略奪目当ての戦争〉の裏には、あいつぐ凶作・飢饉・疫病がかくされていた」と述べている。

戦場論を展開させる過程で著者は、異常気象等によって相次いで引き起こされる凶作と飢饉こそが、戦国期の民衆を雑兵として戦場に走らせる要因であった事実に行き当った。すでに『雑兵たちの戦場』の末尾に、みずから編纂した「戦国期の災害年表」を掲載していたことに示されるように、著者がとった方法は、あらゆる古記録・古文書・年代記といった歴史資料から、中世の気象災害・

飢饉・疫病に関する情報を網羅的に抽出しデータベース化するという、前人未到の作業であった。一九九三年に発生した記録的冷害も、この作業に取組む契機になったという。その情報量は、二〇〇一年に『飢餓と戦争の戦国を行く』を発表した時点で約七〇〇〇件、さらにそれは一万四〇〇〇件以上も集積されて、『日本中世気象災害史年表稿』(二〇〇七年)にまとめられ、学界の共有財産となった。

本書第2部には、このデータをもとにした論稿が収録されている。それらは、古代末期以来、国制にかかわるレベルの戦争や、公武権力による法制定(新制)、改元、さらに戦国大名の代替りと徳政などの大半が、戦争・飢饉・疫病が猛威を振るう渦中で断行された事実を、雄弁に物語る。著者による気象災害史に関する客観的なデータの集積は、政治史理解のパラダイムを転換させたといってもよい。多大な貢献である。

気象災害史データは、室町期荘園制の再検討にも威力を発揮した。日本中世の社会体制である荘園制の研究は、本来、中世史研究の王道であるが、かつては荘民百姓の一揆史・闘争史にシフトし、現在は逆に百姓不在の国家論・システム論的な性格が強くなっている。その過程で最も多くの論文で検討されてきた荘園の一つが、東寺領播磨国矢野荘(現兵庫県相生市)である。本書収録の「ある荘園の損免と災害」は、同荘を舞台に、気象災害に起因する作物被害である「損亡」の発生と、それを根拠とした百姓らの要求による年貢減免の史料を抽出し、これらを『日本中世気象災害史年表稿』のデータと一つ一つ照し合せ、両者が緊密に一致する事実を確認している。

荘園制研究の通説では、荘園領主からの年貢減免の獲得は剰余生産物の在地への留保と評価され、それは荘園内で剰余を集積した有力階層すなわち土豪層を出現させ、彼らを組織した戦国大名権力の形成、さらにより強く組織して兵農分離を実現した幕藩権力の形成へとつながるという、封建制再編ストーリー（語り）の基盤にすえられていた。著者は、損免要求が災害による現実の損亡に基づいてなされているという確固たるデータ＝事実に基づいて、こうした権威的通説を徹底的に批判している。一見すると著者の叙述からは羅列的な印象を受けるかもしれない。しかし著者は、膨大な荘園史料の中から封建制再編ストーリーに合致する事件のみを断片的に切り取る荘園史研究に、通時的事実を対置することによって、荘園と民衆の歴史からいかに多くの本質的な事実が切り捨てられ、結論ありきの解釈がなされてきたかを、読み手に一つ一つ理解させていくのである。著者自身の気象災害史データが生み出した叙述スタイルの到達点である。

なお、二〇一九年度の歴史学研究会大会における田村憲美氏の報告「十四世紀地域社会論への一視角」は、著者の『日本中世気象災害史年表稿』の飢饉データと、自然科学分野から得られる気候変動データとを突き合わせることで、惣村成立の事情について独自の見解を示したものであった。著者の気候災害史データは、中世史像の再構築をめざす最前線の研究で活用され続けているのである。

## 全体史に挑む藤木史学―地方・民衆から中央へ―

それにしても著者は、階層的には村人が避難用の地下室を掘るといった民衆史の基底レベル＝

「習俗」から、豊臣政権による統一の政治過程のレベルまで、そして時代的には古代末期から戦国期そして近世までを突き抜け、カバーする。しかも、それらが個々バラバラに論じられるのではなく、自治的な村落・百姓から長期平和を実現した近世国家や大名権力のあり方までの全体が、戦場論・飢饉論を核にして、一つの歴史像を結んでいる。日本における近世社会と国家の形成過程の全体史の提示というスケールの大きさにこそ、藤木史学の真価がある。第3部の諸論稿は、このような学風の成り立ちを読者に伝えてくれるだろう。

「領域勧農の記憶」では、一地方領主の領域統治を支えた伝統的「心意支配」のあり方を丹念に読み解き、「関東公方領のアジール性」では、そうした領主支配の枠組みからはじき出された人々を吸収する地方社会のアジール(平和領域)の機能をさぐる。また「和知の山論」では、近世前期の丹波の村落間相論の展開を分析して、暴力行使を伴う中世由来の山相論であっても、現場で武器が行使された形跡は認められないことを指摘し、兵具使用の凍結による近世的紛争解決(平和)の実体を現場で確かめている。地方史料に沈潜して地域社会像を紡ぎ出していくスタイルは、著者の真骨頂である。

国家史や制度史から出発した研究者が、その伝統的な学問の枠を乗り越えて、地方社会に足腰を据えた研究を展開するのは至難の業であろう。しかし著者の学問は、右の論稿によく示されるように、地方社会と民衆の側から出発したのである。本書収録論稿のうち最も初期の「北奥から見た豊臣政権」(講演録)の末尾で、著者はこう述べる。

私どもは、自分の身近な歴史をじっくりと読みとりながら、自分の土地に根ざした歴史の見方から教科書的な見方を検討し直す考え方が当然あるべきだし自由にやっていけると思う。

著者の最初の活字論文は、郷里越後の国人領主制の分析であった（初出一九五七年、『戦国社会史論』所収）。さらに上杉・佐竹といった地方大名権力の解明（『戦国大名の権力構造』）、戦国大名領国の経済構造、そして百姓支配や戦国法の形成過程、戦国期地主制（『戦国社会史論』）など、精緻な分析を積み重ねた上で、『織田・豊臣政権』（一九七五年）へと進み、さらに『豊臣平和令と戦国社会』においてそれらの蓄積が昇華され、まさに「教科書的な見方を検討し直」した統一政権論が構築されることになった。地方大名研究あっての新しい統一政権論である。

「市の立つ日」は、こうした著者の見た原風景を表す文章として、本書の最後に収められた。越後の信濃川沿いの村で、川向こうの町の六斎市に作物を売りに運ぶ大人たちを眺めながら育った著者は、やがてそうした六斎市の起源の多くが戦国時代にまで遡る事実を知る。

各地の六斎市も、きっとまわりの多くの村々に支えられていたのだ。そう「村から町をみる目」をもてたのも、須田育ちのおかげでした。（本書二八三頁）

藤木史学の出発点をこれほど印象深く、端的に示す一文を他に知らない。あくまで戦国の村＝民衆から目をそらさず、その視座から町＝統治権力の本質にせまり、新たな全体史に挑む藤木史学。本書は、その全貌を学ぼうとする者の入口として、好適の一冊であるといえるだろう。

## 著者プロフィール

藤木 久志（ふじき ひさし）
1933 年　新潟県に生まれる。新潟大学人文学部卒業。東北大学大学院文学研究科修了。群馬工業高等専門学校専任講師，聖心女子大学助教授，立教大学教授，帝京大学教授を歴任。立教大学名誉教授。文学博士。日本中世史専攻。2019 年 9 月逝去。

著作一覧（単著）
『戦国社会史論』（東京大学出版会，1974 年）
『織田・豊臣政権（日本の歴史 15）』（小学館，1975 年。2005 年に「天下統一と朝鮮侵略」と改題，講談社学術文庫より刊行）
『豊臣平和令と戦国社会』（東京大学出版会，1985 年）
『戦国の作法』（平凡社，1987 年。1998 年に平凡社ライブラリー，2008 年に講談社学術文庫より増補版刊行）
『戦国大名の権力構造』（吉川弘文館，1987 年）
『戦国史をみる目』（校倉書房，1995 年）
『雑兵たちの戦場』(朝日新聞社, 1995 年。2005 年に朝日選書より新版刊行)
『村と領主の戦国世界』（東京大学出版会，1997 年）
『戦国の村を行く』（朝日選書，1997 年）
『飢餓と戦争の戦国を行く』(朝日選書, 2001 年。2018 年に吉川弘文館「読みなおす日本史」より増補版刊行)
『刀狩り』（岩波新書，2005 年）
『土一揆と城の戦国を行く』（朝日選書，2006 年）
『日本中世気象災害史年表稿』（高志書院，2007 年）
『戦う村の民俗を行く』（朝日選書，2008 年）
『城と隠物の戦国誌』（朝日選書，2009 年）
『中世民衆の世界』（岩波新書，2010 年）

高志書院選書 12

戦国民衆像の虚実

2019年10月27日　第1刷発行

著　者　藤木久志

発行者　濱　久年

発行元　高志書院
〒101-0051 東京都千代田区神田神保町 2-28-201
TEL03(5275)5591　FAX03(5275)5592
振替口座　00140-5-170436
http://www.koshi-s.jp



印刷・製本／亜細亜印刷　装丁／BowWow

*ISBN978-4-86215-198-8*